U0927086

《分析哲学研究丛书》主编：江　怡

时代问题的哲学分析

江怡　著

中国社会科学出版社

图书在版编目（CIP）数据

时代问题的哲学分析／江怡著．—北京：中国社会科学出版社，2022.4
（分析哲学研究丛书／江怡主编）
ISBN 978－7－5203－9791－9

Ⅰ．①时…　Ⅱ．①江…　Ⅲ．①哲学—文集　Ⅳ．①B－53

中国版本图书馆 CIP 数据核字（2022）第 031024 号

出 版 人　赵剑英
责任编辑　冯春凤
责任校对　张爱华
责任印制　张雪娇

出　　版　中国社会科学出版社
社　　址　北京鼓楼西大街甲 158 号
邮　　编　100720
网　　址　http://www.csspw.cn
发 行 部　010－84083685
门 市 部　010－84029450
经　　销　新华书店及其他书店

印刷装订　北京君升印刷有限公司
版　　次　2022 年 4 月第 1 版
印　　次　2022 年 4 月第 1 次印刷

开　　本　710×1000　1/16
印　　张　18.5
插　　页　2
字　　数　267 千字
定　　价　118.00 元

目　　录

前言：哲学是时代的先导 …………………………………………………… (1)

第一部分　哲学与时代

一　哲学研究当直面时代问题 ………………………………………… (3)
二　哲学研究应回答好时代之问 ……………………………………… (5)
三　从文化自觉到哲学自觉 ………………………………………… (11)
四　分析观念与中国哲学的当代建构 ……………………………… (16)

第二部分　时代与思想

五　知识与信仰……………………………………………………… (23)
六　当代哲学与新的启蒙 …………………………………………… (26)
七　语言与心灵：伯仲难辨 ………………………………………… (41)
八　分析哲学史：一个新的研究领域 ……………………………… (44)
九　时代呼唤哲学的归来
——第 22 届世界哲学大会侧记之一 …………………………… (47)
十　来自多元世界的不同声音
——第 22 届世界哲学大会侧记之二 …………………………… (51)
十一　中国哲学展现独特魅力
——第 22 届世界哲学大会侧记之三 …………………………… (55)

十二　思想的状况与哲学的任务
——兼论当代中国哲学研究中的“一体两翼”现象 ……… (58)
十三　如何走出思想的篱笆 ……………………………………… (65)
十四　从第 24 届世界哲学大会主题看新时代的中国哲学……… (68)

第三部分　时代与哲学

十五　机器思维问题不同研究进路的哲学分析 ………………… (81)
十六　对人工智能与自我意识区别的概念分析 ………………… (95)
十七　当代哲学研究面临的困境、挑战和主要问题………… (108)
十八　论人文学科在认知科学中的作用 ……………………… (135)
十九　人工智能与人类的原初问题 …………………………… (149)
二十　当代哲学与新科学技术互动作用研究论纲…………… (163)
二十一　个体、社会、未来
——西方哲学家论新冠疫情的影响 ………………………… (180)
二十二　对当代科学的哲学反思与未来哲学的期望………… (202)
二十三　试论认知科学中的实用主义元素 …………………… (224)
二十四　今天我们应当如何做哲学 …………………………… (238)

附　　录

分析哲学的自识与反思
——江怡教授学术访谈录 ……………………………………… (259)

后记 ………………………………………………………………… (288)

前言：哲学是时代的先导

一个民族的文化自觉是这个民族成熟的象征，而一个民族的哲学自觉则是这个民族能够屹立于世界民族之林的重要标志。文化自觉意味着对民族自身文化的自信和自强，而哲学自觉能够使民族精神升华为人类普遍的思想观念，使自觉的民族精神成为人类共同思想文化的组成部分。

历史地看，凡是强盛的民族国家都以某种哲学观念作为社会发展的思想推动，或者是把社会发展的总体特征总结为某些基本观念。比如，古希腊人擅长从经验生活中概括具有普遍意义的观念，从最简单的物质形态推出世界的本原。古希腊文明的最高代表就是古希腊哲学。这种哲学塑造了西方哲学的雏形，并引导了西方文明后来的发展。

在中国历史上，历代统治者都把意识形态提升到支配地位，而这些意识形态的主导内容正是那个时代的哲学观念。比如，汉代的董仲舒、宋代的二程和朱熹，他们都把自己的哲学理想直接作用于当时的社会政治，直接作用于统治者大政方针的制定。然而，与西方思想家不同的是，他们大多不是用某个先在的观念去影响统治者的思想，而是根据统治者的要求论证和说明符合统治者意愿的理论。或许，这种作用从另一侧面反映了哲学观念对社会政治生活的深远影响：中国封建社会统治者正是充分利用传统儒家的思想观念，直接塑造了中华传统的意识形态，从而不断巩固自己的统治地位。

哲学自觉为什么能有这么大的作用？首先，哲学自觉意味着我们思想的主动性，使思想能够把握事物的基本原则，能够在经验之先具备理解经验的基本能力。其次，哲学自觉让我们形成对事物的整体理解，能够从较高层面把握事物发展的基本态势。此外，哲学自觉更表现为对辩证法的自觉运用，用辩证的方式观察事物，解释现象，提出观念，形成理论，这些就是哲学的自觉表现。因此，我们只有真正形成哲学自觉，才能形成对事物的整体理解，从宏观上把握事物的发展规律。也就是说，只有从哲学的高度解释在经验中面对的各种现象，才能在事物的各种变化中把握事物的发展脉络。

历史已经向我们清楚地昭示，社会变革和时代变化往往伴随着新思想、新观念的产生和传播，而新思想、新观念的出现也往往成为社会变革和时代变化的先导。我们正面临一个社会大变革的时代，经济上的改革开放正是观念上的思想解放的直接结果，或者说，思想解放就是为了改革开放的实现。社会变化本身引导新的哲学观念的产生，时代变化呼唤新的哲学观念的出现。

（原载《人民日报》2013 年 3 月 21 日第 7 版《学术随笔》）

第一部分　哲学与时代

一　哲学研究当直面时代问题

问题是时代的声音。在哲学史上，无论是东方还是西方，哲学家们总是无畏地直面现实世界和历史时代。无论他们采取了何种方式，从哲学家们的思想中总能感受到哲学强劲的生命力。孔子“内省不疚，何忧何惧”的教导，拉近了思想与生活的经验距离；苏格拉底对“有意义的生活”的追问，开启了西方哲学的伦理之路。我们耳熟能详的诸多哲学观念，无不是以各自独特的方式回应这些观念所在时代的要求，并由此彰显出哲学思想的永恒魅力。

然而，当下中国哲学研究的现实却不容乐观：哲学界内各种理论层出不穷，不同哲学立场之间明争暗斗，但对现实问题却都采取“鸵鸟政策”；社会大众对哲学观念热情不减，哲学标签满天乱飞，但对哲学理论却敬而远之，甚至投以鄙视。造成这一现实的根本原因，在于专业研究者们没有真正把解决现实问题作为哲学事业的核心，没有对我们所生活的这个社会和时代表达切身关怀。学者们更关心的是如何维护自己的研究领域，如何辩护自己的研究权威，如何论证自己的研究话题，都是围绕着“自己”转，缺少对各种理论观点背后所要解决问题的深层思考，缺少作为理论研究者厚重的时代使命。如何打破哲学研究领域之间的森严壁垒，如何走出思想的重重篱笆，正是当下国内哲学研究的当务之急。

我们需要超越不同研究领域，以问题意识为核心，以各种哲学传统为资源，以问题解决方案为目的，实现哲学研究与现实问题的真正对接。凸显问题意识是哲学研究的主要路径，从不同研究视角出发对哲学问题的共同思考是哲学研究的主要方式。只有凝聚时代问题，聚焦时代问题，我们才能以哲学的方式回应时代对哲学提出的挑战。

我们需要超越不同哲学传统和立场观点，从方法论上寻求解决方案。当下哲学研究壁垒主要出自不同哲学领域之间的隔膜和对峙，研究者们总是从自身所在的研究领域出发，以专家甚至权威身份为自身研究领域辩护而对其他领域提出批评。但时代所需要的是哲学家们对共同问题的解决方案，而不是他们对自身研究领域的自我辩护。这种解决方案应当以共同关心的问题为前提，应当以清晰阐明问题为讨论出发点，应当从方法论上给出所讨论问题的分析论证。

我们还需要超越不同民族和文化传统，从人类命运共同体的大视野出发思考终极问题。中华文明和思想传统源远流长，兼容并蓄、和而不同正是这种传统的历史特征。当下的哲学研究更是需要站在人类命运共同体的高度审视人类面临的共同问题，如个人自由意志与社会普遍法则之间的冲突、公正社会的基本原则、宗教冲突与文明悖论、恐怖主义与战争威胁、生态恶化与可持续发展的矛盾等。这些问题不仅关系到人类当下的时代命运，更是关乎人类存在的恒久问题。将于2018 年在北京举行的第 24 届世界哲学大会主题“学以成人”，就是一个人类需要回答的共同问题。

只有真正做到这三个超越，我们才能打破哲学传统和立场观点之间的壁垒，才能站在哲学方法论的高度，运用哲学智慧去应对人类面临的共同问题，才能不辜负这个时代对哲学研究事业的历史期待。

（原载《人民日报》2016 年 10 月 24 日第 20 版）

二　哲学研究应回答好时代之问

当今世界，人类生活发生了一系列巨大变化，人类社会也面临一系列生存问题。这种变化和问题比以往任何历史时代都更为显著和重要。因为这些巨大变化给人类社会带来的严峻挑战，主要不是来自自然的变化或外部力量的侵入，而是来自人类自身通过自我改造和技术进步所导致的道德和社会规范的转变。面对当代社会的巨大变化和时代发展的重要挑战，哲学研究应主动作为，努力回答好时代之问。

一

人类社会生存方式发生的显著变化，给当今哲学研究主要带来了两方面的挑战。

一是当代科学技术进步对人类认知能力的全新挑战，特别是对人类传统世界图景的严峻挑战。从量子、质子和夸克领域的微观世界，到发现红移现象和证实黑洞存在的宇观世界，人类的世界图景已经发生了重大变化，如何认识和理解这个世界，就变成了当代哲学必须解答的重要问题。同时，最新的技术发明在人类认知能力的扩展和心智能力的延伸方面取得了重大突破，人与环境、人与机器的交互作用使得传统哲学的认知理论也受到了极大挑战；人类认知能力被不断模仿，反逼人类对自我认知能力的重新认识，这些都使得对科学技术的哲学思考变成了迫在眉睫的重要任务，对科学技术的哲学解释构成了对传统哲学思维方式的挑战和反思，由此形成了本体论意义上的一元论与多元论、实在论与反实在论以及决定论与非决定论的哲学争论。

二是信息化时代的到来，改变了人们获取知识的渠道，也影响了人们认知世界的方式。在信息化时代的信息传播过程中，相比较事实和证据，公众的情感共鸣变得越来越重要，事实的舆论化和娱乐化导致了社会伦理的弱化，并直接危害到社会存在追求真理的基本原则。一方面，以满足感官刺激等为目的的娱乐活动成为时尚潮流；另一方面，新技术的使用又使得复制造假变得更加简便易行。掩盖事实真相的无真相解释以“另类事实”的面目出现，用情感反应和个人视角作为借口，造成了真相和文本的缺失。这些在人文学科（特别是在哲学）研究中表现为对历史文本的重新解构、注释与分析（如哲学考古学与谱系学的兴起对传统哲学研究方式的挑战，以及哲学上的反起源和解构主体方式对传统基础主义的反叛）、观念的分歧与争端等，这些都成为人文研究的普遍常态；在经典阅读领域出现的误区（如国学热中对《论语》“心灵鸡汤式的”解读以及对西方经典著作的简单套用），又引发人们对“厚古薄今”与“古为今用”关系的重新思考。当代新技术的普遍运用也使得人们更容易接受短平快的文化生活方式，以速食主义的碎片化知识和表象主义的片面意见，取代了需要独立反省的思想观念和系统理论。这种社会风尚的变化造成了具有深厚历史文化底蕴的人文学科在当代社会被普遍边缘化，尤其是哲学研究更被看作象牙之塔中的扶手椅工作，普通大众失去了对哲学思想和理论的切身关注和普遍兴趣。哲学研究能否为当代人类社会的发展提供有益的思想帮助和理论指导，这就构成了当代哲学研究面临的重要挑战。

反思当代哲学研究的现状，我们必须承认，“语义上行”的概念分析占据了当下哲学研究的主要方面，考察哲学理论的历史发展和追求这些理论的逻辑自洽，成为哲学研究的主要内容。从学术发展的自身逻辑看，这样的研究的确有助于梳理哲学理论内部的思想联系。但是，这样的研究由于缺少现实关怀和时代追问而失去了哲学研究应有的思想影响，由于满足于概念分析和历史考察而无法把哲学思想运用到社会实践，这就必然导致象牙之塔中的哲学研究成为惆怅思古的“博物馆学”而远离普通大众的哲学要求。

二

面对当代社会的巨大变化和时代对哲学的重要挑战，哲学研究究竟应当采取何种态度，决定了当代哲学能否适应时代发展，能否回答时代问题，能否把握时代精神。在每一次历史变迁中，哲学都充当了重要指路人的角色，其主要原因就在于它能够完成时代赋予的使命。走出象牙之塔，才是哲学研究担当历史重任的必由之路。无论是作为个人践行的道德修养，还是作为天下之公器的思想学术，哲学都应在固本培元的同时采取开放心态，以兼收并蓄的方式应对时代提出的各种问题。

基于当代科学发展和社会变化，我们的哲学研究应当在以下方面给予高度重视，努力回应时代发展的挑战。

第一，科技发展与人类未来之间的关系。在这里，人工智能对哲学的挑战构成了当前哲学研究的重要内容，由此引发的人工智能伦理学、无监督学习与自由意志、机器思维的可能性等问题都成为哲学讨论的主要热点。而智能化生活与人类行为方式的变革，引发了关于社会构成方式的讨论；新媒体作用下的现代管理制度，则帮助人们重新认识政府的社会功能。同样，科技发展与人类未来有着密切关系，如何从人工智能与人类智能、大数据与人类尊严、机器存在与生命伦理学等问题入手，探讨人类未来的各种可能性。世界各重要大学组建的人类未来研究中心，大多是以哲学家为主导的研究团队，试图以多维度、多视野、多学科交叉等方式描绘人类未来发展的可能图景。值得注意的是，哲学研究对当代科学发展的回应，并非简单地从哲学上解释科学理论的普遍意义，而是从人类存在方式上探讨科学进步对人类及其社会变化的深刻影响，一方面帮助人们认识到科学研究的限度，另一方面则为科学研究提供更为广阔的发展空间。

第二，政治生活的复杂化与社会伦理的规范性之间的冲突。政治哲学被看作是哲学理论与现实社会之间密切联系的重要纽带。当代政治哲学研究的目的就是要讨论政治理论与政治生活之间的密切关系，其中涉及的许多重要问题，如公平与正义原则、全球正义等概念，早已成为当代政治哲学研究的主要内容。国际关系中的单边主义和多边主义，以及全球一体化概念也被哲学家们反复讨论。同时，德性伦理学的衰落和义务论伦理学的复兴，也使得伦理的规范性意义得到了增强，围绕规范概念引发的讨论推动了哲学家们反思当代伦理学的实践转向。如何过一个好的生活与如何建构一个正义的社会，这既是哲学家们讨论的重要话题，也是每个普通人关心的重要问题。

第三，哲学传统中追求确定性的思维模式与当代哲学追问不确定性的冲突。这引发了当代哲学对哲学传统的重新反思和评价。无论是从古希腊哲学家到近代西方哲学家，还是从中国先秦思想家到当代中国哲学家，对哲学传统的反思和批判构成了当代哲学研究的重要内容。这种反思批判不仅是纯粹的理论探索，更是对以往人类所普遍具有的某种或某些思维方式的重新理解。哲学研究作为对人类思维方式的考察形式，只有从对以往哲学家思想的研究入手，才能更直接地把握每个时代的思维方式，也便于了解人类共同的思维形式。因此，通过反思传统而审视当代哲学的变化，这是哲学研究的必经之路。当代哲学家们对行动与实践智慧的讨论，正是试图从传统的认识论研究转向方法论研究，由此展现当代哲学的时代特征，这就是以否定的方式反思传统，通过对不确定性的追问而获得哲学研究对当代社会的时代价值。无论是对现代性的哲学追问还是对后现代社会特征的哲学反思，哲学研究者们都需要从概念上把握这个时代的思想特征。新时代的哲学应当体现为具有高度概括性的哲学概念，它们是新时代哲学的精华所在。

第四，认知科学的哲学研究成为当代哲学的热点。从传统科学哲学到认知科学哲学，当代哲学家们一方面从不同科学领域中的哲学问题入手，从理论建构走向了现象描述；另一方面则试图以实验哲学为平台，结合认知科学中的不同研究领域，最后形成对人类认识活动的哲学解释。这种研究并非如传统实证主义哲学那样以科学研究为摹本去改造哲学，相反，它是以哲学研究的独特视角去审视当代认知科学提出的问题，并以哲学解释作为对科学问题的最佳回答。这就涉及科学与哲学研究互动的不同模式，哲学研究面对科学问题已经从以往的向导身份转向为共同合作者，从单纯的语言分析转向到实际的研究活动，从强调涉身性（embodiment）转向为生成论（enactivism）。哲学研究的问题在科学讨论中逐渐成为显问题而引发更多的重视，如意识、知觉、记忆、因果关系与决定论、自由意志，等等。事实上，哲学研究在作为交叉学科的认知科学中占据了重要地位，它与语言学、心理学、神经科学、人类学以及计算机科学等相互作用，共同构成了当代认知科学的基础学科，并推动了认知科学从第一代向第二代的发展。

第五，形而上学和本体论的现代形态研究。当代人类生存状态的挑战在哲学上主要反映在本体论和形而上学层面。无论是在道德信仰上，还是在对世界整体的哲学把握上，哲学家们都努力从本体论的维度，从揭示人类生存的基本根源上，去说明当代人类目前的存在状况。这里的本体论不是传统哲学中的思辨论证，而是对人类现实存在状况的基础说明，是为人类社会的存在方式提供哲学理论。自然科学研究中的形而上学问题，如时空、进化与突现、心脑问题、宇宙论等，也使得哲学家们重新考虑科学研究的本体论地位。在原则上，形而上学问题的缺失，会使科学研究偏离正确方向，而哲学家们的工作就是试图为科学研究和人类活动奠定形而上学根基。包括社会存在中的集体意识问题、社会本体论和社会科学中的形而上学问题等，都应成为哲学家们必须回答的问题。

第六，面对时代问题的挑战，如何保持哲学与社会之间一种必要的张力，也是当代哲学必须解决的重要问题。能否做到坚持哲学与社会之间保持一种必要的张力，既是对哲学理论与社会实践是否有效结合的巨大考验，也是验证这个社会能否保持活力、为哲学提供思想平台的重要试金石。这里的必要张力主要体现为哲学理论与社会实践之间的张合关系。一方面，哲学理论只有保持与现实生活之间的恰当距离，才能保证理论解释的有效性和普遍性。但另一方面，哲学理论只有在与社会实践的密切联系中，才能验证理论本身的真理性。这就需要哲学研究在理论与实践之间达到恰当的结合度。最终，只有在哲学层面上做到知行合一，达到哲学理论与时代问题的结合，我们的哲学研究才无愧于这个伟大的时代。

（原载《光明日报》2019 年 5 月 27 日第 11 版）

三　从文化自觉到哲学自觉

中华民族正处于一个重要的历史转折时期，中华文化的复兴被看作是时代赋予我们的历史使命。在这个重要历史时刻，我们能否抓住机遇，在历史文化的厚重积淀中寻找自己的定位，在传承文化的历史使命中创新自己的观念，在时代文化的多样变化中构建自己的特色，这些都是我们面临的重大历史挑战。把握好这个历史机遇，回应重要的时代挑战，不仅需要我们充分的知识储备，更需要我们的思想智慧。

当今中国的文化发展已经向我们表明，文化自觉的树立正在极大推进着我们的社会发展，文化自觉的结果将改变当今中国的文化形象。我们知道，这里的文化自觉首先是指对自身文化的强烈认同，是自身文化意识的提升，也是社会大众对文化发展的迫切要求。思想上的认同并不等同于行动上的一致。只有当我们充分认识到文化认同的重要性，并努力从行动上体现我们的文化认同，我们才能达到真正的文化自觉。文化自觉更是要指思想上的自觉，是我们在思想上真正形成对自身文化性质的理解，特别是对当今世界文化发展转型过程中的不同文化形态的认识，最后构建我们自身文化的特殊性和普遍性。这里的特殊性是指，中国传统文化的深刻影响已经体现为当今中国人的生活方式和思维方式，因此，如何在当今世界文化格局中体现中国文化的特殊性，决定了中国文化的时代效应。这里的普遍性是指，中国文化的特殊性必须得到世界各国不同文化的理解，因此，这样的特殊性就必须以具有普遍意义的表达形式加以体现。只有在能够为世界各国文化理解和交流的基础上，我们的文化才能真正进入“自在自为”的阶段。然而，要做到文化的这种自觉，我们必须抓住文化的核心和精髓，这就是时代的哲学思想。确立文化自觉的关键，应当是做到整个民族在哲学上的自觉。

中华民族富有哲学思维的传统，中华文化蕴含深邃的哲学思想。无论是《论语》《道德经》还是《中庸》《大学》，这些代表着中华民族智慧的论著都充分展现了中华文化的哲学思维特征，这种特征表现为思想行动以个人认识为前提，观念形成以经验活动为前提。虽然中国哲学学科的自觉意识产生于西方哲学传入之后，但中国人的思维方式却始终是哲学式的。中国人的智慧具有这样两个特点：第一，中国人善于从身边的具体事项中发现具有普遍意义的道理，并总是试图用这些道理去理解其他相关或相近的事项，由此完成对事项的理解。在这种意义上，中国人的思维方式更加关注事情的过程，而不是在这个过程中呈现出的事物本身。第二，中国人对事物的理解更多地是从关系出发，更多地关注自己周遭生活环境中的人和事，更多地考虑如何从各种关系中确立自己的位置。在这种意义上，中国人的思维方式就更重视整体和全局，而不是个体和局部。由此可见，中国人的思维特征和智慧特点之间存在着一种相互对应：个人认识活动是以在身边所发生的事情为根据和出发点的，因此，中国人的思维具有经验归纳的特征，而经验活动本身又是为了更好地认识整体和全局，所以，中国人的思维又具有抽象普遍的意义。

然而，令人遗憾的是，中国人的这种思维方式并非出自我们的自觉意识，而是对前人长期生活实践的经验总结，是对中国传统思想表达的提炼升华。虽然我们一再强调中国人思维方式的特殊性和普遍性，但是这种强调却是建立在我们理解了不同于我们思维方式的西方哲学的基础之上，是我们通过不同哲学之间比较的结果。哲学思维方式的差异给我们带来了对我们自身哲学的重新认识，甚至是对自身哲学思维方式的重新定位，激发了我们全面理解自身哲学的浓厚兴趣。正是在这种思想背景中，我们开始形成对自身思维方式的自觉。

首先，哲学的自觉意味着我们对思想的主动认识。黑格尔说，“人之所以比禽兽高尚的地方，在于他有思想。由此看来，人的一切文化之所以是人的文化，乃是由于思想在里面活动并曾经活动。……唯有当思想不去追寻别的东西而只是以它自己——也就是最高尚的东西——为思考的对象时，即当它寻求并发现它自身时，那才是它的最优秀的活动。”[①] 思想正是在成为自己的对象的时候，哲学由此产生。因此，哲学的自觉本身就意味着思想。这里的思想并非完全是对具体事物的认识活动，或者是对事物发展演变的规律性理解，而是以概念的方式对我们认识活动内容的抽象概括，是对事物发展规律的概念化表达。这种思维方式就要求思想以概念的方式形成对我们所认识的思想内容的表达和构造，也是对我们思想本身的概念规定。纵观我们目前的哲学思维，我们似乎缺少的正是这种对思想的主动认识。我们比较容易满足于对事物表象的理解，比较容易接受从经验中得到的知性认识，而不太愿意从概念的层面把握事物的根本性质。真正的思想应当能够在事物之上确立把握事物的基本原则，能够在经验之先具备理解经验的基本能力。正如黑格尔所说：“真正的思想和科学的洞见，只有通过概念所作的劳动才能获得。只有概念才能产生知识的普遍性，而所产生出来的这种知识的普遍性，一方面，既不带有普通常识所有的那种常见的不确定性和贫乏性，而是形成了的和完满的知识，另方面，又不是因天才的懒惰和自负而趋于败坏的理性天赋所具有的那种不常见的普遍性，而是已经发展到本来形式的真理，这种真理能够成为一切自觉的理性的财产。”[②]

其次，哲学的自觉在于我们能够形成对事物的整体理解，能够从较高层面把握事物发展的基本态势。马克思说，“理论只要说服人，就能掌握群众。而理论只要彻底，就能说服人。所谓彻底，就是抓住

① 黑格尔：《哲学史讲演录》第一卷，贺麟、王太庆译，商务印书馆 1983 年版，第 10 页。

② 黑格尔：《精神现象学》上卷，贺麟、王玖兴译，商务印书馆 1983 年版，第 48 页。

事物的根本。”[①] 这种彻底不仅表现在理论本身能够自圆其说，更重要的是理论能够把握整体，能够从宏观上对事物有完整的理解。而且，这样的理论还要在实践中得到检验，由此表明理论在实践中的彻底性。显然，这种哲学的自觉就要求我们必须认清历史的发展脉络，使理论具有前瞻性和预见性，而这种前瞻和预见正是彻底的理论自身具备的本质特征。经验主义的方法只会使我们裹足不前，完全从经验出发就会使我们“只见树木不见森林”。只有当我们真正形成了对事物的整体理解，只有当我们可以从宏观上把握事物的发展规律，我们才能从哲学的高度解释我们在经验中面对的各种现象，才能在事物的各种变化中把握事物的发展脉络。

再次，哲学的自觉还表现在对理论思维的自觉培养，表现为对以往哲学史的学习和理解。恩格斯说：“理论思维无非是才能方面的一种生来就有的素质。这种才能需要发展和培养，而为了进行这种培养，除了学习以往的哲学，直到现在还没有别的办法。”[②] 他指出，每个时代的理论思维都是那个时代的历史产物，它在不同的时代具有不同的内容和不同的形式，因此，只有通过对不同时代的理论思维的学习理解，我们才能提升自己的理论思维能力。这里的理论思维能力主要包括两个部分，一个是科学思维能力，一个是哲学思维能力。科学思维能力帮助我们对以往历史中出现的各种科学假说和科学思想形成恰当的判断，有助于认清我们这个时代的科学理论和思想的创新程度。但科学思维能力仅仅停留在或者说只能在对经验现象的表层理解，即使是对经验现象的科学解释也不过是采用了逻辑的方法，对这些现象重新分类而已。而哲学思维能力则对我们的思维提出了更高的要求。它要求我们必须能够超越经验现象，通过对各种现象表面的理解达到对现象背后本质的把握。这就需要我们首先了解在以往哲学史上所出现的各种理论观念，在历史的脉络中寻找我们这个时代出现的

① 马克思：《黑格尔法哲学批判导言》，载《马克思恩格斯选集》第一卷，人民出版社 1995 年版，第 9 页。

② 《马克思恩格斯选集》第四卷，人民出版社 1995 版，第 284 页。

各种所谓新观念的历史踪迹。同时，这还需要我们具备超越历史和经验本身的抽象能力，能够从历史和经验中剥茧抽丝，形成我们自己的理论观念，用于解释我们当代的现实问题，并提出对这些问题的解决方案。

最后，哲学的自觉更表现为对辩证法的自觉运用，表现为对“绝对真理”的放弃和对现实实践活动的最终关注。按照黑格尔的概念辩证法，思想的运动不过是绝对精神在人类思维中的变化过程。虽然这样的辩证法是以概念和现实存在的颠倒关系为前提的，但其中有一个重要思想却是我们必须牢记的，这就是说，只有当我们能够按照思维自身运动的方式理解事物的发展，也就是当我们能够自觉地运用思维的辩证法的时候，我们才能真正理解思维活动如何与现实存在之间产生矛盾和冲突，也才能真正理解为什么我们必须把思维活动的最后结果放到现实的实践活动中加以检验。这就意味着，辩证法不仅运用于思维活动本身，更是运用于我们在现实的实践活动。用辩证的方式观察事物，解释现象，提出观念，形成理论，这些就是哲学的自觉表现。

从文化的自觉到哲学的自觉，这体现了我们对自身文化的更深层理解，是我们对自身文化的负责态度。仅仅停留在文化自觉的层面，我们还只能从自身文化的特殊性上把握思想的力量，只能依靠我们对自身文化的理解体会不同文化之间的差别。而哲学的自觉则帮助我们从概念的层次上理解思想的构成和变化，从思想自身的发展中把握观念的历史作用。从更广泛的当今世界文化的视野看，能够做到哲学自觉，才会使我们的文化自觉变成具有普遍意义的行动，才会使我们自身的文化特征得到广泛的认同和理解。

（原载《光明日报》2012 年 7 月 3 日第 11 版）

四　分析观念与中国哲学的当代建构

国内哲学界有这样一种说法：西方哲学在中国主要以方法论见长，而中国哲学则以哲学观安身立命，由此与西方哲学分道扬镳。表面上看，这个说法似乎很有道理。然而，如果我们追溯一下历史就会发现，西方哲学与中国哲学的关系并非如此。而且，两种哲学讨论的问题在思想深刻性上存在着惊人一致，以至于我们在讨论中国哲学时难以回避西方哲学的思想触角。事实上，中国哲学的当代建构不仅依赖于哲学家们的思想洞见，更依赖于哲学家们对分析观念的思想解读和有特色的运用。

一　作为方法的分析与作为观念的分析

1948 年，冯友兰在《中国哲学简史》中明确地把逻辑分析视为中国哲学亟须弥补的重要思想训练。他说："中国哲学历来缺乏清晰的思想，这也是中国哲学以单纯为特色的原因之一。由于缺乏清晰思想，其单纯性也就是非常朴素的。单纯性本身是值得发扬的，但是它的朴素性必须通过清晰思想的作用加以克服。清晰思想不是哲学的目的，但它是每个哲学家需要的不可缺少的训练。它确实是中国哲学家所需要的。"从现代中国哲学的早期构建过程可以看到，正是胡适、冯友兰、张岱年等哲学家们的努力，使得具有深厚历史文化根源的中国传统思想与现代哲学实现了交融对接。这里的现代哲学不仅包括胡适推崇的实用主义的科学实证方法和冯友兰采用的新实在论的思想理路，而且包括张岱年接受的马克思主义哲学的辩证法思想。这些来自西方的观念方法被用于解释中国传统思想的经典古籍，由此使得中国历史上的经史子集学问被诠释为关注宇宙—人生、殊相—共相、理性—情感、科学—社会等问题的中国哲学学说。在解释这些哲学学说的过程中，分析不仅被作为一种方法而普遍运用于经典文献的解读中，而且被认作一种哲学观念而用于说明中国哲学的普遍性质。

张岱年的《中国古典哲学概念范畴要论》被誉为运用分析方法解析中国传统哲学的典范之作。他在书中明确提出了中国古典哲学范畴的总体框架，这个框架是按照从普遍到特殊的逻辑顺序和历史上思想家提出范畴的先后顺序展开的。他指出："哲学思想的历史发展，在一定意义上，有其逻辑的必然性，但是哲学范畴在历史上出现的先后次序并没有构成一个严格的逻辑顺序。"在这里，他一方面反对勉强地把历史次序安排成一个逻辑顺序；另一方面又强调根据范畴的逻辑层次安排中国传统概念范畴的论述次序，即从普遍到特殊和由简至赜。张岱年对范畴的逻辑层次的理解，很好地体现了他的分析思想。从普遍到特殊，就是从概念的一般内容出发，进而深入概念的具体对象，由此揭示这些对象内容中包含的普遍观念。正如亚里士多德范畴体系肇始于"实体"、黑格尔逻辑学以"有""无"为起点，朱熹、吕祖谦的《近思录》以"道体"为开篇，陈淳的《北溪字义》卷上首列"命""性""心"，戴震的《孟子字义疏正》则以"理"居首，这些都体现了由普遍到特殊的逻辑安排。由简至赜，是从相对简单的概念出发，由此逐步进入更为复杂的范畴。由概念到范畴，这不仅是概念分析的主要步骤，也是人类认识的重要顺序。张岱年根据这个分析原则，选取了十六对中国古典哲学概念范畴，认为它们最具有中国特色，即天人、有无、体用、道器、阴阳、动静、常变、理气、形神、心物、力命、仁义、性习、诚明、能听、知行。虽然其中某些范畴与西方哲学范畴有相通之处，如有无、动静等，但它们代表的却是中国古典哲学的核心内容。张岱年正是以分析的方法创造性地构建了中国古典哲学的概念范畴体系。

其实，对现代中国哲学家而言，分析不仅意味着一种哲学研究方法，更是对哲学概念的一种另类理解。耿云志和王法周在点评胡适的《中国哲学史大纲》时指出，胡适在书中提倡的分析方法已经不单是具体的分析技术，而是对方法的系统阐明，并明确地把逻辑方法作为哲学史研究的中心问题。这不仅标志着中国哲学史学科体系的建立，也对现代中国哲学研究提供了重要思想路径，即“把中国的读书人从一向沉迷其中的天道、心性的玄谈中解脱出来，靠近现实社会”。陈少明在评论胡适的哲学史工作性质时指出，胡适的工作是对古典哲学的价值重估，即“做翻案文章”，以实证的方法揭示被以往研究所淹没的思想资源。这里的实证方法是一种哲学观念，就是把哲学理解为通过思想分析去透视历史发展的研究，这就把对哲学的历史研究“做成了”一种真正意义上的哲学。

二 基于问题分析的中国哲学当代建构

由于中国哲学的现代话语和范畴系统均与西方哲学有着密切的逻辑—历史联系，因而，中国哲学的当代建构就无法回避西方哲学对中国哲学的影响。然而，这种影响产生的重要思想前提，则是中西哲学家们共同关注的一些重要哲学问题，虽然他们对这些问题给出了各自不同的回答。这些问题包括宇宙论和本体论、人生意义和永恒、知识和真理、理性和直觉、伦理和社会、人类和世界等。对这些问题的分析考察，构成了中国哲学当代建构的重要内容。

从概念体系上看，以先秦哲学和宋明理学为代表的中国传统哲学在讨论这些问题时的确具有不同于西方传统哲学的明显特征，例如，在宇宙论和本体论中，中国哲学家关注的是“天道”（老子、程朱）“元气”（孟子、张载），而西方哲学家则关注的是“本源”（泰勒斯、埃利亚学派）“存在”（巴门尼德、柏拉图）。在其他重要问题上，中西哲学家们似乎也有着不同的关注焦点。然而，从学理上仔细分析，我们会看到中西哲学家们讨论的问题具有深刻的思想一致性。

首先，对人类与世界之间关系的探讨始终是中西哲学家们共同关注的核心问题，追问“天人之际”的意义构成了中西哲学思想的重要内容。无论是主张“天人合一”的董仲舒，还是强调“天地神人”的海德格尔，都以回答人类与世界的关系问题为己任，都把人和世界的存在视为哲学思考的重要起点。哲学家们正是在回答这个根本问题上形成了各自不同的理论观点，并由此构成了解释终极问题的不同哲学范式。对这些范式结构特征和思想方法的深入分析，就可以理解中西哲学之间的根本异同。

其次，对“有无/是非”问题的关注是中西哲学思考的共同主题，“有无之间”“是非之间”构成了哲学家们必须回答的第一哲学问题。老子的“有无相生”和苏格拉底的“无知为有知”，皆显示了哲学家们的真智慧，而如何理解“有无”“是非”“真假”“善恶”，则是哲学的核心话题。分析的工作就是要透过中西哲学对这些问题思考中逐渐形成的不同哲学传统，发现这些传统背后隐藏的具有普遍意义的哲学观念和逻辑理路。这正是中国哲学当代建构的重要内容。

最后，人类的共同经验促成不同哲学传统对辩证法的方法论选择。《周易》的“生生”观念和赫拉克利特的“火”之变化，王夫之的“理势”和黑格尔的辩证法，都直接反映了哲学家们解释事物变化发展的共同方式，“相克相生”“对立统一”的观念成为辩证法的基本内容。分析考察辩证法在人类认识活动中的形成发展和逻辑机制，这也是中国哲学当代建构的重要任务。分析在这里更是一种“综观的”方法（维特根斯坦语），即可以看到事物之间的普遍联系。

正是基于对中西哲学共同关注问题的分析考察，中国哲学的当代建构完全可以确立自己的哲学立场，充分运用自己的哲学资源，对当今世界哲学做出自己的哲学贡献。

（原载《光明日报》2021 年 8 月 30 日第 15 版）

第二部分　时代与思想

五　知识与信仰

1996年，著名法国哲学家德里达在《信仰与知识》中提出了这样一个问题：我们今天还敢于毫无顾忌和胆怯地谈论“单数的”宗教吗？或者说，宗教回归是否就是把信念规定为“极端主义”、“完整主义”或“狂热”？这个问题引发了当代西方哲学家们对信仰的重新认识。2001年10月，在“9·11事件”一个月之后，著名德国哲学家哈贝马斯在德国书业和平奖颁奖仪式上的答词中明确指出，世俗化社会与宗教信仰之间的矛盾已经成为当今时代的突出问题，如何处理这个矛盾需要包括哲学家在内的思想者们深思。如今，“9·11事件”已经过去十多年了，但哲学家们对知识与信仰之间关系的讨论似乎才刚刚开始。

在当代英美哲学语境中，哲学家们对知识的讨论始终是一个热点问题。作为西方哲学重要传统之一，知识论在当代哲学中表现出明显时代特征。知识问题与语言学、计算机科学、心理学、人工智能、认知科学等不同领域中的前沿问题密切相关，了解这些前沿问题成为有建设性地讨论知识问题的前提条件。但知识性质问题却始终困扰着哲学家。

柏拉图传统的知识定义自遭到盖蒂尔反题的挑战后，当代哲学家们主要形成了四种不同的辩护思路。值得注意的是，这些思路都是基于信仰或信念作为知识的可靠来源和根据。其一是基础主义，认为所有被证明为真的信念都将最终得到基础信念或预设的证明，而这些基础信念或预设并非是在证明而是在断定无须逻辑证明或经验证据的信仰。因此，基础主义明确试图依赖于信仰而解决知识定义中面临的无限后退问题。其二是一致主义，认为得到证明的真信念最终可以得到其自身的证明，因为信念系统本身是内在一致的，因此这个系统中的信念就构成了知识。这显然是以未经证明的信念系统取代未经证明的信念基础，但接受了一套信念系统，也就意味着把这个系统作为整个信仰加以接受了。显然，这种主张最终仍然是以信仰作为信念系统的标志。其三是可靠主义，认为得到证明的真信念不是由其他信念加以证明，而是由于使用了可靠的信念构成机制。然而，何谓可靠的信念或不可靠的信念，以及信念构成机制的可靠性又如何得到证明，这些问题导致了可靠主义必须诉诸于作为信念基础的信仰作为可靠性的根据。其四是无限主义，认为从来就没有对知识的恰当证明，对信念本身的证明会直接导致怀疑论。但是，由于怀疑论对一切知识的否定应当导致怀疑论本身的自我否定，因此，无限主义只能通过对信仰的接受从而保留怀疑论的存在。此外，要同时放弃怀疑论并承认无限后退问题即对怀疑论的自我否定，这在逻辑上是不可能的。因而，要解决无限后退问题，无限主义就必须求助于其他的解决方案，其中主要方案正是依赖于信仰。由此可见，以上四种解决方案都是从信仰中获得知识性质的理解。

当代哲学家们对知识与信仰关系的解释，还取决于他们对信仰概念的进一步理解。许多哲学家从宗教意义上理解信仰，把宗教信仰解释为对某种宗教信条所接受的某些信念，这些信念是无需任何证据而相信为真的，或者是无需任何证明而得到确信的。也有哲学家把信仰解释为确定的信念，试图用可靠性和诚实性说明信仰的性质。无论对信仰概念作何解释，似乎所有哲学家都把信仰与信念联系起来，特别是宗教哲学家突出了两者的逻辑关联。然而，近年来，两者之间的明显区别已经得到了越来越多的重视。在宗教哲学中，“信仰”往往被解释为接受了关于神、自然或宇宙特征的主张，而“信念”则是相信命题或陈述为真的心理状态。在认识论中，“信仰”被看作与知识的有效性无关，仅仅是我们接受理性真理的德性，但“信念”则是可以成为知识基础的命题或陈述。

美国哲学家尼尔森和费利普斯曾把维特根斯坦的宗教观点解释为一种信仰主义，认为宗教在逻辑上割裂了生活的其他方面，而且宗教概念和讨论根本上是自我指涉的。但这种观点受到了著名美国哲学家普兰廷加的基础主义的批评。根据基础主义的观点，我们的所有信念最终都依赖于根据信仰所接受的信念，这些信念被称作特别的基础信念。这种基础主义又被称作“改革认识论”，以美国哲学家普兰廷加、阿尔斯顿、沃特斯多夫和瑞恩等人为代表。他们认为，个人完全可以合理地信仰上帝，用于确信这一点的根据不仅来自演绎逻辑的证明，也可以来自外部的事实证据。据此，这种认识论也被称作“外在主义”或“证据主义”，这种主张主要依据我们对事实本身认识的有限性，运用数学的概率运算方法，得出基于信念的知识的有限性和基于基础信念的信仰的无限性的结论。他们诉诸于最佳解释推理，这种推理的策略是追求对事实解释的最佳选择，而不是追求可以得到事实确认的真理。

著名英国哲学家罗素曾在《宗教信仰会治愈我们的烦恼吗?》(1954）一文中指出，“哪里有证据，哪里就不会有人谈论信仰。我们不能把 2 + 2 = 4 或地球是圆的说成是信仰。只有在希望用情感代替证据的时候，我们才会谈论信仰”。以发表《自私的基因》而著名的美国进化生物学家道金斯提出了“文化基因”概念，认为每个文化中的个体都会对自身文化的复杂观念提出自己的解释，而各种不同解释中都必定包含了某些共同的内容，正是这些内容使得解释者成为自身文化的复制者。道金斯在《科学是一种宗教吗?》一文中批评了通过特殊的信仰而使得所有信仰普遍化的做法，而这些特殊的信仰恰好是与科学证据直接冲突的。他把信仰看作是没有证据的简单信念，是未经积极思考的过程。他认为，这种信仰活动只会蜕化我们对自然世界的理解，而使得人们完全根据个人的思想以及或许扭曲的知觉对自然做出判断。

由此可见，如何对待知识与信仰的关系问题，对我们仍然是一个亟待解决的困难。

（原载《光明日报》2013 年 5 月 21 日第 11 版）

六　当代哲学与新的启蒙*

在西方历史上，17—18 世纪曾经出现过非常重要的思想运动，这个思想运动通常被称为启蒙运动。对于什么是启蒙，或者说如何理解启蒙，不同的历史时代会有不同的理解。这里，我们将首先介绍对启蒙的传统理解方式，然后分析当代哲学家对启蒙的不同诠释，最后通过比较分析揭示当代哲学与启蒙概念之间的内在关系。

对启蒙的传统理解

最早的启蒙运动应该开始于 14—16 世纪的文艺复兴运动。那个时代的思想家们的主要工作，是在当时封建的基督教的思想背景中启发人们对人性的理解和认识。在今天看来，这已经不是一个很大的问题了，因为我们的思想今天再也不会受到某种宗教的包括基督教的桎梏。但是，当时的启蒙运动的确引发了后来的 18 世纪的思想运动，也就是对人的发现，后来导致对人的理性的重新理解。如果把人看作一个自然之人，那么我们会依照自然的样子来行为，来思考问题甚至来做出判断。但是，如果把人作为一个理性之人，那么我们就要反思，作为一个理性的人和作为自然的人之间到底有什么区别。我们知道，作为自然之人，正如休谟所说的一样，都是按照习惯行事的，换

---

* 该文是笔者于 2011 年 5 月在中国政法大学研究生院、中央民族大学哲学与宗教学学院和北京师范大学哲学与社会学学院所作的专题演讲内容。感谢潘攀同学和叶斌同学的文字整理工作。

句话说，我们所有的生活方式都是依据已有的社会风俗，社会习惯甚至法律制度。一旦这些法律制度形成，我们会按照已有这些习惯行事。因而，人们会不假思索地按照大家共同遵守的某种规则去行事。这就是休谟哲学提供给我们的关于自然之人如何在一个社会中生活的基本方式。

但是，到了18世纪，哲学家们不满足于对人的自然本性的理解，他们更加提倡对人的理性的重新理解。1784年9月，在德国柏林，有一个杂志《柏林月刊》，发表了一篇非常有影响的文章《什么是启蒙》，文章作者是门德尔松，他提出了关于启蒙的一个新的规定或定义。随后不久，在同年的11月份，另一个更有影响的哲学家康德发表了一篇几乎是同名的文章，文章的题目叫作《回答这个问题：什么是启蒙?》。由此，在18世纪晚期德国思想界引发了一场关于启蒙定义的思想争论。当然，这个争论首先来自18世纪早期的法国思想家们，在那里，对启蒙的理解主要依赖于人们对信仰的一种反思。因为宗教信仰在17世纪甚至在更早时候已经成为一种习惯性的思维方法，人们不会相信某一个权威告诉我们世界是怎样发生变化的，他们更愿意接受《圣经》告诉他们对于世界的理解，因此宗教的思维方式直接影响了人们的行为方式，影响了社会制度。在这个意义上说，几乎每一个思想家都希望能够以一种业已形成的思维方式来解释这个世界。

可是，当我们读到孟德斯鸠《论法的精神》的时候，读到伏尔泰《哲学通信》的时候，我们会突然觉得18世纪的思想家们开始觉醒了，他们不再按照传统的以宗教信仰为核心的思维方式行事了，而是希望提出一种新的以人的理性能力作为行为规范的标准了。这个时候，信仰与理性的冲突就成为18世纪法国启蒙思想家讨论的一个主题。

这里需要注意的一个历史事实是，18世纪的欧洲思想文化几乎都是由法国的思想家控制的，当时的欧洲语言既不是英语，也不是德语，更不是西班牙语，而是法语，那个时代的人如果不会说法语就几乎是文盲。因此，如果对法国文化不了解，我们就不能理解后来的德国文化，换句话说，法国人树立了一个新的理解世界的方式，这种方式就是基于自然的本性认识人类本身。《论法的精神》第一句话就是，“法，在其最普遍的意义上，是源于事物性质的必然关系，在这个意义上，所有的存在物都有自己的法。”① “法”（Laws）这个词，我们如今把它理解为既是法律也是规律，因为只有事物的本性按照自身的发展样式运行，才把它叫作规律。这就表明，这个东西不是人强加于事物本身的，而是事物自身的样子。所以，在法国启蒙思想家中，所有关于人的认识都应该基于自然本性，而不应当基于人给世界构造的所谓信仰的语词。

法国启蒙运动对后来德国思想的最大影响，不在于简单地提供了关于启蒙的观念，而在于法国启蒙哲学家们给出的几乎所有的思想之源，都在德国的启蒙思想家那里得到了继承，而特别重要的就是对人的理性能力的重新理解。人之作为一个理性之人，首先有理性能力，似乎没有人怀疑这一点，因为这在亚里士多德的著作中早就明确指出的，当然也不会有人怀疑理性是人的本质特征。那么，为什么启蒙思想家们还会进一步提出要以理性能力作为启蒙的核心观念呢？对于这个问题，康德在他那篇著名的文章《回答这个问题：什么是启蒙?》中给予了明确的回答。他说：“启蒙就是使人类从自身所遭受的幼稚状态中解放出来。所谓幼稚，就是说一个人倘若没有其他人的指导，就没有能力使用自己的理解力。这种幼稚是自虐的，因为它的原因不在于缺乏理解力，而是在于如果没有别人的引导，就没有决心和勇气使用自己的理解力。要敢于成为一个智者，要有勇气使用你自己的理智，这就是启蒙的箴言!”② 这就是问题的关键：不是因为我们没有理性，而是因为如果没有他人的指引，我们就不知道自己该做什么，总希望找到一个心灵导师来指引我们做任何事情，而很少有人去想按

① Baron de Montesquieu, *The Spirit of Laws*, Translated by Thomas Nugent, revised by J. V. Prichard, London: G. Bell & Sons, 1914, p. 10.

② I. Kant, *Practical Philosophy*, Cambridge: Cambridge University Press, 1996, p. 17.

照自己的想法去做事情。一个心灵导师在很大程度上是指导着你的理性活动，这样，你就永远处于他人行为的驱使之下。在这个意义上，对理性能力的理解并不仅仅在于人类缺少理性，而是在于如何使用的问题。

启蒙思想家们给我们提供的思路是，我们不要按照别人规定好的理性原则行事，而要按照自己的方式来行事。这应当说是受到法国启蒙思想家的重大影响。尽管如此，我们依然可以看出，在这一理性的运用当中，公共的运用和私下的运用却存在着重大的差别，换句话说，法国的启蒙思想家们大部分提倡的一种启蒙的概念，不仅仅是每个人可以使用自己的理性。如果我们读一读《论法的精神》，我们读一下《哲学通信》，以及卢梭的《论不平等的起源》，会发现其中有一个共同的特点：他们讲理性能力，讲启蒙的思想都不是针对个人，而是针对社会的。所以，自由、平等、民主包括博爱，这些法国大革命提供的思想观念都不是针对个人而言的，即使是自由主义的思想也不是讲个人的自由放任主义，而恰恰讲的是在社会的环境当中，个人的权利在多大程度上受到社会的约束，并且能够得到最大的发挥。因而，对理性能力，对自由的理解，都不是基于个人在社会当中能够发挥多大作用，而是基于社会能够提供什么样的环境和制度保障个人权利得到发挥。这就是在法国的启蒙思想家当中共同具有的一个思想特征。在这个意义上，法国人更愿意强调的是一种理性的公共使用，而不是理性的私下使用。这个思想在门德尔松的理论当中得到了充分的强调。因为门德尔松在1784年年初组织了一个“周三俱乐部”，他称之为“启蒙之友俱乐部”。参加这个俱乐部的成员来自社会不同领域，不同行业，他们聚集在一起讨论启蒙的问题。他们有一个共同的信念，认为对启蒙的理解不能仅仅限于对个人理性的理解，而应该看作是社会共同的价值。当他们把启蒙看作一个社会行为或者社会活动的时候，他们强调的就不是个人在社会当中发挥多大作用的问题，而是社会可以提供什么样的制度保障而让我们的个人活动能力得到大的发挥。所以，在孟德斯鸠的《论法的精神》，卢梭的《论不平等的起源》，狄德罗的《百科全书》等著作当中，我们可以读到他们对君主立宪制的追捧，他们会强调纯粹的民主制度并不适合欧洲的国家，当然，封建的专制制度也是不适合的。他们认为，欧洲的这些国家版图适中，人口不算太多也不算太少，实行君主立宪的方式是最好的政治制度。可以看出，法国的思想启蒙者们主要还是希望能确立一种社会制度来保障个人的权利得到实现。这是一种对理性公共领域的运用。

但是，德国的情况则不同。我们知道，德国的思想传统和法国的思想传统之间存在着一个重大的差异，就在于，法国人一方面比较推崇个性张扬自由；另一方面他们更加关注在一个社会的环境当中个人的自由是如何得到发挥的。但在德国的文化当中不是这样，德国的文化其实更强调的是一种个人的、自主的理性是如何得到张扬的，而对于社会的制度性建构不如在法国那么得到重视。但是，德法之间的差别如何体现在启蒙的观念当中呢？我们可以看出，在康德的思想当中，他更加强调的是我们不受他人的思想支配，充分利用自己的理性能力，所以在这一点上，他与门德尔松等人所提倡的类似于法国启蒙思想家所强调的理性在社会的公共事务当中的运用是截然不同的。今天在哲学史上，我们很少提及门德尔松了，甚至很少有人知道门德尔松这个人。可是我们都知道康德那篇著名的文章，就是因为康德的文章终结了从 18 世纪法国开始的启蒙运动，而开始了一个对启蒙的新的理解。

康德终结了法国式的启蒙，而开始了一种新的启蒙活动，这种启蒙就是要重新考量人的理性能力在多大程度上可以认识世界，这就是康德的第一批判的主题。康德给我们提供的关于理性的私下使用，事实上给我们提供了一个更强的思想主张，就是关于自由主义的一个讨论。在传统的启蒙哲学当中，对自由主义的理解主要是基于对一个社会平等观念的理解。自由概念在以往的自由的传统当中，更多关涉的是社会环境中的个人权利和社会制度之间的矛盾和解决。但康德使人们意识到，自由不是基于社会的公正，或者基于社会对个人权利的保障，而是基于对人的德性的理解。这个理解就是所谓的“善”，对于善的理解构成了我们对自由理解的基础。所有人的个人自由都是应当基于某种对于善的理解。这里的“善”的概念，不是指一种道德上的评价，仅仅强调我们如何理解个人对自己行为所能够承担的某种“德性”（virtue）。这是对于人的品格的基本规定，我们可以根据这种品格规定来判断个人在社会生活中的行为是否符合善的标准。

从18—19世纪哲学家对于启蒙概念的讨论中可以看出，“启蒙”可以有不同的理解方式，启蒙的观念不是单一的，而是多样的。但在这种多样性中，我们依然可以找到这种启蒙概念的基本内容，这个内容来自康德。康德1784年的那篇文章是启蒙讨论的一种结论性的说法，也就是说，“启蒙”是要祛除人类的愚昧，让人从幼稚状态中解脱出来，这种幼稚状态并不是在于人没有理性，而在于人不能按照自己的思想去使用这些理性，而必须遵循他人的教导。这个思想对后来哲学的发展影响非常重大。

康德哲学的重要性不仅仅在于对理性能力的批判，康德的三大批判讨论的是人类知性、理性和人的情感活动的不同领域。在这三大批判中，对理性能力的讨论尽管是被作为基础，但是并没有被康德看作是最重要的。他看作最重要的却是判断力批判，因为判断力恰恰是处于理性和知性之间的。如果说每个人都有理性能力，我们需要问的就是，我们的理性从哪来的，我们的理性为什么会是这个样子。在这个前提下，讨论人的理性能力的特殊性就显得非常重要了。康德把人类的理性能力建立在实践理性的基础之上，确立了判断力作为经验现象与实践智慧得以认识和实现的基础。无论如何，他的目的就是为人类的理性能力本身寻找一个确定的基础，这就是人类认识的基本方式，也是人类理解世界的方式。正是在这样的追求之下，人类的理性能力不但没有受到真正的限制，如同康德所希望的那样，相反，这个能力得到了更大的张扬。

然而，这就似乎使得事情开始走向了自己的反面。就是说，当我们讲启蒙的时候，我们只是让人们启发自己的理性，不受别人的约束，可是我们一旦被理性所支配的时候，我们突然发现其实理性也变成了支配我们人类活动的一种力量。因而，当我们遵从理性的支配的时候，其实产生了一个悖论，就是我们又受到了某种唯一的单独的支配，因而受到理性支配也就意味着我们重新进入另一种蒙昧状态。这就是当代哲学重新提出启蒙概念的重要原因。

当代哲学对启蒙的重新理解

当代哲学对理性的重新反思，主要基于科学技术的发展对当代人类思维方式产生的巨大影响。我们知道，由科学生成的技术在人类认识世界的过程中发挥了至关重要的作用，现在世界的改变和人类生活方式的改变不仅因为科学进步，更是因为技术的进步。因而，当代哲学家们认识到，人在不断受到理性支配的同时，也在受到另外一个外在事物的支配，那就是工具。技术就是一种工具。当我们把技术理解为工具时，就是把某一个我们可以支配的形式看作是我们唯一使用的认识世界的方式。当培根说“知识就是力量”时，我们得到的观念是，只要我们对世界有所理解，我们就可以认识这个世界甚至改造这个世界。随着人类的文明进步，科学技术进步，人类逐渐意识到，只有通过改造世界，人才会得到更多的物质财富，人的生活才会变得更加舒适。在这里，工具的概念占了主导地位，而这恰恰就是当代哲学给我们提供的一个最为重要的思想启发：当我们把理性作为一种权威性的判断标准，当我们把理性看作是人类唯一能够遵从的权威，我们事实上又陷入了另外一种传统，在这种传统中，我们所看到的不过就是以工具化的方式来理解理性，并且把这样的工具树立为所谓的权威性的理解。这种观点特别明显地反映在伽达默尔与哈贝马斯的争论中。

伽达默尔和哈贝马斯之间曾经出现的重大争论，就是关于我们的理性使用在多大程度上是恰当的。哈贝马斯是一个理性主义的继承者，他强调以现代化的方式来理解理性的重建；伽达默尔则反对以纯粹工具理性的方式支配人的生活，不同意把理性看作一种支配人的思想的权威。伽达默尔的著作（如《真理与方法》以及他晚期关于美学的著作）一直反对人类以一种所谓的追问真的方式来把握世界。他提出要以另外一种方式，也就是所谓的反理性的方式来批判我们这个理性的时代。这就是一种对启蒙的新的理解：如果把启蒙概念看做是一个摆脱愚昧状态的活动的话，当理性成为一个唯一支配世界的方式时，这也会让人们陷入一种新的愚昧状态。这个愚昧状态并不一定意味着人们要遵从理性的活动或者说不遵从理性的活动，而仅仅意味着他必须遵从某个唯一的思维方式。

事实上，在20世纪40年代，霍克海默和阿多诺同样举起了一个新的启蒙大旗，他们提出一种所谓“反理性”的意识形态。他们合写的一本书《启蒙的辩证法》不仅讨论关于启蒙的一般概念，而且讨论如何以一种反启蒙的方式来重新规定启蒙的意义。在这个前提下，启蒙的概念就变成一种觉醒。但是，当启蒙仅仅提供觉醒，它可能会走到自己的反面，就是支配。作为一种辩证法的说法，当我们提供一种启蒙意识让我们觉醒的时候，我们可能会陷入另一种被支配的状态。因而，霍克海默和阿多诺提出的反理性的意识，就是要放弃传统对启蒙的理解。

我们知道，尼采的历史意义不仅在于他建立了一个所谓的超人的哲学，也不仅在于他给我们提供了一个关于道德谱系的形而上学，尼采思想其实是在于给我们树立了一个新的认识世界，包括认识自我的观念形态。这种观念形态告诉人们，我们传统信以为真、接受为信条的某一些理性的原则都是值得批判和怀疑的。这样的尼采式的怀疑主义的方式，给我们提供的是一种重新认识人类已然得到的某种思想观念的方式。

从尼采到福柯，走出了一条新的道路，一条对启蒙新的理解的道路。尼采颠覆了一切的价值观念，他宣告了上帝的死亡；福柯宣告的不仅是上帝的死亡，甚至宣告作为理性的人也随之死亡了。他所说的人，是传统意义上的理性之人。一个理性之人认识世界的主要方式是逻辑与科学，但逻辑与科学给我们提供的技术形态（或者说工业形态）已经使得我们这个世界变得面目全非了，今天的社会不是变得更美好，而是变得更糟糕了。福柯给我们提供了一个思路，即人的活动方式规定了人的存在意义，他给人提供了一个新的看待自我的方式。如果我们把他与传统的启蒙思想相对比的话，那么，他有一种反启蒙的意义。

在这个前提下，对于新的启蒙概念我们可以有一个明确的理解。它与传统的启蒙概念之间存在一个重大的反差，就是它已经不再把某一个东西无论是理性还是权威或者是传统看作是唯一的了，而是强调了多样性。“启蒙”概念在这里恰恰回到了它最初的本意，就是给人以光，让人受到启发，让人在黑暗之中找到光明。

概括当代哲学家们对启蒙概念给出的重新理解，我们可以指出以下两点：其一，启蒙不仅仅是观念问题，更多的是我们对可能面对的新世界的态度。这就是说，当我们理解世界的时候时，如果不能够完全以理性的方式来把握，而可以以一种其他的或者叫非理性甚至是反理性的方式来把握的话，我们就需要对这样的方式提出更多的要求，比如，它们是否可以满足我们对思想表达方式的普遍性的理解，以及如何以不同于理性的方式认识我们所面对的世界并把这种认识以可以理解的方式表达出来。其二，以不同的方式去理解我们面对的世界，并承认这些方式在认知上具有同等的地位。这体现为一种宽容的精神：只有在一个宽容的环境中，社会中的每个成员才能充分发表自己对世界的理解，才能真正实现康德所说的不受任何人的支配而自由地行使自己的理性权利。只有在宽容的环境中，我们才能真正知道每一个人的权利是多么重要。应该说，这种启蒙的思想在当今哲学当中得到了广泛的认同。

由此，通过对启蒙的重新理解，我们可以勾画出当代哲学的一些基本特征，而这些特征正是向我们揭示了当代哲学的新的启蒙。

颠覆传统哲学的思维方式

在这里，我们主要是通过对当代重要哲学家思想的分析，揭示他们的哲学是如何颠覆传统哲学的思维方式的。

1. **从连续到断裂：胡塞尔与德里达**

胡塞尔是19世纪末20世纪初非常重要的德国哲学家，他创立了现象学，开启了当代西方欧洲大陆哲学的一个先河。欧洲大陆哲学通常被看作是以人的意识活动和人的存在为讨论对象，这里的“意识活动”是胡塞尔所强调的意向性的意识活动，就是人们的意识活动都具有意向性特征。当认识一个事物时，我们是以人的意向能力来把握对象的，而不是以我们的知识结构来把握对象的，这是胡塞尔现象学的一个重要特征。存在的概念通常被理解为一种人的存在状态，海德格尔确立人的存在状态为存在第一要义，他把人的存在叫作“此在”，把人的存在作为一切存在的根据和前提，继而从人的存在状态出发来分析人存在的各种价值。这样的哲学对意识和存在的讨论构成了当代欧洲大陆哲学的核心内容。在分析哲学家那里，他们是以实证的、科学的方式来讨论哲学问题，更加关注的是如何确立哲学命题中的意义和真理问题。可以看出，欧洲大陆哲学家更加关注意识和存在问题，而在英美哲学家那里更加强调意义和真理。这是两种不同的讨论哲学的方式，这种分歧是从19世纪末开始形成的。

到了20世纪70年代，欧洲大陆哲学与英美哲学之间的分野开始出现一些转折，两者之间开始出现交叉融合的情况。这种变化的一个重要特征是，两种哲学研究方式都发生了一些变化。在欧洲大陆哲学那里，法国哲学家德里达提出一种与传统哲学截然不同的方式，即“断裂”和“增补”的方式。在这之前的哲学传统是以连续性为特征的，不管是对意识问题的讨论还是对意义问题的讨论，都强调了一种在我们可理解的范围内具有的意识和意义的连续性。可是在德里达那里，对“断裂”的讨论却变成了首要问题。我们所有的问题都不是由结构而产生的，恰恰相反，它是由解构而产生的。如果我们给出一种建构，那么，任意一个建构都属于给出的结构性分析。这首先强调了我们的意识活动是有结构的，并且我们对意义的分析也是依赖于我们所分析的那个对象的结构，比如说语言的结构；因而，对结构的分析被看作一种建构性的分析。但是在德里达那里，他提出了一种“解构”的概念，他要做的工作不是去建构，而是要分解，他要把我们的意识活动分成不同的片段。按照他的说法，我们对事物的理解不是按照某种一贯的连续方式，而是按照某种断裂的方式。这样的断裂在我们的意识活动中大量存在，哲学只是掌握某一个片段而已，它不是为了获得某种连续性，而是获得对某一个片段的深刻理解。因此他认为，只有通过解构的方式我们才能真正理解我们所面对的一切知识。解构主义被看作 20 世纪最为强烈的哲学观念，而这种解构是建立在断裂的基础之上，是把所有人的思维活动都分解成不同的片段，而不是确立某一个共同的原则。确立原则的思想方法是我们人类共同具有的，每一个人都需要有归属感，归属感就是把自己统一于某一个大家共同认同的标准上。可是按德里达的思想方式，他恰恰是要反对这样的标准。德里达的思想在当代哲学中所产生的影响，不亚于启蒙思想家们在 18 世纪所造成的影响。可以说，由于德里达的出现，由于断裂和解构思想的出现，使得整个当代哲学与传统的哲学发生了一个重要的转变。如果说胡塞尔的思想是以意识和存在为研究对象，虽然与传统哲学相比已经有很大不同，但在思维方式上仍然延续着传统哲学；可是，解构的思想却完全打破了传统，这是对传统哲学思维方式的颠覆。

2. 从历史到现实：怀特与福柯

我们可以看到，几乎所有的现代哲学家们，特别是 20 世纪初的哲学家，他们大部分的思维方式都是依据对历史观念的分析和理解，非常强调从历史中寻找他们的思想之源，也希望历史的研究可以给他们提供一个确立新的理性标准的根据。可是，当我们读到福柯，我们会发现，对历史的这种研究已经不仅仅是作为一个素材，或者说不是作为一个根据，而变成了一个讨论现实问题的模板。当我们看待现实的时候，我们不是通过一种观念而是通过对历史的考察，直接投射到现实当中，让我们认识到原来我们所看见的现实问题都是基于一种历史的还原。这样一种对历史的考察，与前面所说的哲学家们对历史的认识不同，比如，海登·怀特的历史哲学强调的是按照观念史的方式，来重新构造历史。而今天的哲学家们更加关注的是如何把这种历史的讨论直接延伸到对现实问题的关注，比如，福柯的基本著作《临床医学的诞生》《规训与惩罚》《性史》等，其实反映的都不是历史，而是在反映现实问题，讨论的是在当今的社会环境中我们如何以一种多元的、宽容的方式来处理人类知识的不同形态。

我们以往认为，人类知识的存在只是以一种形态出现的，这种形态叫科学，我们把科学称作人类对世界的知识体系，因而，关于科学的讨论是建立在对知识的理解基础之上的。可是，我们所看到的福柯的作品却不是这样，我们读到的却是另外一种形态，它不是科学式的，与科学没有太大关系，甚至有些论述与科学没有任何关系，他不是以科学的方式来讨论人类的知识系统的。他是以哲学的视角来观察（比如）临床医学在人类认识活动发展史上产生多大作用。所以，他的独特视角颠覆了我们传统的对知识概念的理解，这是一个非常不同的视角。

3. 从思辨到分析：皮尔士与维特根斯坦

当然，对现实的理解不仅是基于对历史的考察，更多的是基于哲学家们如何使用他们的观念来解读现实。因而，另外一种方式就是从思辨到分析的进入。这里所说的思辨的方式，主要是指来自于德国哲学的思辨传统，这里以两个哲学家为例，即皮尔士和维特根斯坦。

我们知道，皮尔士是实用主义的创始人，是美国 19 世纪末 20 世纪初最重要的哲学家之一，有人把他称为“百科全书式”的哲学家。我们对皮尔士的了解更多是基于哲学的和逻辑的，因为他在这两个领域做出了重大贡献，特别是皮尔士的逻辑学，而我们对他哲学的理解大多是因为詹姆士。皮尔士的实用主义强调的是以一种实验的方法对我们所使用的观念做出验证，只有能够通过实验的方法来检验的观念，我们才能够说这个观念是有效的。所以一个观念的有效性，取决于它是否能够在实验当中得到检验，这才是所谓的“真”概念，“真”是建立在这个基础上的。这就是皮尔士哲学给我们提供了的实用主义的基本原则，被称作“皮尔士原则”。在19世纪末期，皮尔士的主导思想受到两个影响，第一个影响就是所谓的思辨的或者叫绝对的唯心主义，因为他哲学上仍然采用一种观念论的哲学。第二个是受到当时的自然科学的影响。这两点的影响是冲突的，绝对的唯心论是以一种思辨的方式来认识世界，来整理观念的，可是自然科学的方法却是以一种实证的方式来认识世界的，所以说这两者之间存在矛盾。19世纪末20世纪初的世纪之交，正是整个思想领域包括科学领域发生剧烈转换的时候，这次转换所产生的影响远远大于几个世纪前的人类的思想发展，它的转变之剧烈直接导致我们今天所见到的西方的思想文化。那么，转变的最后是什么取胜了呢，当然是科学的方法战胜了思辨的方法。因此，皮尔士正是在放弃了传统的思辨思维方式的基础上而接受了一种科学的方法，由此形成了对观念有用性的判断标准。

维特根斯坦作为当代哲学家中最重要的两个哲学家之一（另一个是海德格尔），对当代哲学的影响主要在于他导致了整个西方特别是英美的分析哲学的思维方式的重大改变。他的前后两个时期的哲学思想方法对后来的哲学影响，全部建立在分析的概念之上。这个分析对象是语言，但这个“语言”不是我们通常理解的语言概念。在早期的《逻辑哲学论》时期，他分析的是逻辑语言，用逻辑的方法表明如何以一种逻辑的方式建构一个我们可以清楚表达思想的逻辑语言。他的逻辑方法之精细，使得当代没有一个哲学家能够像他那样把语言的构架完全按照逻辑的方式建立起来。这个方式本身确立了一个基本原则，就是要有非常严格的、清晰的、精确的语言表达我们对世界的理解。维特根斯坦早期的分析概念就是基于对这个语言逻辑语法的分析，逻辑的语法我们通常也称为逻辑的句法，它是基于这样的方式，语言的表达方式决定了语言表达的内容。维特根斯坦的前期哲学针对的是逻辑语言，但他的后期哲学针对的却是日常语言。可是，他对日常语言的分析也不是我们所想象的那样仅仅是对语言现象的分析，相反，他是把我们所可以想象到的一切语言现象都理解为人类生活方式的显现。所以，在他的后期哲学中，“生活方式”这个概念凸显出来，他认为，对于这样的生活形式我们人类是不能够用语言去论述和描述的，因为它是不可说的。我们是通过不同的语言游戏（language games）显现我们的生活形式。维特根斯坦所讲的语言游戏就是我们所有的语言活动。维特根斯坦把游戏理解为我们人类所有活动中的一种，因而语言游戏也就和我们下棋、打球、玩各种其他游戏一样，它确立的是人们所有的语言活动，当我们把它看作一种游戏的时候，它就是建立在能够显示我们人类的生活形式的基础之上。所以在这个意义上，我们来理解游戏的概念，这样的分析就具有了另一种特定的含义，就是把游戏或者说把语言活动分解为人类几乎所有的活动形式中的一种。

通过这三种思维方式的改变，我们大致上可以理解当代哲学给我们提供的基本的思路。这样的思路已经颠覆了传统哲学理解世界的方式，因而我把它理解为一种新的启蒙。当然，这种启蒙与传统的18世纪的启蒙有很大不同，它不是确立在如何张扬人的理性能力的基础之上，而是建立在给我们人类的思维方式提供多样性的选择的基础之上。当我们不把科学观念看作唯一的认识世界的方式的时候，当我们把哲学的理解看作是可以有多面性的而不是简单的二元对立的方式的时候，当我们把人对世界的理解看作可以用不同的形式来把握的时候，这时，我们就有了“启蒙”的新内涵。

改变传统哲学的话语方式

当然，除了思维方式的改变以外，当代哲学还涉及到话语方式的改变。这种改变包含了这样几种方式，第一个是以意向论的方法取代了传统认识论的方式。这就是，欧洲大陆哲学提供给我们的关于意识和存在的讨论取代了传统的认识论；第二个是以经验论取代了唯理论。可以说，现代哲学主体的倾向是经验论，特别是英美哲学当中。唯理论哲学强调天赋观念的存在，而经验论直接反对天赋观念。当然，经验论也是一种理性主义，我们要看到这个区别；第三个是以生存论取代道德论，是指以关注人的生存方式来取代对人的德性和道德判断的基本讨论。所以，我们今天看到，当代哲学的一个基本思路是意向性理论、经验论和生存论的话语方式，取代了传统哲学的认识论、唯理论和道德论的话语方式。

同时，当代哲学还形成了一些新的研究领域，这样的研究领域可以概括为所谓的“二阶的哲学”，即 X 哲学的兴起。如今，人们不再把哲学看作仅仅由传统的形而上学、认识论或道德哲学等这样的内容构成了，更多讨论的是某一种领域内的哲学观念。所以，哲学就变成了一种二阶的哲学，比如，科学哲学、历史哲学、政治哲学、心理学哲学、数学哲学、化学哲学，神经科学的哲学等。所有这些都可以冠之哲学，是因为其中所有的讨论最终都会涉及或关系到哲学中的基本问题，或者说，所有的二阶哲学都与一阶哲学有关。这里的一阶哲学主要是指传统的哲学领域，特别是关于形而上学的讨论。这就是关乎一个对象成为其对象的可能条件，而这样的形而上学讨论更多的是基于一种形式化的讨论，是一种形式化的讨论方式，它跟内容是无关的。而形式化的讨论方式使用的工具只能是逻辑。这样，形而上的讨论与逻辑又密切地结合起来了。在二阶哲学中，我们看到，不同的研究领域都会最后关涉到一阶哲学的问题，或者是，一阶哲学的形式化讨论以各种不同的方式影响着二阶哲学的研究问题。正是哲学的两个不同层次之间的相互影响和作用，哲学本身才得到了丰富和发展。而当代哲学也正是以这样的哲学研究方法和研究领域，向人们提供了一种新的哲学图景，这就是，哲学变成了各个不同学科和不同专业的人们可以共同关注的话题。

（原载《苏州大学学报》2011 年第 3 期，第 23—29 页）

七　语言与心灵：伯仲难辨

众所周知，当代分析哲学自20世纪70年代开始就出现了一次重要转向，这就是从语言哲学转向了心灵哲学。从此，语言哲学逐渐失去了以往在分析哲学和整个英美哲学中占据的主导地位，心灵哲学似乎一夜之间成为哲学家们热烈讨论的话题。美国加州大学洛杉矶分校伯奇（Tyler Burge）教授把这种转向原因解释为，“在说明传统哲学问题方面，语言哲学似乎已经实现了它的承诺。”他认为，“语言哲学的一些讨论，特别是关于意义理论的讨论和关于语义学该研究什么不该研究什么的讨论，看来已陷入了僵局。几十年来，语言哲学领域就没有产生什么重要的、巨大的、新颖的哲学观念。”然而，美国新泽西州罗格斯大学的勒坡（Ernest Lepore）教授并不认同这种观点。作为国际著名的语言哲学家，并且目前担任罗格斯大学认知科学研究中心主任，勒坡指出，虽然哲学家们的研究兴趣发生了变化，但这并不意味着语言哲学走向了末路，相反，正是对语言的更为深入的研究直接导致了哲学家们对心灵问题的重新关注。的确，伯格教授也承认，语言哲学转向心灵哲学的内在原因在于哲学家们对意义与命题态度（如信念和意图）之间关系的重新反思，也由于语言哲学研究中面临的一些持久难题，例如，新的指称理论如何解释弗雷格关于晨星和暮星的困惑；如何解释指示词的认知价值；有关命题态度的句子的真值条件和逻辑形式问题；关于从物的信念（*de re belief*）问题，等等。但在他看来，对这些问题的研究已经逐渐转化为一些更为专门的研究领域，如语义学和逻辑学等，这就使得语言哲学研究缺乏真正的哲学动力。随着心理学中计算机模型的兴起和心理学哲学的重新发现，心灵哲学研究似乎找到了更为坚实的科学根据。

然而，这种争论似乎并非结束。虽然心灵哲学研究目前在西方英美哲学中正在如火如荼地进行，各种物理主义和反物理主义理论层出不穷，但哲学家们在语言哲学领域中的研究也一刻没有停止。据国际著名英文网站《哲学论文》（PhilPapers）统计，截至 2014 年 9 月 14 日，该网站收录的仅“语言哲学”专题论文就有 1147 篇，“语言学哲学”专题论文 2245 篇，而关于“意义”“语言”“语用学”“分析性”“命题”“语义现象”“指称”“弗雷格和罗素的意义理论”“专门表达式”“句法”“真理”“模糊性和不确定性”等问题的专门论文则高达 18000 多篇，语言哲学领域中的专著则收录了 999 部。而在该网站上的讨论专题也高达 207 个，共有 4000 多人参与了各专题的讨论。《牛津语言哲学手册》、《语言哲学指南》、《布莱克威尔语言哲学指南》以及莱肯（William Lycan）的《当代语言哲学导论》等著作成为当今语言哲学研究的主要依据和资料来源，也是当代哲学家了解语言哲学研究进展的主要参考文献。这些都清楚地表明，语言哲学研究虽然不再像以往那样占据当代英美哲学的主导地位，但哲学家们在这个领域中的工作仍然取得了明显的成效。

更为重要的是，语言哲学家们提出的许多理论观点，不仅在语言哲学中具有重要思想价值，在心灵哲学研究中也得到了广泛应用，取得了很好效果。最近，我看到蒉益民博士的新著《从语言到心灵：一种生活整体主义的研究》，对当今语言哲学研究的最新研究成果运用到心灵哲学领域中的情况作了较为有趣的分析，值得一读。尤其是其中提到，查默斯（David Chalmers）提出的“二维语义学”对关于意识的物理主义理论所做的批判，引起了心灵哲学领域中的激烈辩论。“二维语义学”虽然是语言哲学研究领域中的最新成果，但由于其中直接涉及人类认知活动的特征，所以心灵哲学家们给予了很大的关注。这个理论的核心思想是说，一个表达式的外延是以两种不同的方式依赖于世界的可能状态：一种是认知依赖，这是指表达式的外延依赖于现实世界的呈现方式；一种是虚拟依赖，这是指表达式的外延还依赖于世界的反事实状态。与此对应，一个表达式就具有两种不同的内涵，而这就被看作是一个表达式意义的两个不同维度。然而，由于这种由外延确定内涵的方式直接涉及两种内涵的认知性质，由此又使得对意义的确定回到了从内涵到外延的过程，即我们对一个表达式的外延的确定最终是通过我们使用这个表达式的内涵完成的。这些内涵就是查默斯所谓的“认知内涵”和“虚拟内涵”。“二维语义学”的这种内涵决定论招致了心灵哲学家们的很多批评，认为这无异于把个人内在的心理活动作为确立表达式意义的标准。但查默斯则明确表示，所有这些批评都基于对他理论观点的误解或不完全理解。他的工作试图寻求的是在不同个人心理活动之外的某种具有普遍意义的意识活动，这种活动并不独立地存在于某个人的头脑中，而是存在于所有意识到表达式意义的头脑之中。这样，我们就可以很好地解释意识活动是如何可以不依赖于某个人的头脑的这一现象。

这听上去的确有些天方夜谭，但却是我们从逻辑上可以得到证明的理论。问题只是在于，我们如何把这种理论用于说明我们在头脑中实际发生的意识活动。在这里，我们或许可以看到语言哲学家与心灵哲学家在问题讨论视角上的分歧。当心灵哲学家们正在努力为我们的意识现象（特别是“感受质”）寻找坚实的科学依据的时候，语言哲学家们却不断地在提醒他们，对心灵活动的所有解释都应遵从一个基本原则，这就是，解释的目的是为了让作为人类整体的我们看到心灵活动对我们的生活带来的实际作用。其实，无论是物理主义还是反物理主义，哲学家们都面对这样一个难题：思维中的可想象性与我们对世界的可能解释之间究竟是什么关系？而在这个哲学难题面前，语言哲学家和心灵哲学家的回答的确伯仲难辨。

（原载《中国社会科学报》2014 年 10 月 20 日第 6 版）

八　分析哲学史：一个新的研究领域

著名的美国哲学网站《莱特报告》（Leiter Report）2014 年搞了一个网上投票“如何看待分析哲学史”，引起了我的极大兴趣。根据 8 月份的投票结果，多数人对分析哲学史抱有友善态度：17% 认为分析哲学史是“核心的、基础性的”，28% 认为是“主要的研究领域”，27% 认为“与其他当代哲学兴趣整合在一起时是有用的”，20% 认为是次要的研究领域，只有 8% 认为是浪费时间。这个结果表明，至少有一半以上的人认为分析哲学史是重要的。这个结果的确出乎我的意料。通常认为，与西方哲学史相比，分析哲学史应当属于专门的研究领域，真正关注的人会比较少。但这个投票结果却与通常的理解大相径庭。由于这是一个专业哲学网站组织的投票，因而参与者大多应当具有一定的哲学专业背景。这也使得这个投票结果具有了某种专业意味。

其实，早在十年前，我就曾在一个国内重要哲学杂志上发表文章，提出“走进历史的分析哲学”的口号。这里的“走进历史”具有双重含义：一方面是分析哲学家们开始关注自己的历史发展，把对分析哲学史的研究作为哲学研究的重要内容；另一方面是分析哲学家们试图从哲学史上寻找分析哲学的思想源头，努力把分析哲学理解为西方哲学发展的现代延续而不是与西方哲学的断裂。当然，这个判断首先来自分析哲学家们近几十年的工作。早在 1990 年，美国学者希尔顿出版了他有影响的著作《罗素、唯心论与分析哲学的萌芽》，开启了哲学家们研究分析哲学史的先河。从此，对分析哲学发展历史的研究就逐渐变成了分析哲学研究的重要内容，如贝尔等人编著的《分析的传统》（1990）、《科学与主体性：维也纳学派与20世纪哲学》（1992）等著作成为分析哲学研究的重要资料。同时，哲学家们对分析哲学与西方哲学传统之间的关系给予了更大关注，90年代后大量研究著作纷纷出版，在西方哲学界的确产生了不小影响，例如科法的《从康德到卡尔纳普再到维也纳的语义学传统》（1991）、克拉克的《哲学的第二次革命》（1997）等等。有关这些研究情况，我在2014年发表的《当代西方分析哲学史研究现状分析》一文中做了详细论述。

2013年由英国学者比尼主编的《牛津分析哲学史手册》出版，成为分析哲学史研究的重要事件。40位当今西方最为活跃的分析哲学家共同完成的这部手册，堪称分析哲学史研究的最大权威，作者既有伯奇、林斯基、戴蒙德、哈克、希尔顿等这样重量级人物，也有格洛克、佛罗伊德、特拉维斯等这样的学术中坚，更有考里瓦、克劳福德、欧博尔等这样的青年才俊。主编在序言中明确断言，“该书的出版最为清晰地标志着，分析哲学史现在已经被看作名副其实的哲学分支”。同时，他还明确指出，“这不是一部由众人共撰的分析哲学历史，而是一部真正的手册，代表着多年来在这个领域中取得了所有成就，发表了各种不同观点，提出了新的视角和研讨思路，所有这些都是热情满满、信息丰富、在分析哲学史上志同道合”。的确，洋洋千余页的手册涉及内容广泛，作者论述精到。全书不仅对分析哲学的性质和历史发展做了全面概况，而且对分析哲学史中讨论过的重要问题都给予了充分关注，其中涉及的主要人物包括了波尔查诺、弗雷格、罗素、摩尔、维特根斯坦、维也纳学派、牛津学派、蒯因、克里普克、普特南、麦克道尔等，涉及的重要问题主要包括函项、命名、逻辑完善的语言、语言转向、感知与感觉材料、怀疑论与知识、严格的经验、模态、推理主义与规范性、实用主义、现象学等。所有这些都向我们呈现出一幅较为完整的分析哲学发展的历史画卷，自然就成为我们全面了解这个历史过程的第一手资料。

如今，分析哲学史之所以成为一门新兴的哲学分支，我想主要原因首先在于，分析哲学家们在这个领域中的研究已经取得了公认的重要成果。且不说国际上每年出版的大量关于分析哲学史的研究著作和发表的论文，仅就比尼主编的《分析哲学史丛书》来说在短短几年之内就出版了 20 多部，足以表明分析哲学的历史已经成为哲学家们专门研究的领域。正如比尼在丛书总序中所说，广义的分析哲学史应当涵盖从 19 世纪后半叶到 21 世纪初的历史，这开始于弗雷格、罗素、摩尔和维特根斯坦的工作，并最后推进到当下的哲学研究。显然，哲学家们对分析哲学史的研究，目的并非历史本身，而是要从历史研究中寻找当下哲学问题的根源，由此理解分析的传统如何影响到当今哲学的发展。其中特别值得注意的是，分析哲学如何根植于新康德主义和英国唯心论传统，以及分析哲学与现象学之间纠缠不清的历史渊源。

当然，还有一个更为重要的原因，这就是对分析哲学自身传统的定位问题。如果说“哲学”这个概念是无法定义的，那么，在许多分析哲学家看来，“分析哲学”这个概念也是无法定义的，因为分析应当是哲学的本质，而不是哲学的具体特征。当越来越多的哲学家使用分析的方法处理哲学问题的时候，他们从未想到把自己列入分析哲学家的行列。有趣的是，的确很少有哲学家自称为“分析哲学家”，正如几乎没有人自称为“欧洲大陆哲学家”一样。由于这样一种特性，哲学家们就需要从历史的视角去寻找自己哲学的根源，由此确定自己所讨论的哲学的位置。“分析哲学史”这门哲学分支的出现正是为了满足哲学家们对自身历史关注的要求，而历史的不确定性和问题的开放性使得分析哲学史研究具有了更为广阔的空间。

九 时代呼唤哲学的归来

——第22届世界哲学大会侧记之一

在当今多变的世界中，哲学究竟是否还如以往那样发挥着重要作用？在科技日新月异的今天，哲学究竟处于一种什么样的地位？北京奥运会前夕，第22届世界哲学大会于2008年7月30日至8月5日在韩国首都首尔隆重举行，大会的核心内容就是要探讨以上这些无论是对哲学本身还是对我们这个时代都非常重要的问题。大会的主题是“反思当今的哲学”。这里的反思包含了双重含义：第一层含义是对哲学本身的反思，即从内部寻找哲学在当今时代发展的出路；第二层含义则是对哲学在当代世界作用的反思，即探究哲学应当如何回应当代世界的挑战。用国际哲学联合会（FISP）主席肯普（Peter Kemp）的话说，“反思当今的哲学”就是将我们的哲学能力应用到当今的人类现状。国际现实告诉我们，仅仅依靠经济的、技术的以及军事的力量是无法独占世界的。我们能够挑战各种权力，揭露谎言和幻想，塑造使人类生活得更美好的世界，这些都正是哲学的论证和反思给予的力量。本届世界哲学大会的韩国组委会主席李明贤（Myung-Hyun Lee）明确指出，反思当今的哲学，不仅要反思我们所拥有的哲学遗产，更要反思怎样应对出现在今天地球村文明的新挑战以及人类在新条件下正确的行为和思维框架。

本届世界哲学大会的一个突出特点是，强调哲学的功能是以智慧的方式活动。一方面，哲学是一种根本的、全面的思想事业，以追求最终的宇宙规律和人类智慧为宗旨，并把这看作每个时代的主要问题；另一方面，哲学是一种活动，做哲学就是要求我们的思考在逻辑的帮助下更为深刻、开放和正确。“更为深刻”意味着要三思而行，不盲目判断；“更为开放”意味着博采众长，不独断专行；“更为正确”意味着理智在先，不随意武断。只有这样才能说，我们是以哲学的方式生活，是以智慧的方式生活。古往今来的历史表明，凡是要追求更为幸福生活的人们，都会把“如何考察我们的生活是否值得过”作为自己的行为指南，从东方到西方，概莫能外。本次大会向全世界表明了这样一个观点，无论哲学家们的理论如何复杂深奥，无论社会和时代的变化如何飘浮不定，只要有人能够告诉我们正确的思维方式和行为方式，告诉我们如何在复杂多变的社会中更好地生存，那么这人就一定是伟大的哲学家。我们的时代正在呼唤更多哲学家的到来。

来自世界 102 个国家的 1800 多名代表参加了本次世界哲学大会。在大会组织的 600 多场各种形式的会议上，代表们都在不同的研究领域分别探讨了如何使哲学在当今时代更好发挥作用的问题。四场大会发言就分别讨论了道德哲学、政治哲学、社会哲学的问题，如民主、正义和全球责任等；还讨论了形而上学和美学的问题，如实在、美和生活的意义等；还有哲学史和比较哲学的问题，如传统、批评和对话；以及认识论、科学技术哲学的问题，如知识和文化等。所有这些讨论都与当今世界的现实和我们的生活密切相关，来自美国、中国、意大利、韩国、法国、墨西哥、日本、喀麦隆以及非洲象牙海岸等国家的哲学家在大会上共同表达了对以上这些问题的强烈关注。大会特别组织的专题研讨会还专门讨论了全球化和世界主义（Cosmopolitanism)、传统、现代与后现代、冲突与宽容、生命伦理学、环境伦理学和未来世代等问题，所有这些问题都直接关系到当今人类生活的现实环境，对它们的哲学思考将会直接影响我们的现在和未来。来自俄罗斯、布基纳法索、加拿大、瑞典、芬兰、塞内加尔、德国、美国和中国等国家的哲学家对这些问题的讨论引起了与会者的普遍关注。例如，俄罗斯的楚马科夫（AlexanderChumakov）就指出，全球化已经引起了一系列的世界问题，如何在这种世界变化中保持每个民族的文化同一性，就成为我们面临的重要问题。美国的巴特勒（Judith Butler）认为，从东西方的不同视角看传统与现代性，我们就会得到不同的概念，这表明我们对现代性或后现代性的理解必须放到不同文化背景中考察，因而没有一种共同的标准来衡量哪一种理解更为正确。加拿大的葛隆迪（Jean Grondin）、塞内加尔的戴耶（Aloise N' Diaye）和美国的拉斯姆森（David Rasmussen）在讨论冲突与宽容的关系时，共同表达了这样一个观念，即在不可避免的冲突面前，如何做到最大限度的宽容正是最好地体现了人道主义的精神。

在大会组织的400多场分组讨论中，来自不同领域的哲学家们都从自己的专业出发对哲学的当代功能进行了诠释。在已有的哲学分支学科的分组讨论中，哲学家们主要围绕专业领域中的问题展开了深入探讨，几乎在每一个讨论现场都是问题不断，争论激烈。出于专业兴趣，我主要参加了语言哲学、形而上学以及本体论的分组讨论，并在形而上学的分组中发言。虽然这些分组讨论侧重于哲学理论问题，但其中仍然涉及大量关于哲学的现实作用的讨论。例如，对认识活动的语境化问题的讨论，就关系到我们如何在不同的文化语境中寻找认识活动的共同规律的问题；同样，对语言中的意向性研究也关涉到说话者之间的德性交流，即分配的意向性。在形而上学的分组讨论中，代表们的话题涉及了混沌理论在当代的应用、生物宇宙论问题、形而上学在当代的复兴、对时间和空间的当代思考等。还有一些分组讨论涉及当代形成的新的哲学分支学科，如儿童哲学、性别哲学、体育哲学、气候伦理学、哲学史学、比较哲学、认知科学的哲学、传播和信息哲学、心灵哲学、自然科学哲学等，这些哲学分支大多明显地表现出把哲学研究与当今世界现实密切联系起来的主导倾向，或者说，正是由于自然科学和社会科学的发展，才产生了用哲学的思维方式反思各门科学研究成果的要求。当然，在所有的分组讨论中，最为引人注目的是关于社会政治哲学的讨论。围绕这个领域中的问题，大会专门安排了每天两场分组会议，集中探讨当今人类共同面临的社会政治问题。这些问题主要包括政治哲学在当代政治现实中的地位、当代政治实践中的宽容、保守主义的价值与集体主义的认同、当今世界暴力活动中的目的与手段、世界多元文化中的统一性、自由民主与公共理性、平等与不平等、世界主义与少数人的道德、正义的战争与当代军事冲突，等等。哲学家们对这些问题的讨论不仅为当代政治实践提供了理论证明或理论辩驳，而且为政策制定直接提供了思路和方法。所以，在本届世界哲学大会上，关于社会政治哲学领域问题的讨论始终是哲学家们关注的热点。

十　来自多元世界的不同声音

——第22届世界哲学大会侧记之二

2008年7月30日—8月5日，第22届世界哲学大会在韩国首尔大学隆重举行。来自全世界一百多个国家的近两千名代表参加了大会组织的4场全体会议、5场专题讨论会、3场主题讲座，以及498场分组会议，其中包括了特邀会议、韩国哲学会的专门会议、圆桌会议、学会会议以及学生专场等不同形式的会议等。会议参加者除了主办国韩国哲学家人数众多之外，参加人数较多的国家有美国、俄罗斯、中国、印度等。由于这是真正意义上第一次在亚洲国家召开世界哲学大会，因此，来自亚洲国家的代表占了很大比例；当然，这也与韩国组委会的大力宣传和积极推动工作有密切关系。据大会组委会统计，我国此次参加会议的代表人数达一百多人，为我国参加历届世界哲学大会的人数之最。其中，中国社会科学院哲学所派出了多达14人的代表团，吉林大学哲学院派出了7人代表团，此外，诸如北京大学、北京师范大学、首都师范大学、中国政法大学、北京市社会科学院、华东师范大学、上海社会科学院、武汉大学、华中科技大学、厦门大学等高校和科研单位也派出代表参加大会。

本届世界哲学大会的主题是“反思当今的哲学”。这是一个相当宽泛的主题，但却反映了当今世界哲学共同关心的重要话题，即对当今哲学本身的一种哲学式的反思，包括了由于当今世界面临的各种紧迫问题对哲学提出的各种挑战以及哲学自身面临的问题对哲学家们提出的历史使命。从大会发言以及各种专题会议上发表的论文看，当今世界的哲学明显呈现出了多元化的局面，没有哪一种哲学在当今世界哲学中能够占据主导地位，甚至在相同的国家或在相同的哲学领域中，也没有哪一种哲学能够起到支配的作用。这种情况清楚地表明，我们正处在一个变化的时代，用库恩的话说，我们正在经历哲学革命的时代：原有的哲学范式已经被打破，新的范式尚未建立起来；每个哲学家都在试图寻求哲学自身的发展道路，才会出现哲学家们自说自话、互不相干的局面。而世界哲学大会正是为哲学家们的不同观点提供一个相互交流、共同理解的重要思想平台。

我作为中国社会科学院哲学研究所的代表参加了本届世界哲学大会，亲耳聆听了当今世界著名哲学家的大会发言，如法国哲学家马里翁、美国哲学家金在权、意大利哲学家阿加西等，我还参加了 17 场小组讨论，并在东亚国家哲学协会联合会议和一场小组会议上发言。根据我的听会感受和阅读理解，我认为，本届世界哲学大会的主要特点是“多元化”，这表现在以下几个主要方面。

第一，大会的主题“反思当今的哲学”为不同的哲学主张提供了共同交流的平等舞台，如何反思、为何反思以及反思何在等问题就成为来自世界五大洲的哲学家们充分发挥自己哲学想象力的重要驱动力。正如大会组委会主席李明贤在开幕式上所说，我们人类正面临着文明的巨大转变，在这个变革的时代，“反思当今的哲学”就是反思我们得到的哲学遗产，面对未来文明的不确定性以及危险做出新的哲学思考。“新的时代需要新的哲学、新的思维方式”。正是在这种形势下，来自不同国家的哲学家对哲学自身的反思就具有了重要的历史意义。在本届世界哲学大会上，最为突出的特点就是非西方国家的哲学家共同表达了自己的哲学与西方哲学具有不同的主张、关注以及特征。作为一名韩国著名哲学家，韩国国立科学院院长金泰奇（TaeKil Kim）在致辞中明确表示，哲学活动应当意味着“深刻地思考”，这就需要从各种不同的角度而不是仅从一个角度观察事物。国际哲学联合会主席坎普（Peter Kemp）教授在致辞中指出，哲学家们不仅要理解自己的工作，更要对整个人类的文明发展做出贡献，这就包括要理解世界上属于不同民族、文化、语言、传统和宗教的所有人民。只要做不到这一点，我们就会看到在当今世界中出现的由于中西文化的差异而导致的地区冲突甚至战争。来自墨西哥国立自治大学的杜塞尔（Enrique Dussel）在大会发言中慷慨激昂地批评了以美国文化为代表的西方意识形态对世界哲学的主导干涉作用，认为世界哲学应当是多元化的，其中既有西方的哲学传统，也包括了其他非西方的哲学，特别是以墨西哥为代表的拉丁美洲的哲学和以中国为代表的亚洲哲学。他还特别提到了庄子哲学中的天下概念，认为天下和谐应当为当今世界的主流倾向。同样，来自喀麦隆的科洛·夫（Nkolo Fo）、象牙海岸的波尼（Tanella Boni）、日本的左左木龄（Kenichi Sasaki）、中国的童世骏等人在大会发言中都表达了对不同哲学传统的重视，强调了应当在不同文化中张扬哲学的理性精神以及对人类社会的深刻关注。

第二，大会特别安排的“专题研讨会”“特邀分组会”以及“圆桌会议”，目的就是为来自不同国家和哲学传统的哲学家们展开更为充分的对话和交流。这些会议的内容涉及非常广泛，例如，非洲文化、亚洲文化、多视角的全球化、跨文化的哲学与当代中国哲学、全球性的人道主义、佛教文化对社会秩序与世界和平的贡献、亚洲与阿拉伯世界关于人权哲学基础的对话、亚非哲学的传统与反思、全球化与全球政治、亚非拉的哲学、东西方的哲学对话、中西哲学比较研究、传统与现代和后现代、跨文化交流与亚洲语境、今日越南哲学、哲学的历史编撰学、语言哲学与心灵哲学的新问题、当今世界的价值问题、气候伦理与生态伦理、对西方对话中的女性主义哲学、全球化中的亚洲价值和信念、韩国哲学、可变的和平、认知神经哲学的前沿问题、反思当今语境中的道教哲学、教育哲学、艺术哲学、伊斯兰哲学、宗教哲学、冲突与宽容、医学哲学、生命伦理学与环境伦理学、印度哲学、超越欧洲中心主义、东中欧的今日哲学、亚洲地区的公共哲学等。从这些讨论和交流中，我们可以深切地感受到不同的哲学和文化传统在共同的世界哲学舞台上展现着各自的魅力。我参加了其中的几场专题研讨会、特邀分组会议和圆桌会议，对来自不同国家的哲学家们的理论思辨和现实关怀都留下了深刻的印象。的确，第 22 届世界哲学大会为东西方哲学提供了在“世界哲学”的旗帜下共同生存的最好机会。

第三，本届大会的最多内容是 54 场分组会议，主要集中在对哲学分支学科的深入讨论，包括一些新兴的哲学学科和对哲学问题的前沿研究成果。从学科分布来看，讨论较多的还是传统的哲学分支，如形而上学、本体论、知识论、伦理学、道德哲学、价值哲学、语言哲学、宗教哲学等，还有一些对当今哲学流派的研究，如现象学、解释学、儒家哲学、道教哲学、佛教哲学、社会政治理论、应用伦理学等，还有一些通常讨论相对较少的哲学分支，如教育哲学、儿童哲学、未来哲学、性别哲学、哲学教育、体育哲学，以及哲学与其他学科的关系，如哲学与文学、哲学与经济等。我主要参加的是语言哲学、心灵哲学和形而上学的分组会议，并在形而上学的一次分组会议上发言，阐述了我关于哲学拓扑学的基本观念，引起了与会者的极大兴趣，来自俄罗斯、美国、伊朗、法国等国家的代表与我展开了热烈的讨论，他们向我索要了发言稿，并希望能够有机会进一步交流。在语言哲学和心灵哲学的分组会议上，来自美国、芬兰、意大利、俄罗斯、韩国、罗马尼亚、印度、西班牙、日本、挪威、土耳其、英国和中国等国家的哲学家们分别介绍了他们的研究成果，展开了广泛的交流，显示了语言哲学和心灵哲学在当今世界哲学中仍然具有强大的生命力。

当大会即将结束时，我被问及大会究竟集中于哪些问题时，我的回答就是，没有哪一个问题在本次大会上成为核心话题。如果一定要追问的话，那我就会说，强调多元化正是本次大会主题的集中体现。在这种意义上，我把本届世界哲学大会的成功举行，归功于来自多元世界的不同声音能够在这里同时展现，归功于在当今冲突的世界格局中允许宽容的存在。这正是我参加第 22 届世界哲学大会后得到的最大感受。

十一　中国哲学展现独特魅力

——第22届世界哲学大会侧记之三

本届世界哲学大会既是世界哲学家们的盛会，更是中国哲学展现自身独特魅力的舞台。由于这是首次在亚洲举办世界规模的哲学盛会，亚洲哲学自然就成为会议讨论的核心内容之一。而亚洲哲学的核心正是中国哲学，亚洲国家的哲学都根源于中国传统哲学，因此，对中国哲学的关注也就成为会议的焦点之一。在本届大会上，不仅包括传统和现代的中国哲学是被讨论最多的话题，而且人数众多的中国学者也备受关注，成为大会上一道亮丽的风景。

首先，中国学者的参加人数达120多人，创造了中国学者参加历届世界哲学大会之最，代表来自的范围之广也是历年之最。代表们不仅有来自国内高校哲学院系和科研单位哲学所的专业人员，还有来自非哲学专业的高校教师以及一般的哲学研究者。他们广泛地参加了所有全体会议以及各场分组会议，并在许多分组会议上发言。另外，来自海外和中国港澳台地区的华人代表也成为此次会议上人数众多的亮点，他们虽然代表着不同的国家和地区，但作为华人后裔，他们仍然处处表现出中国人的风范和气度。我与来自美国、德国、日本等国家和中国港澳台地区的许多华人代表有很好的学术交流，他们都非常高兴此次世界哲学大会能够在亚洲举行，并为中国有如此多的代表参加会议感到由衷的高兴。

其次，中国有两位代表在全体大会上发言，并顺利完成了中国在国际哲学联合会上的执委会理事改选过渡，这些表明中国在国际哲学舞台上的地位逐步上升，显示了中国哲学在世界哲学中不可取代的地位。来自上海社会科学院的童世骏在全体大会上做了关于“重叠共识”的主题发言，认为价值的多元性已经被广泛地看作当今时代的主要特征之一，因此“重叠共识”的观念也就越来越为人们所接受。来自中国社会科学院哲学所的王延光在全体大会上做了关于干细胞研究中的伦理问题的主题发言，认为中国在干细胞研究中取得的成就对伦理学提出了许多挑战，如何处理由此引起的伦理学问题已经成为包括中国在内的世界各国哲学家们关注的焦点，在这种形势下需要各国哲学家通力合作，共同制定一些干细胞研究中的伦理指导原则。在本届大会上，国际哲学联合会举行了执委会的改选工作，来自中国社会科学院哲学所的谢地坤作为中国大陆推荐的唯一候选人顺利当选新的执委会委员，来自世界各国的选举委员都认为中国应当为今日的世界哲学发展贡献更多的思想财富。

再次，中国代表在本届大会上以各种形式发表了自己的论文，发出了中国人自己的声音，引起了世界各国哲学家们的极大关注。除了中国代表在全体大会上的发言之外，中国代表还在特邀会议、小组会议、圆桌会议以及学会会议等各种会议场合上发表了论文，并组织了多场圆桌会议和学会会议，吸引了来自世界各国哲学家们参加和讨论。其中，由中国哲学家（包括大陆和台湾等地）组织的圆桌会议主要有“来自亚洲文化的哲学”“中西哲学对话”“新一轮中西哲学比较研究”“跨文化交流与亚洲语境”“亚洲的中国哲学方法”“全球化背景下的亚洲价值和信念”等，还有一些学会会议，其中最为为重要的是由中国社会科学院哲学所组织的“儒学的创造性发展与21世纪的世界哲学”，吸引了来自世界各国哲学家们的参加。该次会议在世界哲学大会上首次采用了中文作为会议语言，这也是本届世界哲学大会的正式工作语言之一。此外，大会还专门组织了两场关于当代中国哲学的小组会议，来自中国、美国、希腊、加拿大等国家的哲学家共同讨论当代中国哲学问题，指出了中国哲学将会为世界哲学做出更大的贡献。这些都显示了中国哲学和文化如今在世界上具有广泛的影响力。

最后，在本届大会上，中国与东亚国家之间进一步加强了联系合作，共同举办了两场东亚国家哲学协会联合会议，来自中国、韩国、日本等国和中国香港、台湾地区的哲学协会代表分别介绍了本国和本地区的哲学研究发展情况，特别是围绕哲学教育的基本现状作了深入交流，在某些基本问题上取得了一些共识，如哲学与社会的脱节、纯粹的学术研究与社会发展的实际需要之间的隔离以及如何发展哲学自身等问题。这些交流和讨论深化了东亚各国和地区哲学家之间的相互了解，看到了东亚哲学面临的危机和挑战，共同商讨了今后发展的基本方向。参加会议的各方都明确表示，希望今后各方能够加强联系，保持学术交往的畅通，在一些重大哲学问题研究上展开合作，基本达成各方之间建立相对稳定的交流机制的意向。这些都为加强东亚哲学在世界哲学中的独特地位奠定了重要的制度基础。我作为中国方面的代表之一，在联合会议上介绍了当代中国哲学的现状以及面临的主要挑战，引起了与会者的很大兴趣。

总之，本届世界哲学大会为中国哲学展现自身独特魅力提供了很好的国际舞台，也为中国哲学与世界各国哲学的相互理解和深入交流提供了有益的对话渠道。我从本届大会中深深地感到，中国哲学的光大发展不仅仅是中国学者和中国人民的事业，也是世界哲学的重要组成部分。只有把我们的哲学眼光放到世界哲学之中，中国哲学的未来发展才有了更大的思想空间。

十二　思想的状况与哲学的任务

——兼论当代中国哲学研究中的“一体两翼”现象

哲学是关于思想运动的学问，哲学自身没有明确的研究对象，却是以一切可以思想的对象作为自己研究的对象。或者说，可以思想的东西才是哲学可以加以研究的对象。而可以思想的东西，按照维特根斯坦的说法，也就是可以说出的东西。凡是无法说出的东西，我们也就无法确定地了解如何去思想。在这种意义上，语言的说出规定了思想的范围。然而，如何说出以及如何思想，也就变成了哲学研究首先要考虑的问题。

一　思想的性状

由于思想本身是一个内在的思维过程和结果，因此，回答如何思想的问题，也就是考察内在的思维。作为心灵活动的内在机制，思想活动的发生和发展过程构成了我们考察思想的主要内容。在这种考察中，我们发现，思维本身就存在着三种截然不同的思想性状。

1. 对象性思维与无对象性思维

如前所述，哲学研究本身没有自己的特定对象，但思想却是以对象的存在为前提的。思想的对象构成了思想的出发点。如果没有对象，思想就变成了纯粹的臆想。即使如此，这样的臆想也总是关于某个对象的臆想。因此，对象的存在构成了思想的先决条件。然而，以思想本身为对象的哲学研究却表现出了与思想研究不同的特点。思想研究考察的是对象的存在方式和变化特征，但哲学研究考察的却是思想的形成方式和呈现方式。如此，思想研究可以被称作一种对象性思维，而哲学研究却是一种无对象性思维。当然，这里的无对象，并非完全没有研究对象，而是不把这种对象当作自己专门的研究对象，更加强调哲学自身的特征，即哲学思维的自由。

2. 概念性思维与非概念性思维

思想是以概念的方式表达的，而概念本身就体现了思想的内容。由此，概念性思维恰好表明了思想的可表达性特征。思想的可表达性是思想可以被理解的必要条件，也是思想得以传递的先决条件。这里的可表达性包括了概念表达和非概念表达。概念表达使得思想可以在主体交互性上得到理解和认可，但非概念性表达则使得思想的理解存在模糊性危险。思想的澄清就是概念内容上的澄清，而非概念性表达则使得这种澄清变得不可能。因此，哲学研究只能是以概念表达的方式呈现思想的内容。

3. 目的性思维与无目的性思维

目的性要求往往被看作是哲学研究的最高理想，这也使得哲学家们把目的论作为自己哲学的最高追求。然而，哲学家们把目的性思维作为自己哲学研究的追求与哲学研究本身是否应当具有目的性，这两者之间并非相同。如果哲学研究本身是没有自身的特定对象的，那么，哲学研究没有自己的专门目的也是可以理解的。所谓专门目的是指，哲学研究是为了完成某个特定的工作任务而进行的，或者说，哲学研究从一开始就是要满足某个特定要求。显然，从哲学研究的自由性质而言，哲学研究不可能为自身限定一个目的或要求，否则，哲学研究就变成了一个具体的任务完成。相反，哲学研究试图满足思想的所有目的，试图为思想的任一目的而展开思想的研究或概念的研究。

思想的任务就是哲学的任务。

二 当下中国的思想状况

根据以上对哲学任务的规定，当下中国的哲学研究仍然停留在思想研究的范围，还没有真正进入哲学的领地。从中国哲学研究的现状分析，我们的思维倾向表现为以下三个特征。

1. 利益性追问与后果性思维

虽然对利益的研究是哲学研究的重要内容，但哲学研究本身却不具有任何利益性要求，或者说，哲学研究不是为了满足任何利益的目的。因此，任何把追问利益作为哲学研究的动力，把功利性原则作为哲学研究的基本原则，这都不是真正的哲学研究所要求的。只要是追问功利性要求，必然会把研究后果作为评价研究的主要指标。在这种意义上说，后果性思维就是功利性思维的直接结果。哲学研究的最大敌人，就是把功利原则和后果追问作为其思想的主要动力。

2. 政治性追问与对立性思维

哲学与政治的关系始终是国内研究的一大禁忌。如何处理这两者之间的关系，构成了当今中国哲学讨论的一个不可回避的问题。然而，由于中国哲学研究目前的政治生态环境，哲学研究者本身就面临一个两难的选择：一方面，如果坚持哲学与政治的分离，哲学研究就会完全失去任何官方的庇护，最终或许会沦落为无人问津的地步；另一方面，如果继续保持哲学与政治的密切联系，哲学则失去了自己应有的品格，对哲学的政治性追问也终将使得哲学失去自身的地位。因此，权衡这两种选择并最终使得哲学继续保持自身的特征，唯一的选择就是让哲学回归自己，放弃对哲学的政治性追问，放弃在哲学研究中的对立性思维模式，让哲学真正行使自己的权利，也就是让哲学完成思想的事业。

3. 使命性追问与空想性思维

如果哲学本身没有自身的研究目的，也没有特定的研究对象，哲学研究也就不存在所谓的自身使命。对哲学的使命性追问正是对哲学附加了更多外在的要求，或者说是借用哲学之名而行使其他任务之实。无论这样的使命是张载的“为天地立心，为生民立命，为往圣继绝学，为天下开太平”，还是马克思的“哲学家只是解释世界，重要的是要改造世界”，这些都无法成为对哲学本身的要求，而是外在于哲学的任务。更直接地说，任何对哲学的使命性要求都是对哲学研究的过分任务。如果哲学把自身的任务设定为这样一些使命性追问，那么，哲学研究势必陷入空想性思维，因为这些任务对于哲学研究来说是根本无法完成的工作。由此，哲学研究就只能通过空想而为自己设计出一套自说自话的表达体系，用看似深刻玄妙但却晦涩难解的语言讨论那些看上去非常“伟光正”的目标使命。

三 哲学的任务

如果哲学既没有自己的研究对象，也没有自己专门的问题，更没有特定的研究使命，那么，哲学研究的任务究竟是什么呢？或者说，我们在哲学研究中究竟要处理什么问题呢？以及我们如何用哲学的方式去处理问题呢？这就直接涉及哲学的任务问题。从哲学自身的特征来看，我认为，哲学研究的主要任务包括以下三个方面。

1. 本体问题与方法问题

哲学的本体问题就是哲学特有的处理问题的方式，通常是以本体论、认识论、方法论和伦理学这四个方面的问题作为哲学的本体。当然，在当今的哲学研究中，哲学的本体问题不仅限于这些方面，至少还包括了美学、宗教、逻辑学和科学技术哲学等。通常所说的八个二级学科都被看作是哲学研究中的本体部分，但这样的划分实在是过于人为，并非哲学研究自身的要求。哲学的本体问题应当是由哲学自身的性质所决定的问题，也就是构成哲学之为哲学的问题。严格意义上说，哲学是以自身的研究方法作为对自身性质的规定的，也就是说，哲学是通过对自身研究方式的说明而规定了自身的性质。因此，哲学研究的方法决定了哲学研究的性质。

2. 对象问题与领域问题

由于哲学没有自身特定的研究对象，而是把所有的思想对象都作为自己的研究对象，因此，哲学研究的对象问题就是对对象的选择问题。由于对对象的选择并非决定了研究的性质，相反，研究的领域则决定了研究对象的选择，由此，研究对象的选择问题就变成了研究领域的选择问题。对不同研究领域中的研究对象的选择，或许会规定了我们所研究的对象的性质和范围。这样，不同研究领域中的问题就成为哲学研究的“特有”问题，如果可以这样说的话。这里的“特有”是指仅仅针对相关的研究领域中的问题，而不是哲学研究本身的特有问题。

3. 概念问题与实践问题

哲学是以概念的方式表达思想的，但这并不意味哲学研究只能是概念研究。相反，概念问题直接反映的是思想内容，而思想内容又直接与我们的实践活动密切相关。在这种意义上，概念表达思想的方式不过是思想以抽象的方式得以显现出来而已。抽象的概念是以直面思想内容揭示概念本身所面对的实践活动。例如，“存在”概念既是哲学讨论的重要焦点和核心，也是对事物和人类存在本身的直接反应。一切看似抽象的概念都包含了丰富的实践内容，哲学正是以这种特殊的方式处理我们的经验生活和社会实践。

四 “一体两翼”现象分析

当代中国哲学研究面临的重大问题，不是没有问题意识或没有形成所谓的哲学问题，而是制度瓶颈导致的研究领域的偏食现象。具体而言，就是马克思主义哲学研究与其他领域研究之间的不对等关系的存在。在这里，我要分析三种对立关系的存在。

1. 哲学研究的“体”与“翼”

从《中国大百科全书・哲学卷》的编撰内容看，马克思主义哲学成为哲学的主体内容，而中国哲学、西方哲学等研究领域则被放到边缘的地位，除了流派介绍、人物评述和著作描述之外，根本没有对思想观念的解释。相反，对所有哲学概念和理论的说明都被到马克思主义哲学部分。这种现象被学界称作哲学研究中的“一体两翼”现象。然而，这种现象的出现显然是对哲学其他领域的研究工作的歧视结果。哲学研究原本就没有“体”与“翼”的区别。如果有这种区别的话，一种哲学理论主张也应当是对哲学研究的个案性说明，因而作为“翼”出现的。但目前的“一体两翼”现象却恰好相反。这也说明了我们目前的哲学研究的不正常状况。

2. 政治生态的“对”与“错”

由于政治对哲学的直接参与，因而政治上的对错标准也往往被用于对哲学理论和思想的判断。这是我们当下哲学研究的现状。然而，由于哲学与政治的本质区别，政治上的对错标准原本不应当用于对哲学的评价，否则只会导致哲学的政治化倾向，这恰好是我们应当加以避免的。历史的教训已经证明，哲学政治化的结果不仅使得哲学研究背离了其自身的任务，而且在实践上损害了现实政治本身。无论如何评价政治上的是非曲直，但以这种政治要求对哲学研究施以现实压力，只会导致哲学和政治的双重失败。

3. 学术追求的“真”与“假”

如果说对错标准是政治对哲学的要求，那么，真假区分则是哲学本身的学术要求。哲学的本性是求真，这意味着哲学是以追求真理为目标的，如果哲学有自己的目标的话。然而，这种对真理的追求不是以宣布真理或占有真理为目的，而是以追问哲学所研究对象的本真状态为目的。这种本真状态就是事物或对象的是其所是。对这种本真状态的追问也就是哲学研究的主要方式。因此，让事物回到自身也就成为哲学研究的主要工作内容。这种回到自身的方式也就是以表达的形式让事物的性质显示出来，同时，这也是以表达的形式不断揭示谬误的方式。这就是哲学本身的学术要求。

十三　如何走出思想的篱笆

近日读到著名伦理学家邱仁宗教授的短文《让伦理学走出“象牙塔”》，深有同感。国内伦理学研究迷失于历史和理论之间早已不是新鲜话题，但似乎少有学者对此痛加责备。其实，从国内哲学研究现状看，研究者们的视野也多是囿于理论观点之间的争辩，缺少哲学研究宽阔的实践领域和哲学方法论考察。不久前，哲学界围绕伦理学研究中分析进路的争议让我看到，不同学者对各自哲学立场的辩护远多于站在方法论高度对各种观点的超越，更不用说学者们如何能够以理论家的身份对现实生活中的经验问题给出针对性的回答。这些都使我对哲学研究与现实关怀之间的关系有了更多反思。

在哲学史上，无论是西方还是中国，哲学家们总是把自己的思想触角直接面对他们所生活的现实世界和历史时代。无论他们处理现实世界和时代问题采取了何种方式，我们从哲学家们的思想中总能感受到哲学的生命力。苏格拉底对“有意义的生活”的追问开启了西方哲学的伦理之路，孔子“吾日三省吾身”的教导拉近了思想与生活的经验距离。如今我们耳熟能详的各种哲学观念，无不是在以自身的方式回应这些观念所在的时代要求，由此彰显了哲学思想的永恒魅力。

然而，当下中国哲学研究的现实却是“哀声一片”：哲学界内各种理论观点层出不穷，不同哲学立场之间明争暗斗，但对现实问题却是采取“鸵鸟政策”；社会大众对哲学观念热情不减，哲学标签满天乱飞，但对哲学理论却是敬而远之，甚至投以鄙视。我认为，造成这一现实的根本原因，在于专业研究者们没有真正把解决我们当下生活和社会现实问题作为哲学事业的核心，没有对我们所生活的这个社会和时代的切身关怀。学者们更关心的是如何维护自己的研究领域，如何辩护自己的研究权威，如何论证自己的研究话题，都是围绕着“自己的”领地，恰恰缺少的是对各种理论观点背后所要解决问题的深层思考，缺少的是作为理论研究者的时代使命。因而，如何打破哲学研究领域之间的森严壁垒，如何走出思想的重重篱笆，正是当下国内哲学研究的当务之急。

我以为，首先，需要超越不同的哲学研究领域，以问题意识为核心，以各种哲学传统为资源，以问题解决方案为目的，实现哲学研究与人类普遍关切之间的真正对接。中国当下面临的许多问题也是当今人类面临的共同问题，如个人自由意志与社会普遍法则之间的冲突、公正社会的基本原则、宗教冲突与文明悖论、恐惧与战争威胁、生态恶化与可持续发展的矛盾等。只有站在人类共同命运的高度，我们才能真正认识到这些问题的严重性和急迫性。哲学研究应当对这些人类共同的问题给出自己的理论解释和现实回应。

其次，我们需要超越不同的哲学传统和立场观点，从方法论上寻求对我们所讨论问题的解决方案。当下哲学研究壁垒主要出自不同哲学领域之间的隔膜和对峙，研究者们总是从自身所在的研究领域出发，以专家权威身份维护自身研究领域而对其他领域提出批评。但时代所需要的是哲学家们对共同问题的解决方案，而不是他们对自身研究领域的自我辩护。这种解决方案应当以共同关心的问题为前提，应当以清晰阐明问题为讨论出发点，应当从方法论上给出所讨论问题的分析论证。

再次，我们还需要超越不同民族和文化传统，从人类存在共同体出发思考普遍终极问题。中华文明和思想传统源远流长，兼容并蓄、和而不同正是这种传统的历史特征。当下的哲学研究更是需要站在人类共同体的高度审视人类面临的共同问题，这些问题不仅关系到人类当下的时代命运，更是关乎人类存在的恒久问题。将于 2018 年在北京举行的第24届世界哲学大会主题“学以成人”，就是一个人类需要回答的共同问题。

只有真正做到这三个超越，我们才能打破哲学传统和立场观点之间的壁垒，才能站在哲学方法论的高度，运用哲学智慧去应对人类面临的共同问题，才能不辜负这个时代对哲学研究事业的历史期待。

十四　从第24届世界哲学大会主题看新时代的中国哲学

第24届世界哲学大会于2018年8月在北京举行。此次大会的主题是“学以成人”。这个看上去很具有儒家思想风格的主题自发布之后，在中国哲学界引起了不小的反响。很多人认为，这个主题符合儒家思想传统，加之本届大会在中国举行，因而使得这个主题更容易被解释为此次世界大会将以中国传统哲学为核心。由于我自始至终地参与了此次世界哲学大会的申办、筹备和日程安排等工作，因此，我希望能够通过对此次世界大会主题的解读，说明这个主题的真正含义，由此解释当代哲学语境中对这个主题的理解，并对当下中国的哲学研究现状给出一些分析，指出解决当前研究困境的可能出路。

如何解读“学以成人”的含义

在2017年8月13日举行的世界哲学大会启动仪式上，国际哲学团体联合会（FédérationInternationale des Sociétés de Philosophie, the International Federation of Philosophical Societies, FISP）现任主席、本届大会主席Dermot Moran教授阐发了“学以成人”这个主题的现实含义。他说：“我们正处于各种各样的全球危机之中——政治的、经济的、社会的、环境的、信仰和价值的危机。人类的各种关系——人与人之间的关系、人与社会和自然环境的关系以及人与宇宙整体的关系，到处都受到如此大规模的挑战，以至没有任何单一国家或单一语言共同体能够独自面对。我引用来自我自己的古爱尔兰语的一句谚语：‘我们生活在彼此的影子下’。现在我们是在全球范围内相互联系并相互依赖；我们的学术实践必须反映这个新的现实。我们彼此之间有很多东西需要相互学习。整个大会的主题‘学以成人’，恰当地表达了我们对于相互学习的承诺，以及我们为了整个世界的进步、和平以及和谐而一起发展我们共同人性的意愿。”国际哲学团体联合会（FISP）秘书长 Luca Scarantino 教授在启动仪式上的发言中指出，“哲学似乎在以多种多样的形式寻找新的概念工具，来理解我们这个世界的文化、社会和伦理的复杂性。在这样的语境中，我们越来越意识到：离开中国在哲学、文化以及精神方面难以估量的文化和理论遗产，我们通常所谓的‘哲学’就是极其有缺陷的。”同时，他特别强调，“由于哲学自身全面的包容性和巨大的学术影响，本届世界哲学大会意味着一个历史性契机，让我们重新评估哲学的意义，增加哲学概念的文化复杂性和理论多样性，并且以如此多样、开放和包容的方式来重新思考‘人’这一概念。这个概念如果不是我们哲学所有领域，那么至少是大多数领域的核心关切。”

在这里，他们从世界哲学和文化的发展角度对本次大会的主题给予了很好的阐明，尤其突出了这个主题所蕴含的普遍意义，即超越不同文化传统和思想背景，超越不同意识形态观念，超越不同地域空间的限制，使得人们可以在一个共同的平台上充分展现自己对共同感兴趣的哲学问题和领域的不同观点和认识结果。这个共同的平台就是世界哲学大会本身。由此，我们可以清楚地看到，世界哲学大会就是让不同的人在一个共同的地方展现自己哲学思想和观点的舞台。

然而，由于“学以成人”这个命题具有强烈的中国传统儒家思想的特征，因而，人们很容易把这个世界哲学大会主题解读为是对儒家思想的推崇。例如，大会中国组委会学术委员会主任、北京大学杜维明教授在大会启动仪式上指出：“哲学不仅是理性思辨、自我反思，追求真理和意义的学问，也是学做人的学问。‘学以成人’是理论和实践的结合，是认知，也是行为。个人不是孤立的个体，是一个网络的中心点，也是另一个中心点的组成部分。学做人，必然牵涉到他者，如家庭、群体、民族、社会、国家、宇宙。从生物人到文化人、文明人、政治人、经济人、生态人等等，包括各种人物角色的转换，人始终处在转化和被转化，塑造和被塑造的变化过程之中。”华东师范大学杨国荣教授也指出：“‘学’在宽泛意义上既涉及外部对象，又与人相关，‘成人’则指成就人自身。狭义之‘学’主要与知识的掌握和积累相联系，以‘成人’为指向的广义之‘学’则以知与行的统一为其内容。这一视域中的‘学以成人’相应地意味着，在知与行的展开过程中成就人自身，其中既涉及本体与工夫的关系，也关乎性与习的互动。”① 根据这样的阐明，人们似乎会解读出这个主题包含了如下的含义：第一，它表达了当代哲学对时代问题的回应；第二，当代哲学家担负重要的社会责任；第三，“学以成人”体现了理论与实践的高度结合。如果从哲学与时代的关系看，这样的解读应当没有问题。然而，如果把“学以成人”解读为体现了中国传统儒家思想的标志，那么，这样的解读则偏离了这个大会主题的最初本意。

在中国传统儒家思想中，“学以成人”原本是用于说明个人成长和发展的根据和理由，也是个人进入成熟的过程和途径。如果我们把这个关乎个人成长的说明，解释为对社会和时代问题的回应，这似乎抬高了这个命题的原本含义。当然，个人的成长是与社会的发展密切相关的，所以，用这个关乎个人成长的命题去阐述时代问题的挑战，似乎也无可厚非。然而，无论是《论语》中讨论“学而”和“成人”，还是《荀子》中的“劝学”论述，孔子和荀子都把“学以成人”的思想解释为个人的道德修养，最终达到“积以成圣”的目的。显然，在中国传统哲学中，“学以成人”强调的是个人的道德操守，突出的是德性能力的培养，这与社会发展和时代变化之间的距离相差千里。这些都无法被解释为该命题是对时代问题的回应。更准确地说，这个命题与时代变化无关，而只是与个人的道德养成有关。

① 杨国荣：《学以成人》，载《文汇报》2014 年 8 月 18 日。

不过，根据中国传统儒家思想所宣传的“修身齐家治国平天下”的理想，个人的道德生活似乎与社会时代变化密切相关，道德养成也应当与社会和时代有关。所以，“学以成人”就自然地被解释为哲学家应尽的社会责任。然而，这显然是混淆了个人的道德理想与社会责任，因而无法合理地解释这个命题的含义。我们知道，社会责任是社会对个人的义务要求，而不是个人对社会的道德准则。没有尽到责任，并不意味着没有符合准则，只是没有履行义务而已。因此，对责任的要求不能代替道德的目的，同样，道德上的准则也不能取代社会的责任。这两者的关系应当是一目了然的。但是，把“学以成人”这样一个道德准则解释为哲学家应尽的社会责任，显然就是混淆了这两者的关系。进一步地说，如果把“修身齐家治国平天下”作为这种混淆的理由，这可以说明“学以成人”这个命题本身的含义，但却没有真正理解这个命题作为本届世界哲学大会主题的用意。固然，我们可以把哲学家应尽的社会责任理解为本届大会的主旨，但这显然并非“学以成人”这个命题所表达的用意。换句话说，把“学以成人”解释为哲学家应尽的社会责任，这是削弱了这个主题的深刻内涵，把一种道德准则降低为一种义务要求。这也违背了“学以成人”这个命题的最初意义。

关于理论与实践的关系，按照传统的观点，理论似乎是来自实践但又高于实践，从实践中产生的理论一旦形成了自己的固定模式，似乎就成为独立的思维形式。反过来说，理论似乎只有与实践相结合，才会产生更大的生命力。然而，这又是一种混淆的结果，即混淆了理论形成的根据与理论的现实作用。的确，理论的形成依赖于我们的实践活动，理论来自我们对实践活动的认识和理解，但这不同于我们在现实中运用理论去解释和说明实践活动。事实上，一切实践活动都存在理论的指导和帮助。没有完全不需要理论指导的实践，如同不存在完全不需要实践就可以形成的理论一样。因此，理论与实践从来就不是完全分离的，相反，两者始终是一体的。我们习惯于把这两者分离开来，然后再强调需要两者的结合，这种思维方式恰好暴露了我们

"非此即彼"的思维定式。我们总认为只有强调了理论与实践的结合，我们就可以站在思想的制高点上，就可以摆脱把理论与实践相分离的困难。但事实上，这种分离本身就是我们的"结合思维"导致的结果：没有分离也就没有结合的必要。然而，仔细考虑一下，这种看似合理的结合不过是为某个理论的现实作用提供某种合法性根据，也是为自己理论的合理性提供有效性说明。换言之，这种貌似有理的结合不过是为自己的理论寻找一个道德上的制高点。由此来看"学以成人"这个命题，如果不考虑它的口号效应的话，我们大体上可以把它理解为这样的制高点。因为，当我们把"学以成人"理解为是对理论与实践的完美结合的话，我们就可以顺理成章地提出"学以成人"是当今哲学对社会的最大贡献。但是，这仍然是把"学以成人"当作一种具有某种道德意义的标准，这又违背了这个命题被用于这次世界哲学大会的意图。

当然，如果从更宽泛的意义上看，Learning to be Human 不过是为本届世界哲学大会搭建的一个平台，就如同第 22 届世界哲学大会的主题 Rethinking Philosophy Today 一样，是一个没有确定意义和实指内容的口号。每个人都可以从自己的文化背景和哲学传统出发去解释这个主题，而不必要强行把某个解释当作这个主题的唯一解释。

当代哲学语境中的"学以成人"

进入 21 世纪之后的当代哲学始终把"成人"概念作为哲学研究的重要内容，结合当代社会变化和科学发展的结果，对人类自身的存在方式及其与外部世界之间的关系做出了重新定位，由此形成了与传统哲学不同的研究范式和问题话域。在最近两届世界哲学大会的讨论中，这些就表现得特别明显。

首先，对现实政治的关注成为当代哲学家们讨论的焦点之一，政治哲学已经不单是哲学家们进行理论构造的领域，更是把哲学视角直接投射到当代政治问题的重要视域。例如，在第 22 届世界哲学大会上，四场大会发言就分别讨论了道德哲学、政治哲学、社会哲学的问题，如民主、正义和全球责任等。所有这些讨论都与当今世界的现实和我们的生活密切相关，来自美国、中国、意大利、韩国、法国、墨西哥、日本、喀麦隆以及非洲象牙海岸等国家的哲学家在大会上共同表达了对以上这些问题的强烈关注。大会特别组织的专题研讨会还专门讨论了全球化和世界主义（Cosmopolitanism）、传统、现代与后现代、冲突与宽容、生命伦理学、环境伦理学和未来世代等问题，所有这些问题都直接关系到当今人类生活的现实环境，对它们的哲学思考将会直接影响我们的现在和未来。来自俄罗斯、布基纳法索、加拿大、瑞典、芬兰、塞内加尔、德国、美国和中国等国家的哲学家对这些问题的讨论引起了与会者的普遍关注。例如，俄罗斯 Alexander Chumakov 就指出，全球化已经引起了一系列的世界问题，如何在这种世界变化中保持每个民族的文化同一性，就成为我们面临的重要问题。美国的 Judith Butler 认为，从东西方的不同视角看传统与现代性，我们就会得到不同的概念，这表明我们对现代性或后现代性的理解必须放到不同文化背景中考察，因而没有一种共同的标准来衡量哪一种理解更为正确。加拿大的 Jean Grondin、塞内加尔的 Aloise N' Diaye 和美国的 David Rasmussen 在讨论冲突与宽容的关系时，共同表达了这样一个观念，即在不可避免的冲突面前，如何做到最大限度的宽容正是最好地体现了人道主义的精神。而第24届世界哲学大会的五个分主题是：自我、社群、自然、精神和传统，这些都充分表达了当代哲学的时代关注。

其次，在研究动态上，当今哲学占主导地位的是实践问题的面向，一切与现实问题密切相关的哲学讨论都会引起哲学家们以及哲学爱好者们的极大兴趣。应当说，这种哲学研究中的实践转向，正是哲学研究回归本身作用的体现。哲学的实践转向不仅体现在社会政治领域，而且体现在科学研究领域。当代哲学的发展越来越依赖科学自身的进步，哲学与科学的关系在当今社会变得越来越密切，以至于离开了科学的发展，哲学的发展就会成为不可理喻的事业。例如，在第

23 届世界哲学大会上，在大会组织的 400 多场分组讨论中，来自不同领域的哲学家们都从自己的专业出发对哲学的当代功能进行了诠释。在已有的哲学分支学科的分组讨论中，哲学家们主要围绕专业领域中的问题展开了深入探讨，几乎在每一个讨论现场都是问题不断，争论激烈。虽然这些分组讨论侧重于哲学理论问题，但其中仍然涉及大量关于哲学的现实作用的讨论。比如，对认识活动的语境化问题的讨论，就关系到我们如何在不同的文化语境中寻找认识活动的共同规律的问题；同样，对语言中的意向性研究也关涉到说话者之间的德性交流，即分配的意向性。在形而上学的分组讨论中，代表们的话题涉及混沌理论在当代的应用、生物宇宙论问题、形而上学在当代的复兴、对时间和空间的当代思考。还有一些分组讨论涉及当代形成的新的哲学分支学科，如儿童哲学、性别哲学、体育哲学、气候伦理学、哲学史学、比较哲学、认知科学的哲学、传播和信息哲学、心灵哲学、自然科学哲学等，这些哲学分支大多明显地表现出把哲学研究与当今世界现实密切联系起来的主导倾向，或者说，正是由于自然科学和社会科学的发展，才产生了用哲学的思维方式反思各门科学研究成果的要求。

再次，当代哲学的研究模式也发生了重要变化，表现为从单一模式转向多元并存；从西方中心转向世界哲学；从隔膜冲突到交流对话；从理论建构到问题解决。的确，在问题话域上，哲学家们的研究兴趣得到了极大扩展，逐渐形成了许多新的研究领域，比如出现了如下一些新兴的哲学分支或研究领域：发展哲学、全球化哲学、环境哲学、哲学与文学、哲学与语言学、比较与跨文化哲学、行动哲学、身体哲学、神经科学哲学、儿童哲学、体育哲学、认知科学哲学、哲学与心理分析、传播与信息哲学等。在哲学研究的范围上，当代哲学出现了从西方中心转向世界多极的格局，许多以往没有引起国际哲学界重视的地方性哲学开始逐渐登上世界哲学舞台，特别是印度哲学、儒家哲学、道家哲学、佛教哲学、非洲哲学、拉美哲学、韩国哲学、日本哲学等具有代表性的地方性哲学，逐渐变成了国际哲学界的热门话题。这就导致了当代哲学逐渐从隔膜冲突转向交流对话，特别是在东西对话、南北对话以及中国哲学与其他哲学的对话。这些交流对话使得不同哲学传统之间可以相互理解，共同寻找解决当代社会发展问题的哲学途径。哲学研究从理论建构转向问题解决，就变成了哲学家们的一种共识。哲学家们共同关注的问题主要但不完全包括人道主义的当今问题、生命伦理学的实践挑战、中国哲学作为德性伦理的可能、宗教对人权的障碍、亚洲文化对世界哲学的贡献、个人与社会变化中的哲学治疗、关于工程化奇点（the engineered singularity）的哲学问题（未来人类的问题）、欧洲危机的现实出路、全球正义与生态的可持续性、哲学在公共事务中的作用、国家间与全球的身份认同问题、世界宗教与非宗教之间的对话、自由与暴力、国家善治与人权问题、道德哲学的现实意义，等等。所有这些研究都紧紧围绕着现代人类自身存在困境及其解决出路等问题展开，这反映了当代哲学关注的基本焦点落实在重新理解人的概念，尤其是理解社会中的个人与其所在的社会的冲突，定位个人在社会中的现实地位等问题。因此，“成人”概念就不是个人的道德养成，而是对人类自身的重新理解。

从以上的介绍中可以看出，与以往的哲学研究相比，当今世界哲学格局已经发生了重要变化，即使是在西方哲学研究领域，哲学家们对传统问题的关注已经逐渐转向了更为当代的问题，面对的是现实社会和时代变化所提出的实践问题，而这种问题意识的增加和解决问题方式的改变使得哲学研究的目的具有更为强烈的实践取向。相比于中国的哲学研究现状，我们不得不反思一下哲学研究对于我们这个社会和时代究竟意味着什么。

对当今中国的哲学研究现状的反思

2018 年是中国改革开放 40 周年，中国的哲学研究也发生了许多重要变化。哲学已经从与政治的密切联姻逐渐回归到了学术本位，哲学研究已经被作为一门独立的专业领域得到了官方和社会的普遍认同。哲学专业的研究者已经逐渐意识到自己的研究工作所具有的独立性和专业性，同时，社会对哲学专业的认识也逐渐趋于宽容。但是，在这些变化的背后，依然存在着哲学研究本身的困难和问题，值得引起我们高度重视。

首先，哲学研究的现状格局使得哲学研究难以有重要的突破。这里所谓的现状格局主要是指以二级学科建制（secondary disciplinarian system）为格局的哲学研究基本范式，尤其是以中国哲学 Classical Chinese Philosophy、西方哲学 Western Philosophy、马克思主义哲学 Marxist Philosophy 为主导的所谓“中西马”（CWM）格局。虽然从 21 世纪初开始我们就致力于这些不同哲学分支学科之间的对话，但从目前看来，对话的过程和结果并非令人满意，更多的还是自说自话，甚至有些形式大于内容。从对话的题目来看，很多的学术研讨以大而化之的选题作为共同的话题，这些选题缺乏思想深度和学术焦点，无法真正形成对话和交流。虽然对话的结果并非是以在某些哲学问题上达成某种共识为目的，但许多的对话讨论也并没有促进不同对话者之间的相互理解，更没有形成有价值的、可以进一步讨论的共同问题。这些就使得这些对话交流完全变成了形式上的要求，而不是学术或思想上的需要。

要改变这种格局的有效方式，就是要转变二级学科建制所带来的学科分野，从学说研究转向问题研究，从阐释性工作转向分析性工作。当代哲学的发展体现了两个重要特征：一个是问题研究为主导；一个是实践转向为标志。问题研究是以问题为导向，把所有的哲学史研究都作为思想资源，目的在于推进我们对问题本身的理解和解决，虽然最初并非都是以解决问题为目的。同样，哲学研究中的实践转向也是以问题为导向的。只有面对现实社会中存在的各类问题，哲学家们的智慧才能真正得到发挥，也才能真正体现哲学的社会价值。这在当代哲学研究中表现得特别明显。我们的哲学研究只有按照这两种方向进行改变，才不会使得哲学变成“象牙塔”和“扶手椅”。

其次，哲学研究视野的狭隘和急功近利的思想是影响当今中国哲学研究取得重要突破的极大瓶颈。正是由于哲学研究的二级学科限制，使得哲学研究者们的研究视野长期以来限于自己的研究范围，很难突破自我，更不会主动地了解和学习不同领域里的知识。哲学研究的狭隘视域直接影响到了研究者的思想深度和广度，也使得我们的研究难以有重要的突破。要真正突破这个瓶颈，需要我们有极大的勇气去开展跨学科跨领域的问题研究，从当代社会发展的重要问题和思想发展的逻辑线索中找到解决问题的基本路径。诸如人道主义、生命伦理学的实践、宗教对人权的障碍、个人与社会变化中的哲学治疗、未来人类的问题、全球正义与生态的可持续性、哲学在公共事务中的作用、国家间与全球的身份认同问题、世界宗教与非宗教之间的对话、自由与暴力、国家善治与人权问题、道德哲学的现实意义等问题，都无法在一个研究领域内加以回答，更不是某些领域的学者可以处理的。这些都需要不同学科之间的跨学科研究，需要不同领域的学者之间的共同合作。

根据当代哲学发展的总体格局，以及当代中国哲学研究的现状，我认为，要解决我们目前面临的主要问题，我们可以考虑以下四个方面的出路。

第一，理论研究与问题研究的结合。任何理论研究都是为了解决理论中的问题和实践中的问题，而实践的问题引发了理论的思考，实践中的讨论才形成了理论上的观点。因此，理论与实践并非对立，也非分离后的结合，而是始终在一起。关键是从什么角度去看待两者的关系：从理论出发就会得到理论联系实践的要求；从实践出发则会引发理论上的思考。哲学的最大魅力，应当在于从实践出发去思考理论的作用。如现实中的价值选择引发对道德理论的反思；科学发展中的问题同样会导致哲学上的推进。

第二，经典研究与现实研究的结合。文本阅读和经典研究的目的是为了了解现实问题的理论根源，而不仅是为了厘清文本意义，虽然这种厘清对于问题解决是基本的。所谓现实研究就是面对现实问题，例如，当代中国社会的道德问题、人工智能的最新发展，或者从经典中得到思想启发，或者从其他学科发展中得到观点激励，由此形成新的理论观点，丰富经典研究内容。

第三，人物研究与思想研究的结合。通常的人物研究会把哲学家的思想放到重要的历史地位，并以此作为人物研究的主要目的。然而，这样的研究往往缺少对其思想的独立思考，更缺少对其思想的批判性考察。这里的思想研究是指把人物研究作为引发思想的案例，而不是把对其思想的考察作为对该人物的地位说明。

第四，历史研究与时代研究的结合。虽然哲学史研究是哲学研究的重要部分，但并非全部内容。哲学史研究的目的是为理解当代哲学发展提供历史线索和思想资源，而不是为了历史本身去研究。因此，一切哲学史研究应当满足时代问题的要求，满足时代对哲学研究提出的挑战。时代问题促使我们回到历史中寻找解答的线索和有启发的资源。

当然，以上四个方面不仅适用于哲学研究，也可以被用于一切人文社会科学研究领域。但对于当今的中国哲学研究来说，我认为，这四个方面具有重要的现实作用。

（原载《探索与争鸣》2017 年第 11 期，第 29—37 页）

第三部分　时代与哲学

十五　机器思维问题不同研究进路的哲学分析*

目前，围绕人工智能的话题可谓炙手可热，无论在哪个领域，只要是涉及人工智能，就变成了热点问题。然而，对何谓人工智能以及它的应用范围，却始终众说纷纭，莫衷一是。我们这里并不想对这个争论增加任何新的洞见，而是试图询问，围绕核心问题的这些争论对于我们所面对的技术革命以及所要解决的具体实践问题究竟意味着什么。这里的核心问题主要是机器思维问题，即机器（无论这样的机器先进到何种程度）是否可以具有与人类同样的思维，以及机器思维与人类思维之间究竟是什么关系。我们认为，问题的关键并不在于机器是否可以思维，或者机器思维是否与人类思维完全相同或基本相同，而是在于，当我们讨论这样的问题时，我们究竟是在做什么？或者说，我们究竟希望达到什么结果？这里涉及的是讨论机器思维问题的不同研究进路，最终涉及我们对待以机器思维和人工智能所代表的最新科学发展成就的基本态度。这里试图说明，以解决问题的思路去面对机器思维问题，而不是为这个问题的解决设置各种障碍，才是我们讨论这个问题的主要目的。

* 国家社会科学基金重点项目“心理学哲学的当代解释与重建研究”（17AZX002）阶段性成果。

一

关于机器是否可以思维的问题，在这个问题被提出时其实就已经预设了可以想象的答案。虽然对这个答案的后续验证结果并没有人们最初设想的那样乐观和简单，但至少在解决问题的大方向上是已经确定并无可置疑的。相反，任何对这个研究方向提出质疑的观点，基本上都是基于对这个研究本身的最初想法缺少了解，或者是基于质疑者自己的不同知识背景和出发点。事实上，从提出机器是否可以思维这个问题的初衷来看，图灵等人早已设定了机器思维与人类思维之间的相似，否则就不会提出这样的问题了。[①] 从当代认知科学的发展看，人们进一步把关于计算是否可以算作思维的本质这个问题提上了讨论的日程，因而使得机器思维的问题变得更为具体化。应当说，截至目前，人们不再怀疑机器思维的最初设想，更希望了解的是机器是如何思维的，或者说，机器思维与人类思维在哪些方面有所不同。这种提问方式是一种积极的路向，即询问两者之间的不同，是为了试图找到能够使得机器思维更加接近人类思维的方法和途径，并可以用人类思维对机器思维的类人特征做出验证。然而，我们知道，在科学实验中，这种积极路向却很难达到，也就是说，我们难以用实验的方式找到机器思维接近人类思维的任何直接证据。

其实，我们所关心的并非是机器如何能够模仿人类的思维或在何种程度上能够做到如同人类一样的思维。相反，我们关心的是，当我们说机器能够或不能够如同人类一样思维的时候，我们究竟表达了什么内容。在这里，我们首先可以明确地看到，无论是肯定还是怀疑机器思维，这些说法似乎都承诺了一个前提，即我们都了解何谓思维，特别是知道何谓人类思维。否则，我们就无法用机器思维去类比人类思维了。然而，事实上，我们并没有关于思维的清楚定义，也没有关

① Alan Turing, "Computing Machinery and Intelligence", *Mind*, LIX. 236. 1950, p. 433.

于这个概念的统一理解。这一事实也恰好表明，人类的许多模仿活动往往是在并不了解被模仿对象的情况下发生的，正如技术产品的出现并非完全基于我们对对象具有完整认识的结果。

由此，我们就会提出这样的问题：无论机器思维是否能够或者已经模仿了人类思维，当我们谈论机器思维的时候，为什么会去类比人类思维？显然，我们在这里已经预设了一个前提，即我们认定机器思维能够像人类思维一样发挥作用。然而，这个预设是站不住脚的。

首先，在我们无法给出一个可以共同接受的人类思维定义之前，我们似乎并不能用这个无法定义的概念去类比机器思维。这就意味着，我们无法用一个自己不了解的东西去解释一个我们完全未知的东西。虽然在我们的日常生活中经常出现这样的情况，但这在严格的逻辑推理中是不允许存在的。这就类似于我们无法把飞机的飞行原理完全解释为如同鸟儿的飞行，虽然我们经常用后者解释前者，但这种解释更多是形象的比喻，而不是科学的说明。

其次，机器思维是以完成某个确定任务为设定目标的，因此，所有的机器思维功能都是具体的和特殊的，而不是一般的和普遍的。换言之，不存在一种可以被称作一般机器思维的能力，虽然我们在理论上可以讨论这样的能力。然而，理论上的讨论并不能代表现实中的存在。人们在理论讨论中往往会混淆思想的观念与现实的存在之间的差别，比较容易用观念去取代存在本身。例如，在讨论到人工智能的时候，关于人工智能可以做的和不可以做的，都是在理论上需要加以解释和澄清的，但这不是在现实中的真实情况。由于混淆了理论观念与现实存在的不同，所以，人们会以为这里讨论的“可以做”和“不可以做”就是指现实中的情况，由此才会出现人们用现实的具体实例（如“阿尔法狗”战胜人类）去反驳争论中的某一方观点。在这种意义上，预设机器思维能够像人类思维发挥作用，就是这样一种混淆的结果。

再次，无论我们如何讨论机器思维问题，我们都陷入了一个自我设定的陷阱：如果机器真的可以像人类一样思维，那么，我们似乎就可以断定机器可以取代人类了，然而，这个断定显然是不成立的，因为其前提是错误的；如果我们断定机器思维与人类思维有着不同的特征和方式，那么，我们就不应当用机器思维去类比人类思维，否则就会导致混淆两者的后果。可以看出，这里的陷阱完全是因为我们把机器思维与人类思维加以类比的结果。这表明，任何以人类思维的模式讨论机器思维的方式，都会带来以上的混淆。

如此说来，离开了人类思维，我们是否就无法讨论机器思维问题了呢？由于思维概念本身就来自人类，而机器思维也是人类为了自己的目的而设计出的工作纲领，由此，我们似乎很难离开人类思维的方式讨论机器思维。应当说，这正是机器思维讨论出现困境的重要原因，也是人们反对把机器思维类比于人类思维的重要根据。然而，正如我们前面所说，机器思维并非是一个理论问题，而是一个实践问题。也就是说，机器能否思维的问题并不是由我们对思维概念的解释所决定的，而是由机器所能完成的具体任务所规定的。而且，从理论上说，正是机器思维的出现才使得我们反思人类思维的功能特征。

二

关于机器思维问题，计算机科学家和神经科学家们早在 20 世纪 80 年代就开始思考并提出许多切实可行的方案。随着人工智能技术的发展，机器思维已经不再神秘，而是成为机器学习、记忆、推理和判断的具体活动。1993 年，普林斯顿大学的菲利普·约翰逊－莱昂德（Philip Johnson-Laird）在《人类思维与机器思维》一书中把人类思维能力解释为推理能力和创造能力，由此说明机器思维完全能够实现这些能力。① 虽然不少科学家和哲学家对这种解释提出了异议，但从推理和创造两个方面而言，人类思维的特征的确在机器思维中得到

① Philip Johnson-Laird, *Human and Machine Thinking*, London: Psychology Press, 1993.

了充分体现。从机器思维的现实作用看，机器似乎也在完成着推理和创造活动。

这里的推理主要是指两种传统推理形式，即演绎推理和归纳推理，而推理的内容则主要是使用概念。因此，人类思维使用的推理活动主要是指概念推理。当然，在关于推理形式问题上，也有逻辑学家提出不同分类。如美国逻辑学家、数学家和哲学家皮尔士就提出一种“溯因推理”（abduction）或“最佳解释推理”（Inference to the Best Explanation）等。这些不同推理形式的主要区别在于前提与结论的不同外延，或者说，是对概念外延的不同展开方式。所以，这里的关键还是概念在推理中的运用。从概念到对象，这涉及到从抽象到具体的过程；而从对象到概念，则是从具体到抽象的过程。根据德国数学家和分析哲学创始人之一弗雷格的分析，对象在推理过程中仅仅完成着使概念具体化的作用，而只有概念才能作为推理形式中的真正中词。在现代逻辑中，这里的概念是指未饱和的变项，而对象则是用于使得概念得以饱和的常项。由此可见，人类推理活动主要是对抽象概念的形式推理，这一点在机器思维中完全可以实现。

美国麻省理工的西蒙·派伯特（Seymour Papert）教授于 1996 年提出了“计算思维”概念。[①] 华裔计算机科学家周以真教授在 2006 年对“计算思维”概念做出了更具影响力的解释，表明计算思维是运用计算机科学的基础概念去求解问题、设计系统和理解人类的行为。[②] 她认为，计算（computing）就是抽象的自动化过程，而计算思维就是如同在数学中处理抽象物的过程，其中包括选择正确的抽象物，以多层级抽象模拟进行操作以及定义各层级之间的关系等。检验计算思维中的抽象是否恰当的手段，主要是有效性、正确性以及各种不同的能力。这里的计算思维基本上是结合了数学思维和工程思维的

---

① Seymour Papert, “An Exploration in the Space of Mathematics Educations”. *International Journal of Computers for Mathematical Learning*, Vol. 1, p. 95.

② Jeannette M. Wing, “Computational Thinking”. *Communications of the ACM*, Vol. 49, No. 3, 2006, pp. 33 - 35.

要素，即以数学为基础，但限于计算思维背后的物理机制；集中于工程要素是由于系统与外部世界的互动关系，但我们所构造的虚拟世界不受限于外部实在。用计算科学的方式表达，这里的计算抽象就是将数据与程序以语义方式呈现出它的外观，但隐藏它的实现细节。抽象化是用来减少程序的复杂度，使得程序员可以专注在处理少数重要的部分，正如一个电脑系统可以分区成几个抽象层或区域，使得程序员可以将它们分开处理。用通常的语言表达，抽象就是把一个问题或模型以不同规则或方法所得出的不同解；求解方法和解本身就是抽象层；这些不同的解可以组合并还原成问题或模型本身。在这里，抽象的意义在于，可以忽略不是求解过程中必需的解。例如，要用电脑程序去模拟“人”这个概念，在描述了人的动作（饮食、思考、移动等）符合设计要求后（如可完整表达“人”在坐下时候的动作），其他“人”的细节（躯干、器官、细胞活动乃至人际关系）都可以忽略，以集中设计所需要的功能，并减低程序的复杂度。可以说，这里的抽象就是不考虑无关的因素而聚焦于具体的任务目标。

从哲学上说，这就是在推理过程中忽略具体细节而关注本质规定，也就是我们常说的概念抽象过程。不过，数理逻辑的推理活动是通过使用符号、定义、公式、公理和定理，形成判断和推理的过程，而计算思维则是使用符号、算法（程序）、模型和系统，实现抽象（离散化、符号化、模型化）和自动计算（程序化）的过程，但哲学上的概念推理则是使用概念和判断，对它们的思想内容建立逻辑上的相互联系。然而，无论是哪种形式，推理活动都需要通过使用某些形式而实现其特殊的目的。在这种意义上，机器思维所采取的计算思维当然也可以说是在从事推理活动，虽然这样的推理与数学推理和哲学推理有很大的不同。从特点上看，计算思维以形式化为描述手段，以抽象思维和逻辑思维为主要思维方式；从表现形式上看，它以符号为问题的表现形式，以符号变换作为问题求解途径。这些进一步体现了作为基础和基本形式的“程序”的非物理特征。通过抽象以获得问题及其求解的形式化描述是实现机器计算的基本要求。机器思维求解的基本形式和活动包括算法、程序、执行、基本机器构建、系统构建、模型计算、类计算、形式化证明、处理过程中各类工具与（各层次）系统的利用，表现出表征（Representation）的形式化以及执行的离散化（Discrete）和程序化（Program）。其基本系统涉及步骤（Procedure）和算法（Algorithm）的描述与实现，要求在构造性（Construction）上满足有穷描述（Finite Description），要具有确定性（Deterministic）和可行性（Feasibility）。对于复杂系统，需要逐层虚拟得到各层（抽象）系统，这些抽象的结果就是各种不同的算法。① 在计算机科学中，计算思维就意味着机器思维，而这里的机器思维不过就是使用了计算机手段而实现的思维活动过程，也就是人类通常的推理活动。

如果说机器思维是根据计算活动而完成推理的，那么机器思维的创造性活动则是通过自主联结完成的。目前，在机器思维的创造性能力方面已经有了许多展现，机器的深度学习就是一个典型。所谓的"深度学习"，是指多层神经网络上运用各种机器学习算法解决图像、文本等各种问题的算法集合。在分类上，深度学习属于神经网络，但在具体实现上有许多变化。深度学习的核心是特征学习，旨在通过分层网络获取分层次的特征信息，从而解决以往需要人工设计特征的重要难题。最近几年，增强学习（Reinforcement Learning）与深度学习的结合创造了许多了不起的成果，"阿尔法狗"（AlphaGo）就是其中之一。在这里，无论是深度学习还是增强学习，都是机器思维的创造性能力的体现，是机器的自我学习能力的体现。美国心理学家麦克·马佛德（Michael Mumford）认为，创造性涉及制造全新有用的产品。② 另一位美国心理学家罗伯特·斯特伯格（Robert Sternberg）则

① 蒋宗礼：《计算思维之我见》，《中国大学教学》2013 年第 9 期。

② Michael D. Mumford, "Where have we been, where are we going? Taking stock in creativity research", *Creativity Research Journal*, Vol. 15, no. 2 - 3, p. 107.

认为，创造性包含了制造某些原创性的和有价值的东西。[①] 保罗·特伦斯（E. Paul Torrance）把创造性能力描绘为对这样一些事物逐渐敏感的过程，包括问题、缺陷、知识鸿沟、缺失的成分、无害之物等等，也是确定困难、寻求解决方案、做出假设，或者是把关于缺陷的假设加以形式化的过程，更是验证和再验证这些假设的过程，或者是修订这些假设并最终沟通结果的过程。[②]

或许有人会说，机器的创造性能力应当来自人类对机器的程序设定，包括任务内容、目标和最后可能出现的结果等。然而，现代计算机科学和人工智能所创造出的产品已经出现机器自我创造的结果，而深度学习本身就是机器自我控制和自我管理的过程。传统计算机语言的输入输出程序已经不能满足人类对机器的更多要求，因此，现代计算机科学的发展已经超越了人类控制和支配机器活动的阶段，进入一个崭新的历史阶段，这就是人工智能阶段。这个阶段的明显标志就是，机器已经不再是一个冰冷无情的物质对象，而是具有智能和认知能力的活动合作者或能动者（agent）。从最直接的后果看，具有智能和认知能力的机器完全可以帮助人类摆脱一些艰苦的工作或者完成人类无法完成的工作，但从更为长远的目标看，这样的机器已经不再是传统意义上的机器，而是人类活动不可或缺的一部分，甚至是人类自身有机体的一部分，例如，在器官移植中的芯片植入或人造机体等。

目前，具有智能和认知能力的机器已经在许多领域发挥前所未有的重要作用，补充和辅助人类完成各类任务，实现人类的某些理想。面对计算机科学和人工智能领域所取得的成就，任何对机器思维的顾虑和质疑应当被逐渐打消了。但人们或许还会质疑，无论机器如何发

---

① Robert J. Sternberg, "Creativity". *Cognitive Psychology* (6th ed.). San Francisco, CA.: Cengage Learning. 2011, p. 479.

② Paul Torrance, "Verbal Tests. Forms A and B-Figural Tests, Forms A and B." *The Torrance Tests of Creative Thinking-Norms-Technical Manual*, *Research Edition*. Princeton, New Jersey: Personnel Press. 1966, p. 6.

展，如何在某些方面补充辅助人类活动，但机器永远无法取代人类的活动，或者说，机器无法与人类具有相同的认知地位。我们下面就来分析一下这个质疑的合理性。

三

根据传统观点，无论计算机科学和人工智能技术如何发展，它们都不过是对人类智能和认知活动的自然延伸和补充。虽然它们在某些方面可能超过人类，例如计算速度和数据整合等，但它们最终都无法取代人类智能和认知活动。显然，这种观点存在两个预设前提：其一，人工智能与人类智能是两个完全不同的种类，因此，我们无法用前者取代后者。这是一种“不可取代论”；其二，人类智能在整体上高于人工智能，因此，我们无法用后者解释前者。这是一种“不可超越论”。然而，我们将会看到，这两个前提都是站不住脚的。

首先，用人类智能去类比人工智能，这是一种概念混淆导致的范畴错误。前面我们已经指出，我们如今对人类智能的特征和形式并没有取得统一的认识，因而难以有一个完整的人类智能概念去解释人工智能的内容。但随着计算机科学技术的发展，我们看到人工智能在这个过程中发挥越来越重要的作用。这里的人工智能并非意味着人类智能的延伸或补充，而是通过计算去完成人类设定的具体任务。通常理解的延伸或补充，是对人类身体活动范围或程度不足的弥补。但人工智能却完全是在另一个层面上与人类智能的并行，是另一套完整的智能体系。虽然“不可取代论”依据的也是两者之间的区别，但这种区别却是建立在对两者之间的比较基础之上的，也就是说，这是以承认两者之间的类比为前提的。事实上，人工智能一词本身就是一种人为创造，或者说，是对“智能”一词的一种比喻性用法。当我们说“飞机像飞鸟一样翱翔”，这并不是在说飞鸟，也不是把飞机类比为飞鸟，而是使用了一种比喻性说法，以便于人们更好地理解。同样地，当我们使用“电脑”一词时，并没有把计算机看作如同人类大脑一样工作，而是借用“大脑”一词去形容计算机的快速计算功能。在这里，“人工智能”一词也是相同的比喻性用法，因为真正的人工智能所完成的工作以及所能达到的程度早已远远超出了人类智能的范围。因此，这里根本不存在任何的取消论，也不存在两个不同智能的区别，而是两者各司其职，分别完成着各自的工作任务。在这种意义上，人类智能和人工智能之间不存在取消或替代的问题。

其次，认为人类智能在整体上高于人工智能的观点，是对人工智能缺乏正确理解的结果，或者说对人工智能的有意或无意的误解。如前所述，人类智能与人工智能分属于不同的工作领域，各司其职。虽然人工智能技术在今天也不过只有几十年的历史，但其发展速度早已超越了历史上任何一次技术革命。当然，由于发展的时间很短，而且其自身还存在许多没有解决的问题，因此，人工智能技术还面临着发展过程中的无限机遇。但与人类智能相比（如果我们必须做这样的比较的话），人工智能是在从事着与人类智能完全不同的工作。这意味着，我们不是用人工智能去完成人类无法完成的工作，或者说这并非人工智能真正的价值，而是说，人工智能从事的工作是与人类智能不可同日而语的。例如，人工智能技术的基础是确立不同的算法，而算法的优越性是通过计算速度加以评价的。计算机科学的早期创始人之一约翰·冯·诺依曼曾在他那本著名的开创性著作《计算机与人脑》中对这种计算速度给出了说明。他指出，计算机的基本运算速度远胜过人脑。[①] 根据斯坦福大学神经生物学教授骆利群的分析，个人计算机能以每秒 100 亿次操作的速度执行基本算术运算（如加法运算），而大脑每秒最多可执行大约 1000 次基本运算，比计算机慢 1000 万倍。计算机在基本操作的精确度方面也有巨大优势。[②] 根据当代计算机科学，计算机和大脑之间的一个重要区别，在于两个系统内处理信

① 约翰·冯·诺依曼：《计算机与人脑》，甘子玉译，商务印书馆 2001 年版，第 37 页。

② Liqun Luo, “The Brain Achieves Its Computational Power Through A Massively Parallel Architecture,” in David J. Linda ed.: *Think Tank: Forty Scientists Explore the Biological Roots of Human Experience*, New Heaven, CT.: Yale University Press. 2018, pp. 82 – 87.

息的方式。计算机主要以串行步骤执行任务，因为串行步骤中产生误差会累积和放大，所以这种串行操作的级联对每个步骤的精度要求都特别高。大脑也使用串行步骤进行信息处理，但同时，大脑也利用数量众多的神经元和神经元之间的突触连接来大规模并行处理任务。可以说，计算机和大脑的基本单元信号模式既有相同又有差异。大脑的另一个显著特点是神经元之间的连接强度可以根据活动和经验进行修改，这也是学习和记忆的基础。重复训练使得神经元网络可以更好地执行任务，从而大大提高速度和精度。在过去的几十年里，工程师们通过研究大脑获得的灵感来改进计算机设计。并行处理策略和根据实际情况来修改连接强度，已经在现代计算机设计中得以体现。例如，增加并行性，在计算机中使用多核处理器，已经是现代计算机设计的趋势。

由此可见，作为计算机科学重要组成部分的人工智能技术在许多重要方面从事着与人类智能完全不同的任务，而且，人工智能在其发挥作用的领域都体现出与人类智能截然不同的优势。在技术手段上，人工智能是为了特殊的目的而加以研究和开发的，因此，也就有了人类智能无法比拟的长处；在实际运用中，人工智能为人类实际生活提供了前景广阔的便利保障，而这些则是人类智能本身无法做到的。例如，语音识别、虚拟助理、硬件优化、生物信息、机器处理自动化、数字孪生和 AI 建模、P2P 网络，等等。人工智能为人类生活提供了比人类智能更为精细的形式和多样化内容，人类的经验活动则为这些形式和内容提供了最初的信息资源。所有这些都表明，人工智能与人类智能是在不同领域完成着不同的工作任务，不存在后者超越前者的问题，因此，“不可超越论”是完全站不住脚的。

或许，有人会以“通用人工智能”（Artificial General Intelligence，AGI）与“专用人工智能”的区分为“不可超越论”做出辩护。根据这种区分，专用人工智能或“弱人工智能”在许多技术方面的确可以超越人类智能，或者说是与人类智能完成着不同的任务，但通用人工智能或“强人工智能”（虽然在含义上两者有所区别）似乎在整体上依然无法超越人类智能，因为在一般意义上，人工智能的最初设想就是使得机器达到模仿人类智能的目的。然而，这种对通用人工智能的强调更多的是基于人工智能目前所达到的实际水平，而不是基于对人工智能性质的理解。相反，在技术上，通用人工智能的观念恰恰预示着人类可能制造出超越人类智能的人工智能。

最后，回到最初的问题，即人工智能能否取代或超越人类智能的问题，这是一个对人工智能缺乏了解和存在理解误差的问题。从以上分析中可以看出，只要我们更多地了解人工智能，特别是正确地认识人工智能与人类智能之间的差异，我们就不会提出这样的问题。但我们认为，这里更深层次的是对人工智能的心理态度问题。“不可替代论”和“不可超越论”背后的心理根源是对人工智能的心理排斥和抵制。普通人对人工智能没有太多的认识偏见和理解障碍，更多的是接受和使用人工智能技术提供的有效产品。而对人工智能采取心理排斥和抵制的人，主要是坚持关于人类智能与机器思维关系的固有传统观念的哲学家。这种传统观念认为，包括机器思维在内的人工智能只是人类智能的副产品，是模仿人类智能并为人类智能所支配的外在的物质对象；由此，人工智能既不能代替人类智能，也不能超越人类智能，而只能为人类所利用，正是这种观念导致“不可取代论”和“不可超越论”的产生，也就是对人工智能的心理排斥和抵制。显然，这里的核心问题依然是机器是否可以完成人类智能的活动。通过前文分析，我们看到，这个问题已经得到了解决，即机器思维与人类思维之间既不是等同也不是对立，而是各司其职，相辅相成。在一定意义上，人工智能技术所带来的机器革命和思维革命，最为直接的结果是促使人类重新思考机器思维或计算思维与人类大脑或人类思维之间的内在联系，并通过技术产品改变了人类的现实生活。

当然，哲学家们对人工智能的排斥和抵制心理，或许来自对人类智能自身的担忧，或许来自对人类在自然界中的独特地位的担忧。胡塞尔早在20世纪初就发出了要警惕精确科学对人文学科的侵蚀的呼吁，海德格尔也在20世纪中叶高举反对实证科学的大旗。当代哲学中不乏对计算机科学发展的担忧，甚至是明确抵制，如2017年去世的美国哲学家德雷福斯（Hubert Dreyfus）就是一个重要代表。他早在20世纪60年代就发表了系列文章，表达了自己对当时刚刚兴起的人工智能的关注。他于1972年发表的《计算机不能做什么？人工智能的限度》，提醒人们不要过分相信计算机的能力，并对人工智能的发展表达了悲观的态度。[①] 1992年，他又发表了《计算机依然不能做什么？人工理智批判》，更进一步批评了人工智能的基本假设。[②] 然而，令人遗憾的是，他的所有这些批评意见都被人工智能的后来发展所推翻，虽然他的一些想法对人工智能研究也起到了一定的提醒作用[③]，他本人后来也对神经元网络和基于动力学模型的人工智能模型提出了自己的思考。事实上，到目前为止，哲学家们对机器思维和人工智能的几乎所有责难和反对，都被证明是不恰当的，或者是不得要领的。[④] 这就不得不引起我们的反思：当我们在讨论机器思维和人工智能以及当代认知科学的发展时，我们究竟是在做什么？笔者的目的就是要提醒注意，哲学家们在努力以自己的方式捍卫人类思想的自由时千万不要以科学为敌，因为科学在任何时代都是哲学天然的盟友。基于这个基本认识，我们在讨论机器思维和人工智能所面对的问题时，我们就需要与科学家们齐心协力地寻找解决问题的可能图景和方法，而不是为解决问题设置各种有形无形的障碍，这才是当代哲学应当为人类社会进步和科学文化发展做出的应有贡献。

最后，让我们用图灵在60多年前发出的提示作为这里的结束：

---

① Hubert Dreyfus, *What Computers Can't Do: The Limits of Artificial Intelligence*, New York: Harper & Row, Publishers, 1972.

② Hubert Dreyfus, *What Computers Still Can't Do: A Critique of Artificial Reason.* Cambridge, Massachusetts: MIT Press, 1992.

③ 参见 Pamela McCorduck, *Machines Who Think* (2nd ed.), Natick, MA: A. K. Peters, Ltd. 2004；又见 Stuart J. Russell & Peter Norvig, *Artificial Intelligence: A Modern Approach* (*2nd ed.*), Upper Saddle River, New Jersey: Prentice Hall. 2003。

④ Pamela McCorduck, *Machines Who Think* (2nd ed.), Natick, MA: A. K. Peters, Ltd. 2004. p. 236.

“我们可能希望机器能和人在所有的纯智力领域竞争。但是首先从哪里开始呢？这也是一个困难的决定。许多人可能会说一个抽象的行为，例如下国际象棋可能是最好的选择。也可能需要给机器最好的传感器，然后教它听懂英语。这将和教一个正常的小孩一样，它应该被指出并命名等。我并不知道正确的答案，但是我想这些方法都应该试试。我们的目光所及，只是不远的前方，但是可以看到，那里有许多工作要做。”①

（原载《中国社会科学评价》2019 年第 4 期，第 68—75 页）

---

① Alan Turing, “Computing Machinery and Intelligence”, *Mind*, LIX. 236. 1950, p. 460.

十六　对人工智能与自我意识区别的概念分析*

多年前，我看到美国波士顿动态机器人实验室中的一个机器人阿特拉斯（Atlas）搬运重物的视频。实验者不断地给机器人制造障碍，阻止它按照设定的方式行动，机器人却锲而不舍地执行设定的任务。当时我就在想，如果这个机器人在被多次阻挠后放弃了设定任务，或者是突然对实验者发起了进攻或表示了某种愤怒，情况会是怎样？在这里，“放弃任务”“发起进攻”和“表示愤怒”都属于人类在行动受阻后做出的正常反应，我们不会对人类的这些反应感到诧异。但是，如果机器人做出这样的反应，我们会做何感想？我所能想到的最直接的答案就是，“这个机器人有了自我意识”。然而，事实果真如此吗？2017 年 7 月，美国各大新闻网站都报道了一件令人匪夷所思的事件，位于华盛顿特区一个办公楼的安保机器人自动掉入喷水池自杀。据称，这个安保机械人 Knightscope K5 是专门为停车场、校园和医院的安保巡逻而设计的，其自身配备有摄像头和监测系统，设计者宣称能应对复杂的环境。无独有偶，2016 年 11 月，在第十八届中国国际高新技术成果交易会上，一台名为小胖的机器人突然发生故障，在没有指令的情况下自行打砸展台玻璃，最终导致部分展台破坏，更为严重的是，该机器人还砸伤了路人。这也是全国首例机器人伤人事

* 国家社会科学基金重点项目“心理学哲学的当代解释与重建研究”（17AZX002）阶段性成果。

件，不少网友也纷纷猜测是否与机器人的意识觉醒有关。[1] 然而，经过调查得知，以上两起事故与机器人意识觉醒无关。初步分析是因为机器人避障模块尚未考虑水和玻璃这两个因素，机器人无法识别水池和玻璃为障碍物而导致了事故的发生。当代科学研究已经表明，人工智能是否会拥有自我意识，这本身仍然是一个悬而未决的问题。我不是计算机科学家，也不是人工智能专家，所以，这里的工作不是讨论人工智能是否拥有自我意识，或者说，当人工智能拥有了自我意识后我们应当怎么办的问题，而是要讨论人工智能与自我意识之间究竟有何不同。

一 “意识”与“智能”的区分：概念分析

当代心灵哲学家大卫·查默斯曾提出，在对所有心理现象的讨论中，意识问题是最为困难的问题。当代计算机科学家和认知神经科学家们也都承认，即使我们现在已经在神经元水平上描述了人类大脑的神经活动原理，但要回答意识的本质问题，却还差十万八千里的距离。这些都向我们表明，当代哲学和科学都把意识问题看作是最难解决的。按照通常的解题思路，我们会从最为简单的问题入手，由易到难，一步步地解开意识难题。

相对于意识本质问题，最为简单的问题应当是“意识”一词的用法问题，即我们在何种情况下使用这个词。在日常语言用法中，“意识”一词被用于指向人们的某种特定的心理状态，即处于清醒的感知状态。这个名词也通常被与其形容词形式替换使用，如“有意识的”或“无意识的”等。当我们使用这个词的时候，我们考虑的是某种心理活动，更多的是认知者对外部刺激的基本反应。所以，我们可以理解，蒯因把刺激和反应看作认知心理学的基本形式。虽然认知者的

① 思宇研习社：前沿——美国一保安机器人“投池自杀”？解析机器人自我意识觉醒，https：//kknews. cc/science/zx53a5p. html，2017－07－21。

反应未必完全来自外部的刺激作用，但反应的出现却是表征了意识状态的存在。应当说，这是一种对“意识”一词的最基本用法。然而，当我们进一步追问，我们用“意识”一词究竟表达了何种意义时，我们就进入意识问题的更难一步。

我们用“意识”一词可以是指一种心理状态，也可以是指一种感知能力，还可以是指一种生存状态。虽然现代神经科学家和认知科学家主要采用还原方式把意识现象解释为神经元之间的互动作用，但他们都承认这种解释不过是对意识现象的一种客观化描述，还远没有达到对意识现象的完整解释。在日常语言中，我们用“意识”一词主要是指一种心理状态，但在心理学的解释中，它又主要是指一种感知能力，在哲学理论中，它被解释为一种生存状态。但无论我们如何解释，意识现象的存在却始终像是一个谜团，因为它的存在如同生命存在也是一个谜团一样。我们永远无法解释地球上为什么会出现生命，也就无法解释意识现象是怎么回事。我们知道，拥有生命与拥有意识是不同的两回事情，但我们依然无法区别同样拥有生命的其他非人类动物是否也与人类一样拥有意识。通常认为，拥有意识是人类特有的优势，用以区别人类与其他动物和生物。但科学研究发现，某些动物同样具有意识活动，如果我们同意把意识定义为一种感知能力的话。由于我们无法了解动物的心理活动，因而也就无法把意识活动解释为心理上的用法。同样，我们也无法把动物的意识活动解释为一种存在状态，因为动物无法具有反思性活动。但从动物的感知能力出发，我们完全可以断定动物拥有意识活动。如果是这样的话，我们就再不能把意识活动看作人类的特有能力了。然而，这样就把关于意识问题的讨论引向更深层次，即动物所具有的意识与人类拥有的意识之间有何不同的问题。

区分人类意识与动物意识的通常方式是理解不同的智能。动物与人类一样拥有自己的意识活动，这已经是科学家们证明了的事实，尽管它们的意识活动与人类还是存在很大的不同。但我们通常谈到人类的意识活动，更强调的是人类具有的感知能力，或者是人类具有的反思能力，这就是“自我意识”。虽然在某些动物身上也可以看到它们具有某种自我意识，如黑猩猩对镜中的自己的意识表现，但是，人类的自我意识则更多的是自我认知的能力和过程，也就是人类运用语言的自我指涉。这种自我指涉表征的是认知主体对自我的认知过程和结果，其中重要的部分是自我与其自身之间的推理关系。用最为简单的方式说，这就是我们通常询问的“我是谁”这个问题。这个问题看似简单，却是最难以回答，并且引发了一系列关于自我指涉的悖论。这里的推理关系表明，对自我意识的讨论直接涉及的已经不再是意识本身，而是人类的智能。

用考察智能的方式讨论意识的性质，这是当代意识科学研究的主要途径。因为意识活动的不可观察性质导致人们在讨论意识问题时不得不依赖考察人类的智能表现，人类试图通过对智能的说明去理解意识活动的性质。这是科学研究的通常方式，即以某种可观察或可实验的途径去研究不可观察的对象，以期达到对所研究对象的解释。例如，物理学对时间的研究以及对不可观察的空气的研究。在这种意义上，科学家们非常清楚地意识到，科学研究中的意识问题与智能问题虽然密切相关，但却是两个截然不同的问题，不可以把两者混为一谈。简单地说，对智能的考察可以是数据化的和借助于实验完成的，或者是通过描述人类或动物的行为而去解释智能水平，但对意识的考察则是无法用外在的可观察到的指标，例如神经元的变化等，而是只能通过对智能水平的解释。然而，这样我们似乎就陷入了一个无法摆脱的怪圈：考察意识现象必须借助于对智能的解释，但智能水平与意识现象却是完全不同的两个概念。正是为了避免这个怪圈，科学家们就声称，他们并不希望能够通过观察和实验的方式去研究意识现象，或者说，意识现象是在现有的科学研究中无法解释的。这就只能求助于哲学家们对意识现象的解释。

在哲学讨论中，对意识现象的解释依然是众说纷纭。虽然围绕这个概念提出了各种不同的理论，但迄今为止似乎并没有哪一种理论最具有说服力而成为最有效的解释。这个问题的难度在于，意识现象是心灵现象中十分核心但又最为复杂的部分，是人类与外部世界以及自身关系中最为直接的联系部分，也是确定人类在自然甚至是在宇宙中独特位置的重要标志。在当代心灵哲学中，哲学家们努力用各种方式解释意识现象的物理特征、神经特征、认知特征、表征特征以及高阶特征，目的都是试图为意识现象的确定寻找一个可行的标准。然而，以上这些理论模型都基于一种还原论的思维方式，都在努力把复杂的意识现象还原为可观察和可推理的理智活动，或者是用人类的理智活动去解释意识现象的神秘特征。虽然这些理论解释在一定程度上可以帮助我们理解意识现象的复杂性，但它们似乎都没能把意识活动看作一个意识主体与意识对象之间互动的作用关系，也就是说，它们都主要是从意识主体对意识对象的单向作用方面理解意识现象，没有从主体与对象的双向作用中整合地把握意识活动的复杂性。用科学语言表达，这些理论都只是从大脑神经元的机制中寻找意识现象出现的神经生物学的根据，无论这种根据来自物理作用的解释还是来自认知表征的解释。

目前，一些哲学家提出，从人脑与世界的环境关系中解释意识现象的复杂性，这主要是借助于现象学和实用主义的方法。例如，美国哲学家阿瓦·诺伊（Alva Noé）和肖恩·盖拉格（Shaun Gallagher）等人提出的生成论（Enactivism），就是把现象学分析和实用主义方法运用于解释认知活动的性质以及意识产生的环境作用。阿瓦·诺伊认为，知觉性的意识活动依赖于我们行动和思想的能力，意识活动并非存在于大脑之中，而是存在于作为整体的身体活动之中，属于身体活动的一个组成部分。[①] 肖恩·盖拉格则提出，认知不是简单的大脑事件，而是来自大脑-身体-环境交叉分布的过程。[②] 这种观点试图避免之前的认知科学在解释意识现象时所面临的还原论困境，但由于其

① Noé, A. *Action in Perception*, Boston: MIT Press, 2004, p. 2.

② Gallagher, S. *Enactivist Interventions*, Oxford: Oxford University Press, 2017, p. 6.

所借用的方法主要来自现象学和实用主义，因而使得该理论无法面对当代认知科学发展所提出的问题，例如，意识活动的性质如何由作为整体的身体与环境互动关系加以解释？自我意识又是如何由身体与环境的互动而产生的？显然，意识现象的复杂性并不能简单地用某一个单一模式加以解释。但在这里，更为重要的是，我们需要进一步了解意识活动的性质，不能借用现象学的方法或实用主义的方法，因为这两种方法所强调的都是作为行动者所完成行为的意识活动整体性，而不是对意识现象本身的过程性描述。

二　“语义上行”还是“语义下行”

以上分析表明，即使是在哲学家们对意识现象的各种解释中，我们依然无法完整地理解意识活动的性质。我们发现，在哲学家们对意识问题的所有讨论中，似乎存在一个共同的问题，即他们更多的是从概念分析出发，试图通过对意识概念内容的理解去解释意识现象。例如，围绕意识概念，哲学家们更愿意讨论的问题基本上是这样三类：描述性问题，例如，什么是意识及其基本特征？用什么方法可以最好地发现和描述它们并使它们模块化？解释性问题，例如，对某个相关事物的意识是如何存在的？意识是否为实在的基本内容？如果不是，对某个相关事物的意识是如何来自或出自意识实体或意识过程？功能性问题，例如，对相关事物的意识为什么会存在？意识是否具有功能，如果有的话又是什么？意识与目前的系统运作有什么区别？如果有的话又是为何以及如何区别的？等等。[1] 显然，这些问题都与我们所使用的意识概念相关，虽然指向的是意识内容，但更多的是希望通过对这个概念内容的解释去理解意识现象。然而，我认为，任何以概念分析的方式去讨论意识现象，都只是按照“语义上行”的路径处

---

① Van Gulick, R. “Consciousness” [EB/OL], https://plato.stanford.edu/entries/consciousness/#ProCon, 2018-12-21.

理意识现象。这是讨论意识现象的重要步骤，但却不是解决意识问题的关键所在。不仅如此，以“语义上行”的方式去讨论意识现象，还会导致虚幻概念的产生。

美国马里兰大学的卡卢瑟斯（Peter Carruthers）在2015年出版的《处于核心的心灵》中批评了所有关于心灵和意识解释的哲学观点，提出对心灵和意识活动的一种新的解释，认为我们关于它们的命题态度都不是有意识的，它们也不受直接的意向支配。[①] 这表明，我们通常经历的感官刺激所带来的记忆和意识活动造就了我们的心灵，但我们对心灵活动的命题推理活动则并不以这样的感觉活动为根据，而只是依据我们对命题中所使用的概念及其逻辑关系。由此出发，卡卢瑟斯在2017年发表文章，直接质疑我们关于意识现象的讨论是否具有真正价值，提出根本不存在有意识的思想这个观点。[②] 这就提醒了我们，如果我们对意识现象的讨论仅仅是围绕意识活动的感觉经验，或者是仅仅根据我们对意识现象的概念理解，而不是对意识现象背后所隐藏的人类心灵和思想活动的心理学和神经科学根据的解释，我们就无法真正理解意识现象的真实性质，也就无法推进我们对意识现象的认识。这种对意识心理学和神经科学根据的解释，在哲学讨论中，往往被看作“语义下行”（semantic descent）的路径。

我们知道，“语义上行”（semantic ascent）是当代美国哲学家蒯因提出的哲学研究的基本方法，即我们在讨论问题时不是针对所讨论的对象，而是首先针对我们在讨论对象时所使用的表达式，通过对表达式的意义澄清和逻辑论证，确认我们对表达式的基本用法。这样，哲学讨论就从谈论世界转向谈论关于世界的语言属性，从直接面对世界的存在转向间接处理我们关于世界的语言，将一切哲学问题还原为关于语言的问题。这是当时整个分析哲学研究问题的基本策略，蒯因

---

① Carruthers, P. *The Centered Mind: What the Science of Working Memory Shows Us About the Nature of Human Thought* [M], Oxford: Oxford University Press, 2015, pp. 4 - 5.

② Carruthers, P. "The Illusion of Conscious Thought", *Journal of Consciousness Studies*, 2017, 24 (9 - 10): pp. 228 - 252.

的“语义上行”概念对这一方式做了很好概括。然而，这种哲学研究方式受到不少哲学家的质疑。

首先，蒯因提出这种方式的主要前提是他对“本体论承诺”和“本体论事实”的区分：他关心的是如何通过对本体论承诺的设定去清除传统形而上学问题。蒯因一再声称，本体论承诺仅仅涉及理论语言问题，与外在世界的实存问题无关，即本体论承诺不同于本体论预设，它不预设任何实体的存在。但他同时认为，做出本体论承诺的理论语言是对事实和对象的描述与说明，“语义上行”策略通过研究描述外在对象的语言而间接地把握外在世界，因为“量化式与语言之外的东西（不论它们是共相还是殊相）之间”是有联系的。[①] 只不过“科学理论是作为一个整体而不是逐句与现实相对，对科学理论的最终检验是它一般地符合我们的经验，而不是与一个想象中独立存在的未语言化的现实相符合。关于世界我们所知道的就是我们最好的科学理论告诉我们的”[②]。奥斯汀的话道出了“语义上行”策略的实质：语言是我们的工具，“词语不是事实或事物”，“我们需要把它们与世界分开来，使它们与世界保持距离并与世界相对照”[③]。对此，美国哲学家威尔兰德（Dallas Willard）曾在20世纪80年代初发文，直接指出了这种哲学研究方法的失败。他认为，“语义上行”策略的错误不在于对语言作用的强调，而在于把对语言的研究作为整个哲学研究的全部内容，这就完全放弃了人类知识对外部世界的真切关注和对人类感觉的经验说明。[④]

其次，“语义上行”也引起了哲学家们对分析哲学事业性质的质疑。英国哲学家科恩（Johnathan Cohen）在他著名的《理性的对话——分析哲学的分析》（1986）中指出，分析哲学是以理性的方

---

① Quine, W. V. *From A Logical Point of View*, New York and Evanston: Harper & Row, 1961, p. 103.

② Simons, P. "Metaphysics in Analytic Philosophy", Beaney, M. (ed.) *The Oxford Handbook of The History of Analytic Philosophy*, Oxford: Oxford University Press, 2013, p. 720.

③ Austin, J. L. *Philosophical Papers*, second edition, Urmson, J. O., Warnock, G. J. (eds.), Oxford: Clarendon Press, 1970, pp. 181 – 182.

④ Willard, D. "Why Semantic Ascent Fails", *Metaphilosophy*, 1983, 14 (3 – 4): pp. 276 – 290.

式对理性本身的讨论，但这种讨论却是以对语言意义的澄清为主要工作内容。这样的工作方式不仅没有为理性本身提供有价值的内容，反而造成了理性的失落。因而，他提出，分析哲学研究必须从语义上行转向语义下行，用内容上的分歧代替方法上的分歧。[①] 另一位英国哲学家古腾普兰（Samuel Guttenplan）则在他的《隐喻的对象》（2005）一书中对“语义下行”概念做了进一步解释。他指出，这个概念是指分析研究中从语言用法层面转向语言所描述的对象层面。这种下行观念是与关于隐喻的语义下行说明密切相关的，即隐喻首先需要下行到非语言对象，而这些对象则会满足具备资格的断定性作用。[②] 当代美国哲学家昂格尔（Peter Unger）在 2014 年出版了《空洞的观念：对分析哲学的批判》一书，直接宣称当代分析哲学家们提出的各种理论完全是偏狭的，对人类知识的进展没有任何实质性的帮助。[③] 这些观点表明，哲学家们已经从对“语义上行”策略的批评转向对分析哲学视野本身的质疑。虽然我们并不会对这种质疑提出更多的反对意见，但有一点是非常清楚的：如果分析哲学家们仅仅依靠“语义上行”策略去从事哲学研究工作，那么，这种哲学势必就会远离我们对思想的要求，远离科学发展和社会进步对哲学的要求。因而，我们有必要在这里强调指出，当代哲学的发展必须以“语义下行”的方式与外部世界发生更为密切的联系。这里所说的“外部世界”主要是指当代科学发展和社会进步提供的各种关于现实世界的思想成果。

基于这样一种认识，即从“语义上行”向“语义下行”方式的转变，我们就更容易理解，当我们在讨论人工智能和自我意识问题时，我们究竟是在说什么。

---

① Cohen, L. J., *The Dialogue of Reasons: Analysis of Analytical Philosophy*, Oxford: Oxford University Press, 1986, p. 124.

② Guttenplan, S. *Objects of Metaphors*, Oxford: Oxford University Press, 2005, pp. 5 – 9.

③ Unger, P. *Empty Ideas: A Critique of Analytic Philosophy*, Oxford: Oxford University Press, 2014, p. v.

三 人工智能与自我意识的区分

据英国《快报》（*Express*）2019 年 2 月 18 日最新报道，人工智能科学家构造了具有自我修复功能的机器人，并且呼吁这是否可以被看作机器人自我意识的觉醒。这是由哥伦比亚大学的创造性机器实验室创造的具有自我修复功能的机器手臂。① 严格地说，这还不能算是一个完整的机器人，而且，仅从机器手臂可以根据外部环境自我修复和调整的功能看，这也不符合我们通常理解的自我意识活动。这只是机器对外部环境的自主反应，虽然这种自主性已经超越了人工设定的范围。但从当前人工智能研究的成果看，自我意识的出现并非是一蹴而就的，而是一个逐步形成的过程。从研制出具有单一智能的机器人完成某个设定任务开始，科学家们就在不断尝试如何使得机器人能够完成更为复杂的智能任务。虽然机器人对这些智能任务的完成并不能完全表明机器人具有了某种意识或自我意识，但从完成任务的数据分析中可以看出，它们已经开始逐渐出现一些可以被称为自我意识的意识活动的端倪。最为简单的机器意识的实例就是目前最为前沿的无人驾驶技术。这一技术的特征是能够使得汽车在人工智能的帮助下完成驾驶的所有功能，包括选择道路、避免各种障碍、对各种紧急情况做出恰当反应。从技术层面看，这并没有很大的困难，因为所有这些动作都可以通过数据分析完成。然而，当我们谈到无人驾驶的汽车是否具备了自我意识时，我们似乎就是在谈论另一个问题，即我们是否可以把这样的汽车看作具有与人类一样的自我意识。这里的关键是关于机器的无监督学习问题。

我们知道，目前的人工智能主要被解释为具有无监督学习能力的技术。如果仅仅满足于有监督学习，那么，所有的机器都具有这样的

① Fish, T. "AI BREAKTHROUGH: Scientists build 'self-aware' robot able to REPAIR ITSELF" [OL], https://www.express.co.uk/news/science/1087888/artificial-intelligence-self-aware-robot-arm-ai-columbia-lipson, 2019-02-18.

功能，即它们都可以根据给定的指令或数据完成相应的行为。然而，一旦机器具备了无监督学习的能力，那么，这样的机器就可以自主学习并完成超出给定指令的任务。这个时候的机器所表现出的行为，就往往被看作是具有自我意识的。显然，这里的自我意识概念，应当主要是指机器学习中的深度学习能力。从深度学习的角度看，机器具备了能够完成超出给定任务并自我完善、自我学习的能力，这就是人工智能技术达到较高阶段的表现。

然而，即使是从现有的技术水平看，断定机器已经具有了自我意识，似乎并不是一个有意义的问题。首先，机器学习本身就是一套算法，这种算法基于由人工设计程序所提供的数据对所规定任务的解释。在这种意义上，机器学习的算法就是一种程序解释，从逻辑上为机器行为提供了更多可能的公式和解决方案。这里并没有任何与人类意识相似的活动，更没有自我意识的出现。其次，人工智能技术与机器学习、深度学习都不过是计算机科学发展的不同阶段，是计算机自动化与分析技术所创造的一个共同平台。在这个平台上，人工智能技术为客户提供了数据分析和传输分析结果；机器学习则不仅提供数据分析，而且寻找数据模型以便用于更进一步的发现；深度学习则是分析人工智能提供的数据和机器学习提供的数据模型，用于更多的产品应用。所有这些都是计算机科学为人类提供的技术产品，而不是人类创造的另类生命，因此也就不可能具有与人类相同或相似的意识和自我意识。最后，当我们讨论人工智能与自我意识的关系时，我们似乎已经有了一种深深的误解，即认为人工智能应当像人类一样具有意识活动，或者具有与人类相同或相似的智能。正是基于这种误解，我们才会提出关于人工智能能否具有自我意识的问题。然而，这里我们必须做出两个区分：一个是智能与意识的区分；一个是人工智能与自我意识的区分。如前所述，科学家们正是基于第一个区分而明确地把意识问题还给了哲学家们去讨论。虽然对意识的理解和解释最终依然需要科学研究提供的证据说明，但哲学家们的解释在科学发展的目前阶段依然可以为我们理解意识活动的特殊性质提供有启发的思路。例如，美国哲学家德雷福斯（Hubert Dreyfus）对计算机科学和人工智能的反思，曾导致第一代人工智能研究计划的转向。他提出的“生物学假设”，即认为人工智能无法在生物学层面上得以实现，在后来的人工智能研究中被看作被迫放弃这种努力的重要原因之一。[①] 我们认为，与第一个区分相比，第二区分更为重要。只有在了解了人工智能与自我意识之间的区别时，我们才能真正认识到讨论人工智能与自我意识的关系问题究竟具有何种意义。这个区别的意义可以用人工智能中的“莫拉维克悖论”（Moravec's Paradox）加以解释。这个悖论是说，在人工智能领域，最困难的问题是最容易得到解决的，而最简单的问题却是最难解决的。莫拉维克说：“要让电脑如成人般地下棋是相对容易的，但是要让电脑有如一岁小孩般的感知和行动能力却是相当困难甚至是不可能的。”[②] 同样，对于人工智能而言，解决有关智能的问题是最为简单的，因为人工智能的设计目的就是为了解决这些问题；然而，要解决自我意识问题却是最为困难的，因为意识活动已经超出了人工智能的设计范围。在这种意义上，人工智能技术解决的是关乎智慧的事情，这是人类理智的高阶部分，而意识和自我意识属于人类的本能活动，是不需要理智的参与就可以实现的，但却是人工智能技术无法解决的问题。由此可见，人工智能与自我意识分属于不同的工作领域，我们很难把这两者等同起来，无论是在理论上还是在技术上。

目前，国内哲学界围绕人工智能与自我意识问题的讨论明显存在这样一种倾向，即认为哲学上的反思可以帮助科学家们正确认识人工智能的局限性。这种倾向背后的心理根据是，担心人工智能的发展，特别是人工智能拥有了自我意识之后，会对人类自身存在和人类生命价值与尊严带来现实威胁。当然，这种担心不无道理。的确，计算机科学、人工智能研究领域和社会各界也对人工智能对人类社会和人类

① Crevier, D. *AI: The Tumultuous Search for Artificial Intelligence*, New York, NY: Basic Books, 1993, pp. 54 - 59.

② Moravec, H. *Mind Children*, Cambridge, Mass.: Harvard University Press, 1988, p. 15.

存在具有的潜在威胁表达了很多担忧。[①] 但是，这些担忧并不会妨碍人工智能技术的发展，相反，它们能够为这种技术的发展和应用提供更为安全的保障。从科学发展与人类存在的关系上看，这种对技术安全的考虑远比仅仅顾虑技术产品对人类的威胁更为有效。事实上，当代科学家和人工智能专家对人工智能技术安全的关注，更多于哲学家们对人工智能技术威胁的担忧。而且，从目前人工智能技术的发展水平以及未来可能的发展前景看，人工智能并不会触及我们上文谈到的自我意识问题，如果我们对人工智能与自我意识有了清楚界定的话。

最后，还是让我们回到开篇提到的机器人阿特拉斯。据 2017 年资料显示，经过改进的新一代阿特拉斯机器人不仅能够完成人类指定的任务，还可以根据外部环境自主调整和修正自身数据，处理各种复杂的外部情况。[②] 但所有这些行动的完成，最终依然是根据人类设定的基本行动目标，是对人类行动的简单模仿。要让机器人能够完全像人类一样具有意识上的感知能力，并对外部环境做出完全自主的情感反应，还有漫长的路要走。

（原载《自然辩证法通讯》2019 年第 10 期，第 1—7 页）

---

① 最新资料表明，科学家和人工智能最新技术设计者都对机器的语言理解能力的快速进步表示了担忧。最新的“开放 AI”（Open AI）技术已经在自然语言信息处理方面取得了很大进展，Google 的 BERT 和 Facebook 的 PyText 都创造了大量日常语言交流的词汇表，能够帮助机器处理浩如烟海的自然语言表达式。（Kyle Wiggers：Google open-sources BERT, a state-of-the-art pre-training technique for natural language processing, https://venturebeat.com/2018/11/02/google-open-sources-bert-a-state-of-the-art-training-technique-for-natural-language-processing, 2018 - 11 - 2；Kent Weare：Facebook Open-Sources PyText for Faster Natural Language Processing Development, https://www.infoq.com/news/2018/12/Facebook-PyText-OpenSource, 2018 - 12 - 31）然而，这些进展却可能对社会和科学本身带来某些潜在威胁，例如，在社会媒体交往中，机器的自然语言处理技术能够造成虚假信息（如虚假新闻、虚构人物图片、虚假视频等）的产生；在科学研究中，AI 技术会在数据分析和信息处理方面提供错误指令（如攻击未设定的对象、操纵通过深度造假技术（deepfake）而产生的虚构视频等）。但由于这些可能的威胁是由于技术本身所带来的，因此，要消除这些威胁，也可以通过技术的改进和社会行为的约定，如制定技术使用伦理标准等。

② BostonDynamics. “Atlas：The World's Most Dynamic Humanoid”［OL］，https://www.bostondynamics.com/atlas，2017 - 11 - 16.

十七　当代哲学研究面临的困境、挑战和主要问题*

一　当前哲学研究困境原因之分析

哲学既是一门古老的学科，也是一门新兴的学科。古老的意义在于历史悠久，轴心时代形成的思想传统流传至今；新兴的意义在于变化万千，哲学不仅诞生了人类科学，催生了世间宗教，而且为一切思想和知识提供了解释和指南。然而，如今的哲学却面临着前所未有的发展困境，这门既古老又新兴的学科目前正处于“世纪性”的衰落之中。这里的“世纪性”是指，在每一个世纪转折时期都会出现关于哲学消亡的声音。分析这个困境产生的原因，一方面来自现代社会的急剧变化和自然科学的快速发展所带来的对整个人文学科的普遍挑战；另一方面则是由于哲学学科自身存在的困难。

现代社会变化对人文学科的挑战，构成了哲学研究困境产生的外在因素。这些挑战主要来自四个方面：1. 各国政府财政对人文学科的投入大幅度削减，使得研究和教学岗位逐年减少，这直接导致哲学学科的就业岗位数量下降，很多毕业生无法找到合适工作，特别是哲学博士研究生毕业就等于失业，很难找到专业方向的工作岗位。2. 线上课程和兼职教师不断增加，例如，美国加州大学的主要分校，

---

* 这是根据笔者于 2019 年 4 月 3 日在山西大学哲学社会学学院“任之讲堂”第一讲的部分内容整理而成。感谢吴文清主编的盛情邀请，感谢陈常燊教授的细心整理，感谢学报编辑的认真编校。

包括伯克利，尔湾、南加州、洛杉矶等，在哲学学科上增加了辅助性人员或兼职人员，不属于正式员工。这就占用了哲学专业的正式编制，使得真正从事哲学研究的人数大幅度减少；同时，线上课程的增加在某种程度上可以扩大学科的影响力，这又削减了线下课程对于专业老师的人数要求，导致学校不再招聘新的专业老师。3. STEM（科学、技术、工程、数学）专业的大幅度增加，表明现代社会对科技的更大依赖。人们通常认为，社会问题和人类自身的问题都可以通过科学技术的方法加以处理，不需要引入更为复杂的人文关怀。虽然人文关怀对社会发展更为根本，但社会基本要求层面只需要技术发展所带来的好处，这就使得哲学专业在社会总体需求量上大幅度减少。4. 国家经济和军事力量对技术的要求也减少了政府对人文学科的整体投入，人文学科在国家财政支出中的比例大幅度削减，这也影响到人文学科本身的发展。

当然，以上这些都是导致哲学面临困境的外部原因。然而，哲学自身的发展历来都不是依靠社会对哲学的要求，也不是依靠科学技术本身的进步，更不依靠国家、政府对学科的投入，相反是哲学家自身对本专业的热爱和他们对人性的理解促成了对社会的普遍要求。因此，只有哲学自身内部的原因才是导致哲学面临困境的主要根源。这个内部原因就是对哲学发展的内在动力缺少信心。具体而言，这个内部原因表现为以下四个方面。

1. 人文学者对自身学科发展日益失去自信，无法让社会理解自身价值。现代社会对人文学科的要求很高，在社交媒体上可以看到，大家对以往民国时期的人文现象和关怀表示推崇和认可，对当下的人文关怀的缺失表示担忧，甚至是愤怒。这些也反映出如今的人文学者对能否超越以往的前辈没有自信。在这种情况下如何保证人文学科的自信，达到社会对其的认可，令人担忧。随着社会的进步，人们对理性的要求、对人类自身的关怀的强烈要求，并没有在人文学者那里得到满足。我认为，社会对哲学的疏远主要得从自身找原因，哲学不骄自傲的特点使得哲学远离了人们的生活。除了哲学自身有高度的抽象性和理论性之外，我们能否将哲学作为人类普遍关心的学问、将自己的思想转化为每一个人都能理解的观念，这种观念不是作为意见和看法，而是作为每一个人公认的知识，这还有很大的距离。

2. 人文学者既缺乏对以往伟大思想传统的关注，沉迷于后现代的理论；又对当下社会的道德滑坡和审美衰落表现得毫无作为。哲学家所作的工作是否能履行社会职责，是否能达到让社会认识哲学的价值，这些还远远不够。一方面，这就要求我们对以往历史有明确的认识和清晰的观念，知道现在的工作建立在什么基础之上；另一方面，切实关心人们当下关心的问题。事实上，当人们提出类似哲学问题的时候，心中就已经有预想的答案；如果他们的答案没有得到验证，就会对哲学产生隔膜与距离。

3. 人们热心于了解哲学家们的工作，但哲学家并没有满足社会对哲学的普遍高涨的要求，拉开了哲学与普通人对哲学重要问题的距离。随着 40 年改革开放带来的经济条件的逐渐改善，人们对精神文化生活提出了更高的要求，但哲学家们在这方面没有改进，很少想到满足社会对哲学的普遍高涨的要求。

4. 在全社会实行标准化和数字化评价标准体系下，人文学者对数字化和标准化的抵制导致了整个社会对人文学科认识的缺失。从现实情况来看，人们根据统计数字选择自己的专业方向和就业渠道，在选择上有一定的指导价值，在各个专业的学科排名里，哲学的就业率、市场情况、反馈情况无法跟别的专业抗衡。哲学学科需要一个历史比较长久的培养过程，这是学科的特点决定的。如果能意识到这个问题并通过特殊的方式加以弥补，也许能达到好的效果。

当然，以上这些并非是导致人文学科，特别是哲学研究出现明显衰落的全部原因。但整个社会对人文学科缺乏了解和重视，以及人文学科自身远离社会生活的现实，这却是不争的事实。如何解决这些问题，正是当前哲学研究面临的重要挑战。

二　当前哲学研究面临的挑战

1. 科学技术进步对哲学的挑战

从20世纪初科学发现对传统哲学世界观的挑战开始，现代西方哲学对科学进步主要采取两种不同的态度。

首先是反实证主义的态度非常强大，使得整个欧洲大陆哲学都被冠之与科学主义相对立的思想倾向。从某种意义上说，这对捍卫哲学自身传统和哲学与科学思考方式不同的独特性有极大的帮助。但这却也导致哲学家的所有话语和产生的成果，与科学家得到的研究结果之间产生了巨大冲突，因而使得科学家们在谈论哲学问题时都带有不屑一顾的态度。当今社会是一个科学昌盛的时代，我们如何以人文主义的精神、以哲学家的方式回应科学发展的变化，所带来的关于世界观的变化，在哪些方面能提出真正有价值的观念和理论，我们仍然很难得到很好的结果。比如，目前实在论的观点已经占有了上风，但是反实在论不断跟实在论相抗衡，使得哲学家内部关于世界整体图景的观念产生了许多争议，因而很难形成对科学的发展的结果给出比较明确的哲学家立场和观点的理论。

其次是技术的发明对传统哲学认知理论的挑战，比如，人工智能技术产品对我们的认知活动产生了重大影响。我们现在的认知方式与以往人们有很大不同，认知广度和深度也发生了变化。从认知广度来说，我们所接触的外部对象已经不是简单的物质对象，或者说感官接触到的具体对象，而是感官无法觉察的对象，因此，觉察的方式决定了对对象的认知方式。但是，哲学探索究竟如何理解这样的世界改变给我们带来的变化，这似乎还有许多事情要做。我们在回应外部对象对自身影响的过程中，也在不断调整认知世界的方式，例如，是以简单的刺激－反应方式，还是以一种相互呼应互动的方式，抑或是以一种交互的方式，或更多的方式来对应外部世界给我们带来的影响。现象学在某种意义上为我们提供了把握对象的直观方法，但这种直观方法进入意识层面、进入感知层面时，却发生了困难，无法实现哲学家希望达到的目标，因而使得哲学家的理论也面临很多困难。技术发明对认知理论的挑战，使得哲学家们重新反思以往认知方式，形成了对当代科学和技术发展成果的谨慎态度。

面对科学技术对哲学的挑战，哲学家们亟待解决的有这样两个问题：一是认知对象的改变迫使我们重新认识人与对象的关系；二是科学技术的因果解释对我们的世界观带来的冲击影响。

如今，面对外部世界对人类产生的认知作用，我们需要确定的是外部世界的性质及其与人类之间的关系。这里的外部世界不仅指客观的外部世界，而且包括人类制造的外部世界，人造的外部世界对人产生的影响远比自然的外部世界给人造成的影响更大。我们现在面对的更多是人造的世界，而不是自然的世界。在理论上如何概括人的感知能力所发生的变化，这本身是哲学家应尽的工作。比如，在认知能力模仿方面，我们所有的认知活动都可以被模仿。目前为止，无论是人工智能技术的发展还是在人类所能发现的各种心理、神经网络活动中能看到的认知活动，都是在模仿人的认知，但人类对自身认知活动的了解在多大程度上能够被完全模仿，却依然是未知数。换句话说，没有一个自然形成的物体的所有活动方式，都可以完全被人类以根本的方式全面加以模仿，否则就会出现跟自然人一样的机器人。但是，目前还没有做到这一点，不是我们对人类认知活动能力或者模仿人类认知方式的缺乏，而是因为技术手段的不到位。一旦技术的发展逐渐快速，随着时间的推移和技术的更新和深化，人类的许多认知能力都可以被加以模仿。这意味着在不远的将来，当人类的自我认识达到一定程度后，人类制造的一切技术可以实现对人类活动或者自然对象的模仿，人类认知活动方式也可以被全部模仿，人类认知活动的独特性也就可能不复存在了。到那时，我们就不再需要讨论人的认知，而只需要讨论机器的认知。

然而，由于人与机器之间的巨大鸿沟，机器不可能完全取代人，人作为自然物种不可能完全被机器所取代。最高能的计算机或者人工智能技术所能完成的是人类最复杂的工作，反而不能解释或解决人们在自然本能下所完成的行为。这种巨大的反差表明，智能是可以被高度模仿的，但是本能却无法被模仿。人在相当大程度上是依靠本能生活的，而后天学习的所有知识和技能，不过是为了扩张我们的本能，让本能得到更好的展现和满足，但并不能够完全被取代。所以，机器不能完全复制和取代人，就是基于机器不能像人一样具有人的自然本能。如果说机器某一天完全取代了人类，这并不是说机器完全战胜了人类，而是说机器消灭了人类。机器本身有自身的能量，可以取代人类，人类能完成的事情，机器也可以完成。在未来的时代，人能够做什么，哲学家又能为认识人做什么，这不是杞人忧天的问题，而是现实面临的问题。

不仅如此。科学解释对传统哲学思维方式也构成挑战。因为科学解释是指我们对世界总体构成方式的解释，传统的实在论和反实在论、决定论和非决定论，都是用来解释人类和对象之间的关系，甚至解释世界变化和发展的总体规律。但是这种传统的解释方式面对现代科学技术的发展，存在很多问题。例如，人工智能的非监督学习在多大程度上可以取代自由意志，以及因果概念是否可以用于解释机器的自主学习过程，等等。

自由意志历来被看作人固有的能力。通常认为，我们可以根据意志做出选择，而机器往往做出的是优化选择，机器所有的设置都是为了达到最佳效果，最优化的结果是机器的目标，因此，人的自由意志在机器那里不会出现。然而，由于我们是根据人的行为来判断意志活动，而不是通过观察大脑的神经和细胞如何工作。这就是说，我们是根据结果来判断原因，判断人有自由意志，是因为他的行为导致了某个结果。如果以这样的思维方式理解机器行为，机器的某一个行为也可能出自类似人的自由意志的原因，其结果表征像是人做出某一种选择的结果，那么，机器也可以有自由意志。图灵测试正是按照这样的思考方式设计的。然而，这样的推理解释往往来自决定论的立场，或者说，因果解释本身就是一种决定论观念的结果，即有果必有因，有因必有果。但这种因果解释既与自由意志观念相冲突，也与近代哲学中的道德责任观念相冲突。对此，人们做出了决定论的强弱之分。由于强决定论是排他性的，不需要别的理由，因而人们更多地使用弱决定论，给出的解释原因不是唯一的，是多选的。这样的弱解释可以使我们对结果的理解减少一种心理上和道德上的责任。强决定论意味着我们完全不需要为自己的行为负道德责任，但人的自由意志却要求我们对自己的道德行为负责。这样，为道德行为负责的理论根据不是来自决定论，而是来自非决定论，也就是说，因为要对自己的行为负责，所以做出任何行为的原因都不能成为对行为的辩解理由，每个人都需要为自己的行为选择负责。

我们会用原因作为关于我们所有行为理由的根据，当代哲学家把这些原因弱化成一套解释的理由：一个事件的发生不是由原因决定的，而是根据给出的原因所做出的解释加以说明的。这里的解释活动，或者说对理由所给出的解释，用来弥补我们对原因认识的缺失，因为不可能对一个事件的原因给出完整清晰的刻画，但却可以给出一个行为结果的理由，由此，解释在某种程度上替代了对原因的要求。当代哲学放弃本质主义的观念，也使得人们对一切行为的发生和结果都可以给出各种不同的理由，而只需要在理由之间进行权衡。因此，哲学的工作不是给出事件发生的原因，而是对事件发生后得到的理由做出分析。这是从事哲学思考重要的出发点。但是在今天，很少有人思考理由之间的权衡，更多地是按照传统的思维方式追问背后的原因。这也是当下哲学研究所面临的重要挑战之一。这种理由解释对传统哲学世界观形成了重要冲击，打破了用传统思维中的因果决定论去说明一切行为发生的原因。

2. 哲学传统进入后真相时代

“后真相”（post-truth）在一般的解释中，强调的不是谎言、杜撰或欺骗，而是公众对于给出的一切理由的反应。相比较于事实和证据，公众的情感共鸣变得越来越重要。社交、媒体、舆论取代了事实的验证，前者告诉我们希望想听到的，而不在乎事实本身，所有的事实对我们来说都是被隐藏的。随着信息的增加，信息越多，事实离我们越远。人们对事件的反应远比人们对事件本身的关注大得多，这就是后真相：不关心真相本身而关心事件带来的效果、影响以及人们对事件的评价。

当代西方后现代主义哲学家早已指出了这种现象的存在，无论是福柯、德里达，还是利奥塔，他们都对后真相时代做出过预测。这表明人们关心的兴趣点已经发生了变化，不再关心事实本身，而更关心对事实的看法。这恰恰是苏格拉底当年批评雅典人的地方。在公元前五世纪，苏格拉底批评雅典人只沉溺于对各种意见的追逐，遗忘了对真理的要求，这是雅典人的悲剧。雅典的衰落正是因为当时的人们已经放弃了对事物本身的追问。柏拉图在苏格拉底工作的基础上，明确区分了意见和观念。然而，在今天，意见再次成为社会的主流，我们几乎都是意见分子，却没有人愿意追问事实真相和认识上的真理。

在这样的背景下，《牛津词典》在 2016 年宣布“后真相”成为当年年度词汇。《牛津词典》这样定义“后真相时代”：“输出情感和个人信念比陈述客观事实更能影响舆论的情况，在传播信息的过程中，真相有时变得不重要了，重要的是情感和观点。”这种现象已经成为当今社会的普遍现象和社会潮流，例如，特朗普的推特治国是当今社会发展的政治现实，只有政治家告诉人们自己的所想所做，他们才能得到支持，而我们所看到的和听到的不一定是事物的真相。如果缺少对事物进行反思和分析，如何判断一个事情的对错，能否用传统的标准衡量黑白、好坏、正义与非正义、善恶，这些都成为人们当下面临的问题。面对这个后真相时代，哲学研究遇到了更大的挑战。我们信奉的哲学理念是追求真理，真理就是真相，是事物的本质面目。但在后真相的时代，过去被认为应当被追求的东西变成了被模糊、被掩盖、被遮蔽的东西。在公共生活中，哲学的形象变成了一种反讽和自黑。

哲学家如何在后真相的时代发出自己的声音，表达自己的观念，法国当代哲学家做了很多工作。法国哲学家对事物真相的陈述方式，类似于古希腊人对于我们所描述的事实的揭露方式：不是直截了当地告诉我们事物是什么，而是通过一种媒介来揭示思想。思想不是直白地存在于陈述之中，而是存在于我们关于事件所有的理解过程之中。每一个理解包含了对事件的判断和重新构造，判断和重新构造在很大程度上体现了哲学家对事物的基本观点。对事物的认识程度，说明了他的理解程度，也说明了整个文明发展程度。这样，后真相时代的哲学就以这样的面目出现于社会大众面前：通常表达的哲学观念，不必像传统哲学那样一本正经地说出，而是可以“一本正经地胡说”；新技术带来的更为便捷地造假，使得我们对文本的真伪判断也变得更为困难；面对各种新奇的哲学概念，如何判断这些概念是否属于创新，也使得哲学家们无所适从；以另类事实的说辞掩盖自己说谎的事实。

我们知道，当我们给出另类事实，我们就要承担很大风险。因为所有的事实都可以被给出另类解释。面对不同的解释，或者面对关于事实的各种理由时，哲学研究正是需要从中做出恰当的选择。哲学研究能够通过对各种理由的分析，找出其中存在的问题，给出可被接受的理由，并当作事物发生的原因。例如，万有引力被看作是苹果落地的原因，但今天的科学则认为，仅用引力解释事物重量并非事物获得重量的根据。化学的发展让我们认识到，一个事物的构成单位或组成部分决定事物的性质不是通过可观察的物理作用，而是必须借助工具和手段。但这是否就意味着事物的本质是由工具和手段决定的呢？哲学家和科学家在这里产生了分歧。科学家认为，只能通过这种方式认识事物，通过仪器得到的东西，我们才能承认是客观实在的。然而，哲学家则更关心的是解释原理和解释方式能否被我们所接受。他们不关心解释的对象是什么，不关心世界是什么构成的，更关心的是，当我们解释世界是由什么构成时给出的理由能否成立。这样，我们就得到了不同的哲学理论，即使对同一个自然现象所给出的解释也可以有各种理论加以支持。这表明，哪一种解释可以被我们所接受，或者说，科学家所使用的概念和术语在多大程度上可以反映事物的真实面目，在这一点上，哲学家与科学家做着不同的事情。哲学家所做的事情类似于给出事实的另类解释，但这种另类解释不是完全放弃了对真相的追问，不是把真相本身完全抹杀，而是通过考察各种不同事物的不同方面，对事实做出不同分析，拼凑出相对完整的图景，让我们更好地理解这个世界。当然，至于哲学家们能否做到这一点，还存在很大争议。现象学家认为，我们并不知道事物的真相，只知道我们通过现象所能看见的事物的本象以意识活动介入的方式被呈现出来，也就是说，人的意识活动是以我们的主观方面做出的一种反应。这种主观意识活动在反应事物的时候，自身就会被带到对象的认识过程当中。这是对康德思想的回归。康德的伟大之处就在于，他最早揭示了，主体在认识对象时不是在描述对象，而是让对象如何满足主体的要求。从这个分析中可以看出，今天的哲学研究依然没有摆脱传统哲学家为我们提出的问题。然而，我们的哲学研究方式和面对的哲学研究对象已经发生了变化，我们需要根据这种变化调整哲学研究的基本内容。

3. 对历史文本的重新解构

如今哲学研究面临的一个重要挑战是，文本的重新发现以及对哲学著作的重新解读，使得哲学研究逐渐变成了一种解释学工作。这里的解释学是指，几乎所有的哲学理论都是建构在我们对哲学文本的解读之上，我们不可能完全抛开文本做自我解读，因为自我解读是自己的思想发挥，不能作为历史的研究，而真正的文本解读是一种历史的方法，就是对文本的历史考察，给出或者揭示出历史的真实含义。但是，这里会出现很多困难，因为对任何文本的解读都会面临解释的主体与文本客体之间的关系问题。

福柯在《词与物》中明确给出了16、17世纪的西方哲学史全新的解释方式，与我们以往接受的德国古典哲学对历史的解释完全不同，也包括与我们今天所接受的对16、17世纪对西方哲学史的理解是完全不同的。在传统的解释中，我们一直把主客的关系，思维与存在的关系作为整个近代哲学的核心。而在福柯的解释中，这种对立被消解掉了，不存在绝对的客体，不存在所谓可以被人类主体认识的对象，所有对象都存在于主体之中，使得主体根据自己的选择而对对象加以判断。当我们把文本当作对象时，这个文本对象在很大程度上取决于解释主体如何介入到文本之中。解读方式与别人的不同不是在于所面对的文本不同，而恰恰是因为解释的维度不同；这种不同的解释维度导致了主体的构成，实际上，主体最后被消解掉了，没有主体存在。如果不存在解释主体，就变成了我们现在所知道的费耶阿本德所说的“怎么都行”，我们根据社会的、文化的、政治的语境（context），来对我们所面对的任何一个文本作出新的解构。这个过程很复杂，这个时候面对的不是文本，文本已经被消解掉，我们所面对的是文字背后向我们呈现出的问题，这些问题是最核心的。所以，今天的哲学家们越来越把文本的解构当作重要工作，通过解构使得原有的文本不再在解读当中占有核心地位，甚至解释主体本身不再有核心地位。所以，需要的是不同的主体对相同的文本所呈现出来的一些核心问题产生兴趣，形成共识，哲学正是在这个基础上得到发展。

围绕文本解释问题，国内哲学界始终纠缠于“我注六经”或“六经注我”之间。其实，无论是何种关系，我们都需要理解以下两种基本方式：第一，是以象牙塔的方式还是扶手椅的方式从事哲学研究。象牙塔的方式是“躲进小楼成一统”，满足于对已有文本的解释；扶手椅的工作则试图让思想得到很好理解，让观念得到更好表达。在这种意义上，象牙塔方式就是一种考古学和博物学的方式，而扶手椅则是一种精确科学的方式，即哲学不是作故纸堆研究，而是作为一种能被人们接受的哲学观念的传达，这种哲学观念在很大程度上满足了人们普遍的认知。如果哲学不能让人们普遍理解，就只能回到故纸堆里，进入历史的程序；如果能够被人们理解，就会生发出新的话题，成为当今社会共同接受的哲学观念。这是两个完全不同的选项，但唯有第二种能真正发挥历史作用，同时对现实社会具有深远影响。第二，独善其身还是兼济天下的问题。在现代社会发展中，面临来自各方面的挑战，每一个学者都有强大压力，学生也有就业压力、升职压力、学术压力，因而难以做到兼济天下。然而，在如此强大的压力下，没有兼济天下的胸怀，也难以做到独善其身。因为哲学有两个基本性格，一是开放的心态，对任何事情不拒绝，对与自己的信念格格不入的东西不采取排斥的态度；二是自由的品格，哲学不设定对象，没有固定的范围，甚至可以向未来的人类说话。但这里的自由不是绝对的，而是有条件的，即用理性的分析方法来处理面对的对象，以说理作为哲学研究的基本方式，以推理作为哲学讨论的主要根据，自由恰恰体现在推理和说理之中。

三　西方哲学研究中的热点问题

根据当代社会和科学发展的现状，哲学研究面临着重大的挑战，而哲学面临的挑战恰恰是哲学的发展之处。从目前西方哲学研究中，我们可以看到其中的热点问题主要包括以下几个部分。

1. 科技的发展与人类未来的关系

人类发展到今天，我们要考虑更长远的时代人类可能面临的问题，因为今天面临的问题是以往人类留下的，所以我们今天要为后代留下什么的问题应该是我们首先需要考虑的问题。时间一直在流逝，如果我们的问题意识，我们对人类自身的思考不到位，人类就只能按部就班地按照过去已然为我们设定的方式去行动和生活，那么人类就变成了一群动物，只能够循规蹈矩地做相同的事情。但是人总是要改变、创新、发现新的问题、新的兴趣、新的对象，所有这些新东西是人类要考虑的问题。哲学的一个重要功能就是它的前瞻性、预见性。哲学应当对未来的人类的发展将面对什么样的问题提出反思，并且对这些反思给出自己的解决方案。面对未来的问题，比如人工智能对哲学研究的挑战，包括人工智能伦理学问题、机器思维是否可能的问题、自由意志问题、对意识的研究，等等，这些都已经成为哲学家们普遍关注的重要问题。

所谓“人工智能伦理学”并非突出人工智能的伦理价值或智能机器可能具有的伦理规范要求，而是人类在人工智能产品的研究中所应当遵守的伦理规范，以及人工智能产品可能会对人类伦理带来的威胁和挑战。在这方面，西方哲学家们已经做了大量研究工作，提出了许多具有启发意义的理论观点。① 人工智能伦理学通常被看作机器伦理的组成部分，后者被分为两个主要内容：一个是有关机器人的伦理（roboethics），这关心的是人类以自身方式设计、构造和利用人工智能存在物时人类的道德行为；另一个是机器伦理（machine ethics），这关心的是人工道德主体的道德行为。② 前者涉及的重要问题包括机器人的权利、机器人对人类尊严的威胁、机器设计的透明性和开放资源等，后者涉及的重要问题包括人工智能产品的武器化、非意图的后果、人工道德主体的组织形式等。所有这些问题都最终涉及人类自身的存在问题以及人类社会的价值问题。

又如，对于科学家而言，机器思维已经不是一个疑难；如果按照今天所理解的对思维的定义而言，思维是一套可以完成的推理的理智活动，机器思维早已实现，而且机器的思维比人类更加缜密、精细和全面。然而，哲学家提出的问题是，人类思维并非完全等同于推理思维，推理思维只是智能思维的一部分，是比较高级的智能思维的一部分。人类的许多思维活动还有许多非推理思维。因为有非推理思维存在，人类可以不按照推理的方式得出结论，所以人们可以做出自由选择，而选择的过程就是不断摆脱原有习惯性推理思维。我们今天所说的创新概念，也是打破原有的思维模式，这就意味着打破传统的理智思维模式。从莫拉维克悖论中我们可以看到，人类思维的最高级推理

---

① Boyles, Robert James M. (2017). "Philosophical Signposts for Artificial Moral Agent Frameworks". *Suri.* 6 (2): 92 – 109.

② 相关文献参见 Sheliazhenko, Yurii (2017). "Artificial Personal Autonomy and Concept of Robot Rights". *European journal of law and political sciences*; Anderson, Michael and Anderson, Susan Leigh, eds. (2011). *Machine Ethics.* Cambridge University Press; Wallach, Wendell and Allen, Colin (2008). *Moral Machines: Teaching Robots Right from Wrong.* Oxford University Press。

能力在机器模仿方面的确可以超过人类的智能水平，但在人类最本能的理智能力方面则表现出机器模仿的幼稚无能。[①] 人类的思维方式具有巨大的潜能，不仅表现在可以做出一般的推理活动，更多表现在我们对外部世界的反应可以采用某些不是根据推理，甚至不是根据非推理形式得到的结果。的确，机器无论如何模拟最为复杂的人类推理活动，但都无法模拟儿童的出自本能的活动。儿童的行为经常是非常意外的，永远在说让成人意想不到的话，儿童有脱离我们常规思维的做法，这是人的天性使然。这里涉及人类的自由意志问题。

当代人工智能的发展引发了人们对机器是否可能具有自由意志问题的极大关注。由于自由意志是人类区别于动物思维和活动重要标志之一，人们对自由意志是否可以用于解释机器思维和活动提出了针锋相对的看法，在科学界和哲学界都形成了两种截然不同观点的对立。美国斯坦福大学计算机教授，也是人工智能的开创者之一的麦卡锡（John McCarthy）是科学界支持机器可以具有自由意志这个观点的主要代表。他在2000年发表的具有广泛影响的文章《甚至机器人也有自由意志》中表示："人类的自由意志是进化的产物，有助于人类动物的成功。有用的机器人也需要类似的自由意志，我们必须将其设计成它们。自由意志不是一个全有或全无的事情。有些行动者比其他行动者有更多自由意志或不同种类的自由意志，我们将尝试分析这种现象。我们的目标主要是技术上的，即研究自由意志的哪些方面可以使机器人更有用，我们不会试图安慰那些发现决定论令人痛苦的人。我们区分了做出选择和意识到这些选择；两者都很重要，即使对于机器人而言，选择意识需要行动者更多的结构，而不仅仅是做出选择，这对机器人来说很重要。因此，自由意志的意识不仅仅是为其他目的服务的结构的附带现象。"[②] 但更多的科学家则接受了相反的观点。他们认为，科学研究已经证明，人类的活动本身就不具有自由意志。美

---

① Moravec, H. (1988). *Mind Children*, Cambridge, Mass.: Harvard University Press.

② McCarthy, John, (2000). "Free will - even for robots", *Journal of Experimental & Theoretical Artificial*. 12: 341 - 352.

国生理学家李贝特（Benjamin Libet）在20世纪80年代的著名实验表明，在受试移动手之前，电活动会在人的大脑中积聚，这种积累发生在人们有意识地决定移动之前。决定采取行动的有意识的体验，我们通常与自由意志联系在一起，似乎是一个附加物，是在大脑已经开始行动之后发生的事件的事后重建。[①] 近几十年来，对大脑内部运作的研究有助于解决自然培育的争论并进一步打击了自由意志的观念。脑扫描仪使我们能够识别活人的头骨，揭示复杂的神经元网络，并让科学家们广泛认同这些网络是由基因和环境共同塑造的。但科学界也一致认为，神经元的激发决定了我们的思想，希望，记忆和梦想中的一些或大部分。当然，在哲学界，对通用人工智能（AGI）中创造自由意志的可能性也有积极的倡导者。他们认为，在人工主体中建立自由意志将使我们能够更好地理解人性。这是一个公平的假设，即自由意志将使人工存在物能够将其智力发展到更高的水平，从而更好地为人们服务。确定的行动者或智能系统只是简单地在现有规则上创建自己的规则，而不能偏离它们或做出随机决策，从而无法获得自己的个人和原始理解。从这个意义上讲，可以阻止人工智能获取智慧，即知道如何使用知识。而且，这将使我们有机会在与新物种关系中把自己定义为人类。[②] 虽然如此，但更多的哲学家则对人工智能具有自由意志持有否定态度。他们认为，让人工智能具有自由意志，这本身就是一个巨大的错误。[③] 还有哲学家指出，人类拥有自由意志而人工智能永远不可能获得，这是人机之间的绝对界限。进而，人类是真正时间性的存在，而机器永远不可能存在于整体的时间中。因此，存在于整体

---

① Libet, Benjamin; Gleason, Curtis A.; Wright, Elwood W.; Pearl, Dennis K. (1983). Time of Conscious Intention to Act in Relation to Onset of Cerebral Activity (Readiness-Potential) - The Unconscious Initiation of a Freely Voluntary Act, *Brain.* 106: 623.

② Krausová, Alžbêta & Hazan, Hananel. (2013). Creating Free Will in Artificial Intelligence, Beyond AI: Artificial Golem Intelligence, *Proceedings of the International Conference.* pp. 96 – 109.

③ Bryson JJ, Kime PP (2011). Just an artifact: why machines are perceived as moral agents, *Proceedings of the twenty-second international joint conference on artificial intelligence.* Vol 2. AAAI Press, pp. 1641 – 1646.

时间性之中的人类因其自由意志而拥有宗教信仰，这是人工智能无法比拟的，也因此而无法消除宗教。① 这些都直接导致了当代哲学研究与科学技术发展之间的直接冲突，这既是哲学对科学发展的及时反应，也是哲学对科学技术成就的理性反思。

2. 社会构成方式与人类行为方式的变化

现代科学的发展带来了人类社会生活方式的变化，同时，智能生活也对人类行为方式的改变带来了重要影响，社会的发展和科学的变化导致了人们行为方式发生了变化。在经验层面上，我们明显感受到人类活动的半径大大缩小了，导致了许多可见和不可见的结果。可见的结果是使得社会的形态发生了变化，不可见的是人与人之间的关系发生了变化。现代智能产品在给人们的生活带来越来越大的便利的同时，也对人类传统的存在方式和生活方式提出了巨大挑战。从卫星导航定位系统（GPS）到汽车自动驾驶技术，从计算机人工输入程序到人机对话技术，从地球勘探到宇际航行，所有这些变化正在逐渐形成新的社会生活模式和人类行为模式。哲学研究应当反思这些变化，从历史和逻辑两个方面探索现代科学技术的发展和社会形态的变化对人类存在方式和行为方式带来的深刻影响。例如，现代计算机科学和网络技术对人类生活带来的影响已经改变了人类的生存方式，由此引起的社会、法律和伦理问题使得哲学家们不得不去面对这些挑战。② 传统哲学的主客体对立观念被主客体的一体化方式所取代；在一切被看作具有二元对立的问题领域中都被一元论的方法论所取代；追求确定真理和知识的哲学研究如何面对科技发展所带来的更为不确定的社会生活的变化，这是当代哲学家们试图努力回应的重要问题。

---

① 蔡恒进、张祥龙、黄裕生：《人工智能时代的理性、道德与信仰》，《南国学术》2018 年第 3 期，第 356—365 页。

② Baase, S. (2008), *A Gift of Fire: Social, Legal, and Ethical Issues for Computing and the Internet*, Englewood Cliffs, NJ: Prentice Hall; Lin, P., K. Abney, and R. Jenkins (2017). *Robot Ethics 2.0: From Autonomous Cars to Artificial Intelligence*, Oxford: Oxford University Press.

现代社会变化所带来的不仅是人类行为方式的改变，更是社会组织形式和管理形式的改变。这些改变特别表现在，当代社会的组织架构和运行机制已经从原有的相对固定的组织形式和运行模式，转变为更加灵活和具有适应性的应对机制和针对具体事件的组织模式。这些改变使得社会管理和政府管理更加适应社会的变化，满足社会快速发展的特定要求。当代科学技术带来的通讯、交通等空间活动上的更多便利，也使得传统的管理模式发生了改变，特别是在政治体制和社会发展模式等方面出现了前所未有的革命，人类的自我管理进入了一个新的历史阶段。这些都会并已经在当今哲学研究中形成了巨大的讨论空间，哲学家们对当代政治哲学的探索比以往任何时代都要全面和深入。这种探索已经不再限于对具体社会构成方式的讨论，而是突出人类主体对人类未来的作用，突出人类共有的普遍价值与特殊社会组织的认知观念之间的矛盾冲突和解决方案。更为重要的在于，人类社会的管理方式在运用科学技术最新成就与保持人类自身存在价值之间的冲突，始终是哲学家们关心的核心问题。这些都是当代哲学研究面临的重要话题。

3. 人工智能与人类尊严

据了解，进入 21 世纪以来，欧盟每年都要资助大量的人文社会科学研究课题。英国掌管艺术和人文科学研究事宜的理事会从 2009 年起的五年内，投资近两亿英镑，支持 6000 多个硕士和博士学位，以促进这一领域的发展。2019 年 6 月 19 日，牛津大学公布了最新获得的具有变革意义的捐赠，将改变牛津教学、研究以及与全世界分享人文学科的方式。新获赠的 1.5 亿英镑基金将用于创建苏世民中心（Schwarzman Centre）。牛津大学新成立的人工智能伦理研究所（Institute for Ethics in AI）也将位于苏世民中心内，依靠大学世界顶级的人文学科研究实力，引领人工智能及其他新兴计算机科技的伦理影响的研究。人们已经充分认识到，未来科学的发展可能会构成对人类尊严的严重挑战。这里的人类尊严不仅是指人类在自然面前所坚持的独立自主，更是在人类自我创造的第二自然面前所表现出的永不放弃。在科技日益昌盛的今天，人类的第二自然就是由新技术带来的人工智能产品所构成的自然，是人类无法抗拒的、逐渐依赖于此的人工存在物。因此，如何在这种第二自然面前依然保持人类自身的尊严，就成为哲学家们必须关注的热点问题。

在大自然面前，人类没有可能完全与之对抗，我们唯一能做的是在保全自我的情况下与自然和谐相处，在遵守自然的前提下保障人类的生活免受影响。我们不能违背自然的规律，在违背自然的情况下善良的愿望会导致一个糟糕的结果。例如，人类会采用技术手段改变自然环境，如修建大坝和核电站、改变自然物种基因，或者制造人为物种等。然而，我们在改变一个自然环境时就会导致另一个自然现象的发生，自然的力量远远比补救的措施更大，而导致的结果就是人类的灾害。人类尊严在第二自然面前的丧失，尤其表现在大数据统计和分析的前面。今天的科学技术发展结果让每个人都变成了透明体，个人资料、历史数据、网上购买信息、浏览页面，甚至私人对话都无法逃脱网络的监控。这里丧失的不仅是个人的尊严，更是人类整体的尊严。这特别表现在被用于信用支付的数据分析和被用于社会监控的人脸识别技术。早在20世纪50年代，奥威尔的《1984》和布拉伯雷的《华氏451度》等反乌托邦色彩的文学作品就向我们预示了在完全没有隐私的社会中人类生存的困境。而哈耶克、阿伦特等哲学家所反对的极权主义政治模式也向我们昭示了，一个没有个人自由的社会是如何丧失了人类的尊严。

当代哲学家们对人类尊严的严重关切，特别明显地表现在生命伦理学领域。最近发生的基因编辑事件，透露了人类尊严或许是在个人完全不知情的情况下丧失的，而这种丧失不仅是个人的尊严和权利，更是人类整体的尊严和权利。基因编辑就是一种在不知情的情况下，对人的基因序列作出全新编辑，打破原有序列，这是对自然界本身的一种伤害。基因编辑导致的结果，使得人类不再是人类，不是自然生存的人类，而是人工制造的人类。人工制造意味着所有的基因活动都是可以操控的，人的机体部分可以更换。基因编辑说明，人是可以受控的，我们可以操控一个经过特殊基因编辑的人。或许有人会说，基因编辑不过是为了消除特定的疾病，是为了人类健康服务的。然而，这种善良愿望完全有可能被利用，为了某种特殊的目的制造一种基因，植入人的生长阶段，制造出具有某种特殊基因的人，导致社会的恶果。因此，在生命科学领域，必须加强伦理学的指导，否则就会给人类带来巨大的灾难。

4. 政治哲学与政治生活之关系

社会生活是一个复杂的机理，并不是个人所能支配的，这里要讨论的是关于政治哲学和政治生活的关系，特别是关于公平正义原则、共和主义、全球正义以及如何成为世界公民的问题。最近看到哈贝马斯有一个访谈，他一直坚持一种老式的哲学观念，坚持康德理性主义，反对现代的社会变化。① 其实，很多当代的政治哲学家坚持的基本原则，是面对这个社会的挑战，考虑应该如何处理问题，而不是回避问题。例如，美国耶鲁大学托马斯·博格（Thomas Pogge）教授是著名的政治哲学家，专门讨论世界贫穷问题和全球正义等问题，试图通过对当代政治生活中的具体问题的分析，提出哲学家对这个社会发展所能贡献的重要理念。② 再如，共和主义也是当代政治哲学的一个重要观念，符合我们所说的大同主义思想，世界一家，天下大同，全球化的过程就是为了实现天下大同。但这里涉及的许多具体问题都与哲学问题相关，如果没有哲学家的介入，天下大同只能流于政治家的口号，而不能成为可证实的或者可论证的话题。③ 这里涉及全球正义的问题以及共和主义的问题，这些都会使我们面临许多困境。当代许

---

① Habermas, Jurgen (2013). *The Crisis of the European Union: A Response*, Cambridge: Polity.

② Pogge, Thomas (2002). *World Poverty and Human Rights*, Cambridge: Polity.

③ Appiah, Kwame A. (2006). *Cosmopolitanism: Ethics in a World of Strangers.* New York: W. W. Norton.

多政治哲学家们研究的许多问题都与当今社会的发展密切相关，直接切入社会，而不是简单的学理性的讨论。罗尔斯的《正义论》是理想化的哲学，他只是给出了正义的基本原则和推理框架。今天的哲学家已经远远超出了罗尔斯，不简单满足于对传统哲学家思想的研究，而更加关注现在的政治问题。[①] 所以，关于公平正义的观念，关于全球正义的问题，都是当今哲学关注的话题。

5. 规范性与规范伦理学问题

规范性问题是西方哲学界近年来讨论比较多的话题，即如何在规范性的基础上设定伦理学，现代伦理学处于多重选择的十字路口。一部分伦理学家认为，现代伦理学只有一种，即应用伦理学。因为把伦理学仅仅解读为伦理学理论是过去的事情，从古代的德性论、近代义务论、近现代功利主义、到现代的德性论，所有这些理论在这些理论学家看来只是过去的观念，并不能解决当下实际的伦理道德问题。[②] 另一部分伦理学家认为，伦理学首先要确立原则，伦理原则是讨论具体问题的出发点，如果不坚持伦理原则，那么伦理的讨论就没有意义了。[③] 大家可以持有自己不同的哲学理念与伦理的标准，但在面对共同的伦理难题时，如何解决呢？或者，如何克服我们所知道的伦理悖论（如电车、囚徒）呢？一定有共同的标准，在我们面临这样的悖论时可以给出解决方案。因此，哲学家认为我们需要规范性，而规范恰恰是为了满足我们道德讨论的出发点，但是，这种规范性在现代的政治生活中面临巨大的冲突，即国家治理、德性政治。如何定义德性，这里的德性是指“virtue”，而不是“moral”“morality”，不是道

① Nussbaum, Martha (2006). *Frontiers of Justice.* Cambridge, Massachusetts: Harvard University Press.

② Foot, Philippa. (2009). Morality as a System of Hypothetical Imperatives. In S. M. Cahn, & P. Markie, *Ethics: History, Theory, and Contemporary Issues.* New York: Oxford University Press.

③ Korsgaard, Christine (1996). *The Sources of Normativity.* New York: Cambridge University Press.

德标准，而是做一件事情如何至善至美。好的政治家就是在国家治理方面完美，而不要求其在道德上有至高权和优先权。一个好人不一定能当政治家，但一个政治家不要求其成为好人，这是当代政治的基本原则。事实上，在现实生活中，当我们要求“德性”时，并不是要求符合更高的道德标准，而仅仅是符合社会的公序良俗、社会规范（norm）。规范性概念才是我们追求的目标，应该满足的是规范性要求而不是道德要求（morality）。[①]

在当代哲学中，究竟是要规范伦理学还是要德性伦理学，引起了哲学家们的极大争议。按照规范伦理学的要求，一切道德主张都应当具有规范解释力量，能够实现伦理学指导人类生活和现实社会的目标。这的确是现代伦理学的基本要求，也是元伦理学研究所要达到的主要目的。但由于规范性伦理学强调了规范性在社会生活中的指导作用，忽略了对社会中个人道德品质的要求，特别是把个人的道德要求归约为社会的规范准则，这会对个人的自由权利带来道德制约。因而，德性伦理学则更强调在尊重个人德性的基础上追问道德的准则，把社会的规范要求还原为对个人的德性要求。德性伦理学在哲学立场上更接近一种自然主义本体论，注重对事物的自然能力的了解，特别是对行动者能力的考察，通过辨析行动者的各种能力及其作用结果，确定德性在伦理学研究中的核心地位。事实上，在当代西方哲学中，对德性能力的考察已经不限于伦理学领域，更多地延伸到了认识论、方法论以及形而上学领域，特别是在政治哲学领域得到广泛运用。

6. 哲学传统中的确定性思维模式与当代哲学对不确定性的追问

哲学对不确定性的追问，满足的是对现代社会变化的要求。社会的发展变化有着惊人的历史相似性。虽然我们今天生活在21世纪，但我们今天的想法与古代人是一样的。哲学是对人性的揭示，几千年来，除了时代和社会环境发生变化以外，人性没有根本的变化。所

① Parfit, Derek (2011 - 2017), *On What Matters.* 3 vols., Oxford University Press.

以，我们需要了解古人是如何讨论人性的，作为参照系来面对我们今天社会的变化，这是哲学要做的重要工作。但是，以往的哲学研究基本上都是把确定性作为研究的主要目的，也就是追问本质、规律、真理、事实，等等。虽然我们在讨论这些概念时会赋予它们不确定性的内容，但这些概念本身似乎都是确定的。因为我们总是在追问可以把握的东西，可把握的才是可了解的，并且构成我们的知识内容。知识是通过各种不同的定义组合的系统。定义是我们对对象所构成的比较确定的认识内容，这些确定的认识内容意味着我们可以通过确定的方式把握对象。这就是传统哲学中追问确定性的思维模式。

然而，如今的社会变化、科学技术的发展以及自然本身的变化，导致我们很难用传统哲学的这种思维模式认识今天的对象。我们面对的对象变了，所以人的认识方式也要随之发生变化。我们不能仅仅满足像过去一样按照确定性的方式理解事物，而是要追问不确定性到底是如何发生的，或者如何通过不确定的方式追问我们以为可以确定把握的事实。当代哲学研究在这方面做了大量尝试。例如，哲学家们对哲学传统做出了重新反思和评价，从亚里士多德到笛卡尔、康德和黑格尔，这些哲学家的思想都在当代哲学的视野中得到了重新认识，特别是把这些哲学思想与当代哲学所面对的问题相结合，形成了许多新的理论解释。这从西方哲学界重新编辑的《亚里士多德全集》和《康德著作全集》以及各出版社推出的这些哲学家研究指南中就可以看到这一点。同样，当代法国哲学也有很多对这方面的讨论，他们提出的对哲学史的解构，包括关心哲学进入生活的不同方式以及灰色的本体论等，都凸显了法国哲学家们对不确定生活的描述和刻画，并希望通过对这些不确定性的了解而真实地感受当代社会的变化给哲学研究带来的重要启发。① 而实用主义研究在很大程度上也为当代研究不确定性哲学提供了帮助，从行动和实践智慧的角度，从认识论切入方法论，就

① Hutchens, B. C. (2013). *Jean-Luc Nancy and the Future of Philosophy*. Acumen Publishing; Nancy, Jean-Luc (2014). *Being Nude. The Skin of Images*. New York: Fordham University Press; Marion, Jean-Luc (2015). *Negative Certainties*. University of Chicago Press.

变成了新旧实用主义的重要区别。[①] 在对非确定性问题的研究中，当代法国哲学和美国实用主义哲学的确是重要的思想资源，可以帮助我们更好地理解西方哲学家们对当代社会变化形成的系统性的哲学反思，特别是在哲学方法论上提出了许多重要的具有启发性思想。

7. 认知科学的哲学研究

在当代西方哲学中，认知科学哲学被看作是最具有创新和时代特征的研究领域，取得了许多重要成果，也在一定意义上规定了哲学的未来发展方向。在这个领域中的研究主要分为三个重要组成部分：第一部分是从传统科学哲学研究到认知科学哲学的转向。传统科学哲学更多的是一种理论哲学研究模式，从科学理论的解释和建构出发，形成对科学理论的一般理解。虽然这样的研究也需要依赖当时自然科学的成就，但基本上是对自然科学的解释性工作。但认知科学则是一种完全交叉性的研究领域，哲学研究只是这个研究领域中一部分内容，她需要与认知科学中的其他领域内容的结合，利用神经科学、语言学、心理学、人类学以及计算机科学等研究成果，重新解释人类认知活动的机制和性质。这样，认知科学哲学就不是一种传统意义上的科学哲学，不是对自然科学研究成就的哲学解释，而是对自然科学研究的哲学介入，是对与自然科学研究的相同对象的哲学研究。由此出现的实验哲学，正是这种研究的自然结果。[②] 第二部分是强调，认知科学哲学研究采用的是理论建构与现象描述相结合的方式，在交叉学科

---

① Putnam, Hilary & Ruth Anna (2017). *Pragmatism as a Way of Life: The Lasting Legacy of William James and John Dewey.* Boston, MA: Harvard University Press.

② 国际著名哲学期刊《综合》在 2018 年第 12 期发表了神经科学及其哲学的专刊 (Special Issue on Neuroscience and Its Philosophy. edited by Gualtiero Piccinini, *Synthese*, December 2018, Issue 12, Pages 5115 – 5594)，该杂志还在 2016—2018 年多次出版特刊，发表了大量关于认知科学哲学的重要论文。其他文献参见 Jutta Schickore, (2019). The Structure and Function of Experimental Control in the Life Sciences. *Philosophy of Science*, Volume 86, Number 2; Appiah, Kwame Anthony, (2008). *Experiments in Ethics.* Cambridge, MA: Harvard University Press; Deutsch, Max Emil, (2015). *The Myth of the Intuitive: Experimental Philosophy and Philosophical Method.* Cambridge, MA: MIT Press。

领域以合作者的身份出现。哲学研究对自然科学的研究实现了从“向导”到“合作”、从“分析”到“行动”、从“具身”到“生成”的身份转换。在认知科学发展到第二代后，哲学家们把4E + S的观念（具身性Embodied，嵌入性Embedded，生成性Enacted，延展性Extended，情景性Situated）直接切入传统的现象学研究，甚至是佛学研究，将传统哲学研究领域中的重要问题结合起来。[①] 第三部分是关于认知科学研究中的哲学问题，包括意识、知觉、记忆、因果关系、决定论、自由意志等。其中有些虽然是传统哲学中的重要问题，但都在新的视野和认识框架内做了重新讨论。例如，布洛克、卡特雷斯、阿维·诺伊等人对意识和知觉问题的讨论，改变了传统的解释模式，把意识活动理解为现象与取用相区分的方式，把知觉理解为身体与对象结合的一体方式等。[②] 目前为止，当代西方哲学家们在认知科学哲学领域的讨论依然非常热烈，还有各种理论观点层出不穷地出现，引领着当代哲学的研究方向。

8. 形而上学和本体论研究的现代形态

形而上学研究始终是西方哲学研究中的重要组成部分，在一定意义上是西方哲学研究的基础部分。虽然形而上学问题本身亘古不变，但在每个历史时代，形而上学研究都有不同的内容。如今的形而上学研究通常包括这样三个方面的内容：一是对人类存在的本体论解释；二是自然科学研究中的形而上学问题；三是社会存在的形而上学重构。围绕人类存在的本体论解释，哲学家们主要对关于存在的宗教现象学、认知性的存在方式以及上帝的信念等提出了许多新的思想主

---

① Cappuccio, Massimiliano & Froese, Tom (Eds.), (2014). *Enactive Cognition at the Edge of Sense-making.* Palgrave Macmillan; Noé, Alva, (2012). *Varieties of Presence.* Cambridge, MA: Harvard University Press.

② Block, N. (2007). Consciousness, Accessibility and the mesh between psychology and neuroscience. *Behavioral and Brain Sciences* 30: 481 – 548; Carruthers, P. (2000). *Phenomenal Consciousness.* Cambridge: Cambridge University Press; Noé, Alva, (2004). *Action in Perception.* Cambridge, MA: MIT Press.

张，如布鲁克对宗教现象学的本体论解释、哈曼对海德格尔关于对象的形而上学的解释以及普兰廷加的有保证的基督信仰理论等。① 围绕自然科学研究中的形而上学问题，哲学家们更多关注的是有关科学中的形而上学，包括时空问题、进化与突现问题、心脑问题以及宇宙论问题等。② 围绕社会存在的形而上学重构问题，哲学家们关心的是集体意识问题、社会本体论以及社会科学中的形而上学问题，包括女性主义的形而上学等问题。③ 所有这些问题都显示了当代哲学家们在现代科学发展和社会发生重大变化的今天依然关注到形而上学问题的价值，并从科学和社会发展中提出对当代人类具有根本意义的形而上学问题。这些问题所涉及的领域和范围极其广泛，包括人类存在和社会生活的各个方面，形成了当代哲学研究中的重要组成部分。

当然，以上对这八个问题的分析并没有（也不可能）包括当代西方哲学研究的全部内容。其中不免挂一漏万，概括也未必完全准确。但我们希望通过对这些问题的讨论，向大家表明当代西方哲学研究所关注的重点，特别是要注意到当代哲学与以往哲学研究之间的重要区别。只有站在当代哲学的立场，我们才能对当代科学和社会发展所提出的问题给予符合时代特点的回答，也才能对当代哲学的时代特征有更为清楚的认识。

---

① Brook, Angus, (2009). *A Phenomenology of Religion: An ontological interpretation of being human.* Germany: VDM Verlag; Harman, Graham, (2002). *Tool-Being: Heidegger and the Metaphysics of Objects.* Open Court; Plantinga, Alvin, (2000). *Warranted Christian Belief.* Oxford University Press.

② Drewery, Alice, ed., (2006). *Metaphysics in Sciences.* Oxford: Blackwell; Ellis, Brian, (2009). *The Metaphysics of Scientific Realism.* McGill-Queen's University Press; Loux, Michael, ed., (2001). *Metaphysics: Contemporary Readings.* London and New York: Routledge; Mumford, Stephen & Tugby, Matthew, ed., (2013). *Metaphysics and Science.* Oxford University Press.

③ Alcoff, L. (2006). *Visible Identities.* Oxford: Oxford University Press; Epstein, B., (2015). *The Ant Trap: Rebuilding the Foundations of the Social Sciences.* Oxford University Press; Haslanger, S., (2012). *Resisting Reality: Social Construction and Social Critique.* Oxford University Press; Mathiesen, K., (2005). *Collective Consciousness, in Phenomenology and Philosophy of Mind.* ed. David Woodruff Smith and Amie L. Thomasson, Oxford University Press.

四　哲学方法论的重新定位

最后，我们希望指出，当代哲学研究的一个重要关注点就是对哲学方法论的重新定位。在这里，哲学方法论不是简单地归结为逻辑上的要求，也不是对日常推理的哲学说明。事实上，哲学方法论在很大程度上被看作是一种道德推理，其中包括我们通常所说的批判性思维和直觉推理。逻辑学是批判性思维中的基础部分，但批判性思维还有更广泛的内容，特别是关于事实判断的概念以及常识与反常识的问题。的确，许多推理活动中充斥着大量的反常识推理、非常识推理，还有非线性思维也属于批判性思维的一部分。在道德推理中非常强调直觉，注重直觉在道德推理中的作用，这是当代哲学家们在著作中反复讨论的重要问题。例如，关于出生问题的悖论就构成了反常识的直觉推理的案例。这个悖论是说，每个人都是未经自己同意而被带到这个世界的，但每个人都应当为自己在这个世界上的行为承担责任。显然，这个悖论的前提是反常识的，但却是依靠直觉构成的推理形式。当代道德哲学、行动哲学、政治哲学等研究领域往往面临着大量的类似问题，如何用哲学方法论去解释这些问题，的确是哲学家们需要完成的重要工作。

当然，哲学方法论的重新定位还体现在研究视角的转换和观念表达方式的澄清上。维特根斯坦在《哲学研究》中提出的“综观视角”给当代哲学家们提供了很好的研究思路。[①] 这里的“综观视角”就是从整体上看到事物之间的相互联系，对事物的分析需要跳出事物本身的理解框架，从更为宏观的视域中去把握所分析的事物的存在方式和意义。当然，这种换位思考的方式不仅需要我们对所研究的对象有充分的了解，更需要有能够超越这个对象的能力。这并非每个研究者都

---

① Wittgenstein, Ludwig, (2009). *Philosophical Investigations.* Revised fourth edition by P. M. S. Hacker and Joachim Schulte, Oxford: Blackwell Publishing. §122.

能够做到的。当然，维特根斯坦也指出，即使我们无法做到这一点，我们也需要对所研究的对象有清晰的逻辑，也就是能够用清晰的观念去表达我们的理解。这里的清晰性不要求是逻辑上的严密，而是要求观念上的透彻，也就是能够把问题想清楚，说明白。这就要求，哲学能够从理性的角度，用分析的方法，对问题的概念加以澄清，最终达到对问题的整体把握。应当说，哲学的整体性思维远远高于片面的、零碎的、具体的对事物的详细分析，这种整体意识的观念是哲学特有的，哲学能够深刻理解事物的性质。而哲学研究的开放态度和自由程度，目的是为了更多了解事物的不同方面。不仅如此，哲学研究不仅作为一种学问，更作为一种生活方式，是每个人的一种内在要求，内在的哲学境界与外在的修行功夫相结合，必定成就哲学研究的最终目的。

（原载《山西大学学报》2019 年第 5 期，第 1—14 页）

十八　论人文学科在认知科学中的作用*

众所周知，今天没有一种共同接受的认知科学定义，正如没有一种统一的人文学科定义一样。在这种意义上，当今的学科分野出现了前所未有的相互冲突的情况：一方面，科学发展的精细化使得学科之间的分化成为必要条件，而这种学科分化又带来了不同学科之间的隔膜；另一方面，正是由于这种学科之间的分野，导致了面对复杂事物和现象，任何具体学科都无法单独实现对它们的认识和解释，因而需要不同学科之间的合作配合，这样又出现了许多跨学科的研究领域，出现了不同学科走向综合。认知科学正是在这种时代背景下产生的：由于认知科学是由不同学科共同从事的研究领域，因而，认知科学不存在一个统一的定义就是一种正常的现象了。

根据目前学界的共识，认知科学被看作由六个不同学科构成的，即神经科学、心理学、计算机科学、人类学、语言学和哲学。虽然不同认知科学家对这六个学科的界限划定不尽相同，但大致都包含了这些学科领域的基本研究内容。罗伯特·斯坦顿（Robert J. Stainton）在《认知科学的当代争论》前言中把认知科学分做四个分支领域：一、行为和脑科学，包括心理语言学、神经科学和认知心理学；二、

---

* 本文初稿是参加 2019 年 6 月 1—2 日在山西大学举行的“哲学、科学与社会的互动”国际学术研讨会上宣读的英文论文。感谢与会者对该文的评论意见。这里经作者补充修订。本文为国家社会科学基金重点项目“心理学哲学的当代解释与重建研究”（项目编号：17AZX002）阶段性成果之一。

社会科学，包括人类学和社会语言学；三、形式学科，包括逻辑学、计算机科学和人工智能；四、哲学的一部分，包括心灵哲学和语言哲学。在斯坦顿看来，认知科学的标志是它借鉴了所有分支的方法和结果，试图得到对心灵的全面理解。(Stainton, 2006, p. xiii) 在所有这些分支中，我们只能找到两个传统意义上的人文学科，即语言学和哲学，但也有其他两个学科使得语言学成为跨学科的研究领域，即社会学和心理学。从斯坦顿的划分看，我们可以发现自然科学在认知科学中是非常重要的。可以肯定的是，认知科学已经基于自然科学进行了分类，其形成是由实验科学构建的。这也就是我们通常认为认知科学属于自然科学的原因之一。也是基于这个原因，人们通常会把认知科学与人文学科看作相互对立的，甚至导致了在这些不同研究领域的科学家们与人文学者之间在关于认知科学的许多重要问题上发生相互冲突。但正如我们上面所看到的，由于其跨学科性质，认知科学已经涉及人文学科。因此，面对自然科学家和人文学者之间的争论，我们将提出这样一个问题：人文学科在认知科学中的作用是什么？或者人文学科对认知科学做出了什么贡献？在本文中，我将尝试通过分析认知科学中人文学科的不同方面来回答这个问题，特别是在理解人类心灵方面的哲学作用。最后，我想指出，认知科学和人文学科之间并没有明显的界限。

一　认知科学中的人文学科的不同面孔

上文指出，认知科学的自然科学倾向使得人们相信认知科学应当属于自然科学的一部分，虽然其中包含了人文学科的一些分支。的确，从某种意义上说，认知科学是操纵信息的方法和过程的跨学科研究领域。认知科学以自然科学为基础是自然而必要的，因为它是经验的和以实验为导向的。例如，在赫尔辛基大学，数字人文系认为，他们的认知科学研究是紧紧依托自然主义的研究方法：如心理生理实验、脑成像和刺激（脑电图，脑磁图，功能磁共振成像，经颅磁刺激）、数学建模和分析哲学。最后一个是基于理论和实验科学作为其数理逻辑和推理公式的研究模型，因此，人们普遍认为，它可以被归类为自然科学的一个分支，作为精确科学的方法论。英国爱丁堡大学提供认知科学硕士课程，如意识、形而上学、语言习得、计算神经科学、计算心灵、语言病理学，以及人类能动性和自由意志等。爱丁堡大学在介绍认知科学时指出，哲学家和科学家长期以来一直在思考人类心灵的本质和语言在构成人类心灵中的作用。最近在机器人、脑成像、人类学和语音技术等多种领域的发展，为探究理解我们自己的内部运作带来了许多新的视角。认知科学汇集了来自语言学、心理学、哲学、神经科学和计算机科学的学者。作为多学科交叉的认知科学试图理解人类大脑的能力，如推理、知觉、记忆、认知、情感、注意力、判断力、行动控制、语言使用以及它们之间的相互联系。认知科学使用诸如计算机建模、语言分析、哲学推理、机器人学、神经成像和心理学实验等方法。虽然对人类心灵的理解是复杂的并且存在于不同学科之中，但认知科学与其他学科的相互作用是讨论这一话题的最佳选择。

根据上面的解释，我们可以看到认知科学中人文学科的不同面孔。

首先，语言学和哲学是认知科学中人文学科的两门学科。众所周知，语言学有很多跨学科的学科，如神经语言学，心理语言学和社会语言学。这些学科以实验方法为中心。神经语言学作为语言学的一部分，是对大脑语言处理的跨学科研究，重点是在大脑某些部分受损后的口语处理。它也被称为神经系统的语言学。伊丽莎白·阿森（Elisabeth Ahlsén）在她的《神经语言学导论》中说，它研究的是涉及脑或脑功能任何方面的人类语言或交流（语音、听力、阅读、写作，或者非言语方式）。（Ahlsén，2006，pp. 3－4）伊迪丝·特拉格（Edith Trager）在1961年发表于《语言学研究》上的开创性文章中把神经语言学刻画为“跨学科研究的领域，而这个领域并不具有形式上的存在，它的主题是人的神经系统和语言之间的关系”（Trager，1961）。

从那时起，该研究领域得到了迅速发展。阿森在她的书中解释了神经语言学的这种跨学科性质。她说，“它的跨学科重点包括语言学、神经解剖学、神经学、神经生理学、哲学、心理学、精神病学、言语病理学和计算机科学领域。这些学科在神经语言学中被普遍使用，但其他一些学科也具有高度相关性，为神经语言学的理论、方法和发现做出了贡献。它们包括神经生物学、人类学、化学、认知科学和人工智能。因此，人文学科、医学、自然科学和社会科学以及技术【在这些科学中】都得到了表征。”（Ahlsén，2006，pp. 4 – 5）很明显，神经语言学在实验方法的语言研究中是非常有成效的。在这种意义上，神经语言学就是把语言置于神经系统中，观察神经系统在语言使用中的功能。语言的功能可以在神经系统的层面上得到理解。

心理语言学被视为一种研究语言的感知、生产和习得所涉及的心智能力的科学。因此，它被认为是语言的心理学，包括儿童的语言习得、潜在于成人理解和产生语音的心理过程、语言障碍等，它是心理因素对语言开发、利用和解释影响的研究。与神经语言学相比，心理语言学聚焦于心理活动对语言的外在影响，而神经语言学则聚焦于神经系统的内向功能对语言的影响。无论如何，它们是以不同方式和不同方法对语言的专门研究。相应地，社会语言学是研究语言在社会中的作用以及语言和社会因素之间的相互作用。在与神经语言学和心理语言学的联系中，社会语言学是一种社会研究而不是科学研究。我们可以在语言学的范畴下找出它们之间的关系。所有这些都是语言学的分支，但神经语言学和心理语言学关注语言功能的内在方面，社会语言学关注社会语言的外在方面。由此我们可以推断出，社会语言学具有社会科学的而非人文学科的某些特征。但语言是所有这些语言学分支的研究目标，而研究语言在社会中的形成和习得则相关于语言与社会的相互作用。因此，社会语言学也可以被视为人文学科的一部分，其目标是了解社会中的人类。在这种意义上，相比较于神经语言学和心理语言学，社会语言学更倾向于属于人文学科的研究领域。

其次，关于与认知科学相关的哲学，正如我们在上面所看到的，哲学中的分析方法被认为在方法论上与自然科学有相似之处，尤其是与数学和计算机科学等精确科学相似。作为人文学科的核心，哲学以不同的方式探索人性和人类语言的本质。形而上学中的思辨始终被视为哲学中的基本方法，它将哲学描述为与自然科学不同的一门学科。但是，在20世纪初，实验科学的兴起削弱了这种思辨方法。科学方面的所有成就都表明了科学方法在理解人类理性和语言中的意义。一些具有科学倾向的哲学家和具有哲学倾向的科学家在20世纪20年代联合起来，试图基于自然科学重建哲学。这就是维也纳学派及其盟友。他们的逻辑经验主义旨在解释20世纪初科学发现的哲学意义。那是一个奇妙的时代，大多数突破性发现都是由科学家们完成的，而新的发明也是如此。这些科学发现和技术发明改变了人们对世界的看法，激发了哲学家们以不同于传统的方式处理哲学问题。但是，在一些哲学家看来，哲学在本质上不同于科学，它可以使用纯粹的推理来获得关于实在、道德的绝对确定的知识，但从来没有人成功地形成一套无懈可击的回答。然而，自从20世纪20年代以来，物理主义和自然主义在哲学研究中逐渐占领了主导地位。正如保罗·塔加德（Paul Thagard）在《心理学哲学和认知科学手册》的导言中所说（Thagard，pp. x－xi），自然主义并没有宣布哲学可以还原为科学，因为关于知识、实在和道德的哲学问题都比自然科学中研究的具体问题更为普遍，更具有规范性。哲学问题更为普遍，是因为它们不涉及具体科学考察的实体和过程，如生物学研究植物和动物；相反，它们涉及存在的一般性质和我们对它的认识。此外，哲学问题不同于科学问题的一个重要区别在于，它们更具有规范性而不是描述性，即它们总是关心这个世界应当是什么，而不是追问这个世界究竟是什么。尽管它们具有普遍性和规范性，但哲学问题与描述性的科学问题依然密切相关。通过考虑哲学的三个主要分支：认识论，形而上学和伦理学，我们可以更好地看出这种联系。认识论即知识理论，询问人们是否知道、知道什么以及如何知道。它经常以先验的方式进行，独立于任何日常的或科学的经验，但从来没有先验地建立任何先验真理。一种更自然的认识论方法是通过把认识论置于人类心灵和社会之中而通过心理学的实证方法和其他认知科学，考察人类知识的结构和增长。虽然科学没有直接解决关于我们是否知道以及我们应当如何获得知识，但心理学的确提供了许多关于我们所知的心理结构和获取知识的心理过程的理论和实验证据，从直接的知觉到高阶的推理。如果认识论不了解心灵是如何工作的，那么它就是盲目的，误导的和毫无意义的。同样，形而上学的探索，即关于实在的理论，最好与科学发展密切相关。形而上学问题涉及各种实体的存在和性质，诸如心灵、概念、物质对象和数字。先验推理在形而上学中如同在认识论中一样，无果而终，但自然主义哲学则以形而上学和科学为联盟，提供追求存在问题的更有前途的方法。例如，任何关于他心的假设都可以通过心理学实验来评估人脑中相同的活动结构。所有其他形而上学问题，都可以通过科学理论来了解宇宙、物质和人类心灵的本质。我们知道，今天的伦理学是通过一些心理学实验和神经科学进行参与和测试的。在今天的道德研究中，很少有人会坚持否认经验因素的立场。伦理学确实是规范性的而不是描述性的，并且不能被还原为或替代为认知科学。但是，道德理论必定与人类的道德能力相一致，这就需要这些理论更加关注基于经验研究而不是先验概念结构的道德心理学。

最后，哲学还提供了人文学科与认知科学重叠领域出现的可能性。我同意保罗·萨加德的观点，即认识论、形而上学和伦理学是彼此高度相关的。但这种联系是哲学与科学结合的一部分。毫无疑问，在哲学史上，哲学与科学之间存在着密切的关系。哲学通过对科学理论的逻辑推理而对不同时期的科学发展有深刻的见解。正如石里克所说，哲学的一个重要功能是通过逻辑证实澄清科学术语的意义。事实上，大多数科学家的理论通过对他们的表达式进行哲学分析之后，在他们的结构中变得非常清楚。这意味着哲学家们是以哲学的方式帮助科学家们澄清他们的理论，无论科学家们是否意识到了对他们理论的这种澄清工作。同时，科学理论有助于更多地了解我们在经验观察和实验中所表达的宇宙和实在的性质和结构。众所周知，科学上的最为重要的问题最终都是由不同时代的最伟大的科学家构造出来的，而这些问题往往正是哲学上的重要概念，例如，爱因斯坦的相对论和量子力学理论。在这个意义上说，伟大的科学家一直被认为是探索自然和世界之谜的哲学家。换句话说，哲学是这样一种领域，在这个领域中，科学家们能够找到以抽象的方式构建自己理论的最普遍意义。

在与认知科学的关系上，我认为，哲学并非一种具有自身特殊研究领域和问题的独立学科，相反，哲学是对来自不同学科的问题进行哲学式讨论的领域。因此，"哲学"一词应当被用作形容词而不是名词。这意味着哲学在本质上就是具有跨学科的性质，这不仅在人文学科而且在自然科学中。值得注意的是，哲学是一种专注于人类心灵和语言的研究，而这些正是认知科学关注的核心。特别是，心理学是认知科学的核心部门之一，它与在本质上关心人类心灵和语言的哲学就有着密切关系。哲学心理学作为哲学而非心理学的一个分支，而道德心理学则作为道德推理的一部分。它们或多或少以经验的方式关注人类的心理本质，并与实验科学有着更为密切的关系。伴随着它们与认知科学的关系，哲学和心理学相结合，产生了一些新的跨学科领域，如社会认知神经科学、机器人学和实验哲学。通过这种方式，心理学已不再是自然科学的一门学科，它成为许多学科的平台，可以展示它们对人类心灵和语言的见解和信息。它被称为科学的中心，将知识转化为其他学科，同时从中吸收知识。事实上，心理学在认知科学的参与范围一直在增加。它具有双面的形象，其标志就是人文学科和自然科学的结合。德雷·根特纳（Dedre Gentner）在 2010 年曾预测，心理学将在 2038 年的认知科学中独领风骚（Gentner，2010）。虽然这有些夸张，但却表明了这样一个事实，心理学是对人类心灵和语言研究的众多领域的决定性选择。

根据以上的分析，人类心灵和语言是许多人文学科和认知科学共同关注的核心问题。他们以不同的方式讨论有关心灵和语言之谜的问题。作为一门以科学为导向的跨学科研究，认知科学聚焦于实验观察，以及对世界的物理现象的描述和分析。它旨在通过对人类大脑和语言行为的可观察和可重复的实验，准确了解人类的心灵和语言。但认知科学的所有研究的目的，都应当是把人类理智作为不同于地球上其他生命形式的特殊理智。例如，物理学研究无生命的物质事物，数学研究人类理智中的形式演算，而认知科学则关心这些演算是如何发生的。在这种意义上，认知科学是人类研究的一部分，而不是对物质事物研究的一部分。在这里，物质事物这个词意味没有理智和无意识的事物。认知科学是关于人类认知的科学，它是关于人类的。从这个角度来看，很明显，认知科学在最终解释中与人类有关。这也表明，认知科学不同于物理学、化学或地理学，后者研究的是物质事物的性质和构成方式。认知科学直接关注的是对人类的心灵和语言。

由于认知能力的存在而使人类成为有智慧的生命，而认知能力是人类心灵和语言的一部分。这不是人类的纯粹生物本能，而是人类从事思想、学习、说话和推理的基本能力。在这些方面，我们可以发现，认知科学的交叉学科领域都与人的思想和语言密切相连，这些研究领域包括人工智能、注意力、知识和语言处理、学习和发展、记忆、感知和行动、意识等等。所有这些领域都关注作为行动中的认知主体的人类大脑。人工智能是人类智能在机器中的模拟，以更为精确和快速的方式做出演算和推理的能力。注意力被认为是大脑中心理活动的一个方面，它涉及心理现象的选择。学习和理解语言的能力是一个非常复杂的过程。语言处理的研究范围从对语音的声音模式到整个句子的研究。语言处理过程只是发生在人脑之中，但今天却通过人工方式在机器中得到模仿。学习和发展是我们随着时间的推移获取知识和信息的过程。根据目前的科学研究，婴儿出生时很少或根本没有知识（这取决于如何定义知识），他们仍然具备使用语言、行走和识别人和物的能力。学习和发展研究目的就在于探究这些过程可能发生的机制。认知科学家像心理学家那样研究记忆，但往往更关注记忆如何影响认知过程，以及认知和记忆之间的相互关系。感知是通过感官获取信息并以某种方式处理信息的能力，行动则是指向系统输出的活动。人类通过运动反应来实现行动，空间规划和运动、语音生成和复杂的运动，都是行动的方方面面。意识就是觉察到某物是否是外在的对象或在自身的对象。这有助于具有能力的心灵体验或感知到自我。所有这些跨学科领域都以不同的方式关注人类的心灵。

二　哲学与科学之间没有明确界限

正是由于认知科学中人文学科的许多面孔，认知科学的本质可以被理解为对人类心灵和语言的研究，而人文学科则是以特殊的方式探索人类心灵。然而，在哲学史和当代大陆哲学中，哲学与科学之间被看作存在着明显的区别。根据这种区分，哲学必须远离科学，哲学可以保持其对世界的独特地位。但在当代分析传统中，哲学家更倾向于指导以可观察和实验方式改造哲学的科学模型。不仅是哲学，还有其他人文学科，如文学、历史、宗教和美术，都以一种公共和常识的方式加以重建。模型在文学作品中占主导地位；历史已经变成对历史证据和经典的研究；宗教与科学理论有关；美术依靠实验得到发展。近几十年来，实验哲学已经得到激发，虽然它在哲学研究中的有效地位依然存在很大的争议。无论如何，在科学技术日益昌盛的今天，我们似乎已经很难严格地区分哲学和科学。

今天，越来越多的心灵哲学家和语言哲学家尝试根据心理学、神经科学、人工智能和实验科学中的其他学科的发展，探索人类心灵的性质。然而，当代欧洲大陆哲学，诸如现象学、诠释学和后现代主义哲学等，则拒绝这一观点。对于他们来说，哲学应该在人类心灵上保持与科学研究不同的立场。但问题是，在科学迅速发展的今天，我们怎样才能在心灵和语言上保持哲学的独特思维方式？换言之，要保持哲学在探索心灵和语言中的独特地位，是否意味着不需要思考自然科学的发展成果，或者说，是否意味着需要与自然科学的发展相对立？

这的确是一个非常严峻的问题，它已经直接影响到我们对哲学与科学关系的深入理解。如果不考虑不同哲学流派对哲学性质的不同理解，仅从哲学与科学相互作用的现实情况看，我们的确很难在哲学与科学研究之间划出一条清晰的界限。如今，科学研究的成果早已渗透到哲学思考之中。哲学家们对科学理论和研究成果的历史反思和概念分析，不仅直接导致当代哲学中的“语言转向”以及分析哲学运动的发展，而且使得科学的思维方式受到更为细致的考察，科学的理论术语逐渐进入哲学研究的话语体系。同样，当代科学的思维方式也受到哲学讨论的强烈影响。即使是大陆哲学家也会关注科学的发展，尽管他们的解释与科学家们的想法有所不同。相比之下，哲学在认知科学中起着重要作用。正如卡罗琳·索贝尔（Carolyn Sobel）和保罗·李（Paul Li）在《认知科学：一种跨学科的方法》中所说：“哲学在我们追求理解我们所面对的宇宙中发挥着十分重要的作用，对理解我们自身也是如此。”（Sobel & Li，p. 343）自古希腊以来，哲学家过去一直致力于解决身心问题。这个问题是科学家探索心灵独特本质的出发点，他们由此发现了心灵的性质及其与身体之间的关系。当科学家们发现一些关于科学和技术发展无法解决的难题时，他们会呼吁哲学家们的帮助。例如，如何解释感受质（qualia）的性质？如何描述现象意识？在什么意义上我们可以解释道德？在《道德和认知科学》中，里贾纳·里尼（Regina A. Rini）描述了认知科学家的道德判断理论与哲学中的道德理论的相互作用（Rini，2008）。根据这种描述，大多数哲学家都会或多或少地否认认知科学在道德哲学中的作用。一些人把认知科学看作主要是起到否定的作用。在他们看来，哲学是科学研究不可替代的。例如，道德哲学家试图回答实质性的伦理问题，比如，我们可以追求的最有价值的目标是什么？我们该如何解决这些目标之间的冲突？我们有什么方法可以不采取行动，即使这样做会促进最佳结果？一个美好的人类生活的形状是什么，我们怎么能得到它？一个公正的社会是如何组织的？很明显，根据一些实验成果和实证数据库无法回答这些问题。从这个意义上讲，哲学研究不仅是科学研究的出发点，也是科学研究探索的终点。然而，换一个角度说，这非但没有表明哲学研究与科学研究的对立或界限分明，相反，这恰好表明科学研究，无论是研究的出发点还是最后的理论解释，都无法离开哲学研究，无法否认科学研究的终极目的依然是以促进对人类心灵和语言的更好理解，否则，科学研究就会走向错误的方向。

由此可见，科学研究对哲学的依赖与哲学研究对科学的依赖一样，都是相互补充，互为说明的关系。尤其是在当今科学快速发展和社会急剧变化的时代，哲学与科学之间已经无法划分出明显的界限。一方面，无论是关于宇宙起源的各种假说，还是关于人类意识活动机理的实验研究，科学家们都需要和已经与哲学家们联手合作，甚至只有从哲学的视角加以解释我们才能理解那些科学假说和研究的真正意义。在这方面，虽然一些科学家不愿意接受哲学家们的分析判断，但科学理论和假说已经客观上形成了对哲学解释的诉求，例如，宇宙大爆炸理论、生物突变假说、物理学中的多重世界假说和弦理论等，这些都需要借助于相关的哲学理论加以说明。另一方面，哲学研究对科学的依赖表现为正反两个维度。在肯定的意义上，哲学研究以科学研究模式为模版的时代已经结束，取而代之的则是哲学家们对科学研究中的问题提出逻辑前提的论证和分析，试图用逻辑推论和概念分析澄清科学问题的真正含义。例如，哲学家们对神经科学和计算机科学研究的理论基础的讨论，以及对科学研究的形而上学基础的讨论等，都对科学研究本身带来了重要推动作用，同时也构成了当代哲学研究的重要内容。在否定的意义上，哲学家们对科学研究理论前提以及科学限度的反思和批判，也为科学研究提供了可供借鉴的思路。例如，海德格尔对现代技术和实证科学的批判，为当代科学发展提供了值得警惕的危险；赫伯特·L. 德雷福斯（Herbert L. Dreyfus）对计算机能力的反思，在一定程度上提醒了计算机科学家们如何从计算的限度上思考计算理论的范围。这些更是成为当代哲学体现与科学研究形成并行发展态势的重要内容。在这种意义上，无论是科学家还是哲学家，都无法否认对方的研究对其自身研究的重要意义，甚至无法清楚地划定哲学与科学的明显界限。乔姆斯基（Noam Chomsky）在他 2016 年出版的新著《我们是何种生物?》中明确指出：“科学的最大关注，也许是最为重要的后续发展，是牛顿所确立但并未解决的解释鸿沟，这对人类而言可能是永远的谜团，正如休谟说猜测的那样。”（Chomsky，2016，p. 87）这里的“解释鸿沟”就是科学研究无法跨越的对人类认知能力局限性的认识，这也正是哲学研究的主要内容。应当说，如何弥补这种解释鸿沟，是需要科学家和哲学家共同完成的任务。

三 认知科学与人文学科之间没有明确界限

从认知科学的历史中我们可以发现，哲学家和科学家们正在同一领域开展工作。众所周知，人类心灵的概念可以追溯到柏拉图时代的古希腊哲学。在近代，笛卡尔、霍布斯、莱布尼茨、斯宾诺莎、休谟和康德都是探索人类理性的本质和结构的哲学家。在认知科学发展的最初阶段，一些哲学家与科学家们共同通过对我们心理状态和活动的心理学方法去理解人类的认知。因此，人类心灵是心灵哲学家和认知科学家共同关注的焦点。起初，认知科学家就是受到生物神经网络结构的启发，这些神经网络是由沃伦·麦库洛克（Warren McCulloch）和瓦特·佩茨（Walter Pitts）在20世纪30—40年代提出的，他们试图了解有组织的心灵原理。众所周知的人工神经网络理论作为今天的计算模型，正是生物神经网络发展的变体。在40—50年代，现代计算机或冯·诺依曼机，根据计算理论得以创造出来，这种理论认为这种机器可能是对心灵的隐喻。根据一项研究，在学院研究机构完成的认知科学实验的第一个实例发生在麻省理工学院斯隆管理学院，这是由林克里德（J. C. R. Licklider）在心理学系完成的，指导并使用计算机记忆作为人类认知模型进行的实验。（Hafner & Lyon，1996，p. 32）。1959年，乔姆斯基反对斯金纳的行为主义，开始了科学家们通过人类心灵的内部结构的说明对人类认知的旅程。杰里·福多（Jerry Fodor）于1975年提出了他的功能主义理论，作为以功能解释人类心灵的计算主义的第一种形式。1980年，约翰·塞尔（John Searle）提出了一个著名的反功能主义的中国屋思想实验。从那以后，功能主义对其论点进行了一些修改。德雷福斯在 1972 年和 1992 年两次从哲学的观点质疑计算机的能力，对认知科学的最初发展做出了贡献，尽管一些认知科学家认为他对计算机能力的担心是杞人忧天。

我们已经看到认知科学与人文学科之间的密切关系，尤其是在认知科学史上与哲学的密切关系。这种关系的关键是认知。如今，简单地说，认知就是心理学上的思考。有意识的推理有许多明显的应用，如纳税、下棋、做文学批评等等，但思考会采用许多微妙的形式，例如解释感官输入、指导身体动作以及同情他人等。对人类认知的传统比喻是计算机，即一个逻辑信息处理机器。对认知的研究不仅仅是思考，还包括注意力、记忆的创造和存储、知识获取和保留、语言学习和逻辑推理。随着人们获得新体验，他们的认知能够以微妙而有力的方式发生变化。人类与其他动物之间最大的鸿沟存在于我们的高阶心理过程中。对认知的研究主要集中在人们如何通过快速或慢速思考做出决策。快速思考是直觉的、自动的，几乎不可能停止的，依靠启发式过程来做出“足够好”的决定。相比之下，缓慢的思考需要大量的时间和精力。记忆不是对过去发生的事情的公正和准确的记录。它们可能是通过现在的经历、欲望和恐惧塑造而成的。有可能无意中创建了一个错误的记忆，以满足某个心理需求。不同类型的记忆可以包括感官的、短期的和长期的记忆，记忆的存储方式可以对我们学习和应用知识的方式产生深远的影响。但是今天所有这些认知能力都是由计算机模拟出来的。认知科学家已经在某些方面实现了人类认知的过程，如计算建模，脑成像，行为实验和神经生物学方法。它意味着，认知科学已经提出了人类认知偏差和风险认知的模型，并已在行为金融学、部分经济学的发展中产生一定影响。它还产生了一种新的数学哲学理论，以及关于人工智能，说服和强制的许多理论。它使其在语言哲学和认识论中占有一席之地，并构成了现代语言学的重要组成部分。认知科学领域在理解大脑的特定功能系统（和功能缺陷）方面具有重要影响，从语音制作到听觉处理和视觉感知。它在理解大脑特定区域损伤如何影响认知方面已经取得了进展，它帮助揭示了具体功能障碍的原因和结果，如诵读困难、色盲和半侧忽视。所有这些功能障碍总是通过情绪和决策对精神状态和人类行为产生影响。当认知科学在人类认知中发挥更多作用时，人文学科就变得更有希望获得更大的进步。所有这些表明，认知科学与人文科学之间的确不存在明确的界线。

主要参考文献：

1. Ahlsén, Elisabeth, 2006, *Introduction to Neurolinguistics*, Amsterdam & Philadelphia: John Benjamins Publishing Company.

2. Chomsky, Noam, 2016, *What Kind of Creatures Are We*? New York: Columbia University Press.

3. Gentner, D. , 2010, Psychology in Cognitive Science: 1978 – 2038. *Topics in Cognitive Science*, 2, 328 – 344.

4. Hafner, K. , & Lyon, M. 1996. *Where wizards stay up late: The origins of the Internet.* New York: Simon & Schuster.

5. Rini, Regina A. , 2008, Morality and Cognitive Science, in *Internet Encyclopedia of Philosophy*, https://www. iep. utm. edu/m-cog-sc/【September 16 2018】.

6. Sobel, Carolyn P. and Li, Paul, 2013, *The Cognitive Sciences: An Interdisciplinary Approach*, Los Angeles: Sage.

7. Stainton, Robert J. ed. , 2006, *Contemporary Debates in Cognitive Science*, Oxford: Blackwell.

8. Thagard, Paul, ed. , 2007, *Handbook of Philosophy of Psychology and Cognitive Science*, Amsterdam: Elsevier.

9. Trager, Edith, 1961, "The Field of Neurolinguistics", *Studies in Linguistics*, 15, 70 – 71.

（原载《南京大学学报》2019 年第 5 期，第 108—115 页）

十九　人工智能与人类的原初问题*

自从1956年达特茅斯会议以来，“人工智能”概念就已经成为人们用于指称能够模拟、扩展和开发人类智能的机器智能的专有名词。从历史上看，这种机器模拟人类智能的想法早已存在于古代神话、中世纪传说和近代哲学家的论述之中，在当代则主要来源于数理逻辑的巨大进步，人工计算方式的革命使得理智推理的形式化成为可能。然而，人们至今似乎对“人工智能”概念并没有形成统一的清晰认识。(Haugeland，1985；Charniak et al，1985；Kuzweil，1990；Schalkoff，1990）仅从智能模拟的角度看人工智能，主要是一种功能主义的解释方式，但这已经遭到许多哲学家和科学家的质疑。从实际应用范围看，人工智能技术的确取得了显著成就，但依然缺少对这种技术性质的理解。由于不同领域的研究者仅从自己领域出发去认识人工智能，这就使得人工智能成为一个“百变箱”，无论如何解释似乎都可以得到我们所需要的结果。而在当代人工智能热潮中潜伏的最大危机，则是对人工智能本身性质的模糊认识以及由此引发的对人类未来的担忧。这就迫使我们从源头上去思考人工智能的性质问题。

一　“人工智能”是什么?

从字面上理解，人工智能似乎是模仿人类智能的一种人工计算

---

* 国家社会科学基金重点项目“心理学哲学的当代解释与重建研究”（编号：17AZX002）阶段性成果。

方式，或者说，是让计算机完成类似人类的理性思维。图灵在1950年的文章中设想，计算机可以使得人类相信它不再是一台机器（图灵，1950）。霍格兰则提出，当机器可以像人类一样思考时，机器就有了人工智能（Haugeland，1985）。查耐克认为，计算模式的运用就可以让机器像人类一样从事理性的思考（Charniak et al，1985）。然而，无论这些科学家们在何种意义上理解人工智能，他们似乎都没有触及一个最为关键的问题："'人工智能'是什么?"这个问题并不是简单地给出对人工智能的特征描述或功能解释，而是对人工智能的性质给出说明，是对人工智能的一种形而上学追问。

在形而上学意义上，追问"是什么"的问题，意味着一种对规定性的要求。由于当代哲学已经放弃了柏拉图主义对本质确定性的要求，因此，对人工智能提出这种规定性要求似乎已经不合时宜了。但是，正如海德格尔所言，人类的存在本身始终处于被追问的过程之中，无论我们以何种方式展现着这样的存在。在今天，人工智能已经成为人类存在的一种独特方式，对人工智能技术的高度依赖成为当今人类存在方式的一种重要标志。按照马克思的说法，存在决定意识，人类存在本身就是一个值得不断发问的对象。这样，我们对人工智能性质的追问，应当是一种对人类存在本身的追问。

从源头上看，关于模仿人类思维的设想最初出现在古希腊神话之中。例如，传说中的古希腊火神赫菲斯托斯（Hephaestus）的小金人和塞浦路斯国王皮格马利翁（Pygmalion）的美女加拉提亚（Galatea）。（McCorduck，2004，p. 5）这些事物都被赋予了人类的生命和智慧。在中世纪，赋予某些事物以人类思维能力则被看作制造神秘力量的重要方法，例如，炼金术就声称可以把灵魂置于某些事物之中而使其具有某种神秘力量。在历史上，从古代埃及、希腊和东方，直到近代的西方科学，人类从来没有停止过对自动机器（automatons）的想象。（McCorduck，2004，pp. 6－9）但这些都不过是毫无灵性的机械产物，用于满足人类的某些特殊需要，虽然也有一些宗教信仰者试图赋予它们与人类一样的智慧和情感。而人类真正提出人工智能的观念，是基于这样的信念，即人类的思维活动是可以被机器化的，或者说，机器可以模仿人类的思维活动。这样一种具有革命性的观念出自于近代哲学家和科学家莱布尼茨，他明确提出，人类理性可以被还原为机器演算。代数和几何学的系统化使得这种还原成为可能。人类只需要按照推理规则做出形式推导，就可以完成逻辑的推理活动。霍布斯曾在《利维坦》中提出，理性不过就是计算。莱布尼茨则设计出一种“普遍语言”（*characteristica universalis*），试图以此把所有的论证都还原为演算。所以，在他看来，两个哲学家之间的争论如同两个会计之间的争论一样，是完全没有必要的。因为只要让他们拿起笔来，坐在石凳旁，相互说一句，让我们来算一下吧，这就足够了。这种观念的重要意义在于，它使得理性的计算变成了物理符号之间的交换，并最终使得形式演算的外在化和系统化成为可能。当然，人工智能概念被真正确立，则完全是由于20世纪的数理逻辑的建立。这被看作使人工智能成为可能的革命性突破。这一革命首先来源于布尔的《思想的规律》和弗雷格的《概念文字》。在弗雷格思想的影响下，罗素和怀特海于1913年出版了《数学原理》，首次尝试以形式化的方式奠定了数学的基础。受到他们的启发，希尔伯特提出了这样的问题：“一切数学推理都可以被形式化吗?”哥德尔的不完全性定理、图灵的机器思维和丘奇的λ演算（*Lambda calculus*，即最小通用程序设计语言），都是以不同的方式回答了这个问题。（Crevier，1993，p. 190）

从以上历史描述中可以看出，人类思考智能模拟的基本出发点是为了尝试理解人类理智本身，把理智活动作为人类存在的一个主要标志，并以人类理智和情感作为衡量一切事物具有灵性的标准。这种“万物有灵论”的观念曾支配着古代和近代哲学家和科学家。虽然“万物有灵论”在近代哲学中被解释为一种“泛神论”并最后演变为一种宗教信仰，但相信可以用人类的理智精神去解释万物运动的根本原因，这始终是人类对自身理性自信的充分表现，也是人类得以作为万物之灵长的主要依据。当代人工智能思想来自“机器思维”的观念，从性质上看，依然是把人类思维作为衡量机器工作能否达到人类水平的主要标准。图灵的“模仿游戏”就是把“机器能否思维”的问题转换为一种推理方式，通过回答某个更为具体的问题（如“性别问题”），来判断一个机器是否可以得到如同人类相同的结论。虽然塞尔曾以“中文屋”的思想实验反对图灵式的功能主义观点，但以行为方式作为判断机器思维能力的设想，无论是对哲学家还是对科学家，都依然具有极大的吸引力。例如，《人工智能哲学》一书的编者博登就在反驳塞尔实验的《逃出中文屋》一文中指出，“重要的问题不是‘一台机器何时理解了某件事情?’（这个问题暗示存在着某个明确的断点，理解在那里终止了，这是一种误导），而是‘为了能够作出理解，一台机器（无论是不是生物的）必须能够做到哪些事情?’这个问题不仅关系到计算心理学是否可能，而且关系到它的内涵。”（博登，2001，140）显然，“能够做到”是用于判断“理解”的主要标准。的确，当代计算机科学正是以这种标准建立了模拟人类智能的机器演算，用各种算法代替人类推理，实现了人类智能所无法完成的许多工作理想。

然而，这种对人类智能的模仿首先是建立在对人类存在方式的理解之上的。按照这种观念，人类与其他动物的重要区别就在于人类具有的理智能力，即通过计算和推理完成人类自身对外部世界的理性认识和行为反应。这种理智能力，一方面是人类的天赋自然能力；另一方面也是人类在与自然的联系中优于其他动物的能力。这构成了人类存在的一种特殊方式，即休谟所说的“有理性的存在物”，或者是莱布尼茨所说的“具有天赋观念的存在”。正是凭借这种能力，人类可以用语言、社会和行动等不同方式展现人类作为一类物种在世界上存在的特殊性。以这种存在方式作为人工智能观念的最初起点，恰好说明人工智能并非一种单纯的技术上的革命，更是一种人类存在方式的革命，即把人类存在的理智方式外化为非生命的机器（计算机或学习机）的计算方式，用可计算性的形式化方法诠释了人类存在的另一种意义。在这种意义上，我们可以说，人工智能是人类探索自身存在意义的一种现代形式，是人类重新认识自我的一次重要尝试，也是对人类原初问题的一次重新回归。

二　什么是人类的原初问题?

在美国科幻电影《黑客帝国》（Matrix）中，人类在与人工智能机器人的战争中失利，导致人类必须学会适应机器人，并以“先知”（研究人类心智的程序）作为导师以便在“矩阵”或“母体”（Matrix）中拥有选择的权利。但最终，人类的第六代“救世主”尼奥由于人类特有的爱情而选择自我牺牲，拯救了人类。在这里，爱情和选择被赋予为人类最初的存在方式：爱情是人类的情感本能，而选择则是人类的自由意志。这些似乎是在暗示，无论人类如何发展变化，人类最初的存在方式依然是人类的本能，但这种本能并非是生物学或生理学意义上的动物本能，而是人类作为一种情感存在的反思本能。当机器人无法完全控制人类时，机器人的重要工作就是要试图去理解人类。而理解人类的首要任务，则是要回答这样一些对人类来说最为根本的问题：“我是谁”“我从哪里来”“我为何存在”。当机器人可以理解并能够回答这些问题，这就意味着机器人具有了人类同样的自我意识。机器人的自我意识觉醒既是机器人真正实现了对人类的理解，又是再次证明自我意识对人类存在的根本意义。这些似乎表明，自我意识应当被看作是人类存在的原初问题。

然而，当今科学实验证据证明，我们在其他动物身上也可以看到类似人类的自我意识的存在。例如，在与人类最为接近的猿人那里，自我意识的存在是显而易见的。（Gallup，1970，pp. 86 - 87）即使是在家养的猫狗等宠物身上，我们也可以很容易看到某些自我意识的表现。虽然这些自我意识是以现象意识的形式出现的，但它们却构成了我们理解这些动物活动特征的重要成分。[①] 可见，仅有自我意识的存

① 这里的“现象意识”（Phenomenal Consciousness）是与“取用意识”（Access Consciousness）相对立的，前者表征的是作为意识活动内容的知觉经验，后者表征作为判断意识活动存在的心理状态。这个区分来自当代美国哲学家布洛克，参见 Block，1995。

在并不能完全区分人类与其他非人类的动物以及具有人工智能的机器人。真正构成人类存在原初问题的一定是其他的东西。

我们还是从历史中寻找一下这个问题的踪迹。应当说，西方哲学的历史就是人类自我认识的历史。从古希腊人面对世界变化而提出世界本源学说开始，人类就在不断追问本质或始基问题。古代哲学家们对这个问题的回答基本上是围绕人与世界的关系，无论是从人类视角出发还是从诸神视角出发。世界把人类置于思考的中心，但人类始终无法摆脱面向世界的命运安排。因此，哲学家们对人类存在原初问题的追问，就只能借助于世界的存在而展开。柏拉图的“彼岸世界”、亚里士多德的实体观念，以及阿奎那的神圣世界，都是以高高在上的客观世界的存在为前提。近代哲学家们开始自觉地把人类抽离于世界，让人类站在世界的主宰地位，用人类的眼光去审视这个世界。笛卡尔的心身二元论就是这种审视方式的最初尝试。无论是经验论者还是唯理论者，他们都把人类的经验或观念看作是理解世界存在的入口。在这种意义上，西方近代哲学才是在真正意义上开始了人类自我认识之旅。这种自我认识过程就是从康德批判哲学开始的对人类理性能力的全面考察，通过对绝对自我意识（费希特哲学）和绝对本身（谢林哲学）的批判，达到了黑格尔的绝对精神。而在这一过程中的核心问题则是，“我能够知道什么”“我应当做什么”和“我可以期望什么”，最后归结为“人是什么”这个问题。正是围绕“人是什么”这个问题，哲学家们的思考才真正进入了自我反思的阶段。虽然人类达到自我反思阶段走过了这样一个漫长的路程，但自我反思本身却是使得人类真正回到自身。这就是人们常说的人类的“返乡”过程。“返乡”就是返回自身，也是回到人类存在的初始状态，回到人类存在的原初问题。这个问题就是：“我是谁？”

显然，这里的“我”不是具体的个人，它既不是具有身体的物质个体，也不是作为精神存在的自我主体。这里的“我”是指人类存在的总体，是对人类存在的自我发问。人们常说，几千年来的哲学都是为了回答这个根本的问题，但至今依然没有最终的答案。然而，这是一种错觉。事实上，“我是谁”并不是一个可以回答的真正问题，而是一种自我反思的提问方式，是一类具有本质要求的问题句法形式。历史上的哲学家们所有试图回答这个问题的努力，都不是为了得到这个问题的答案，而只是为了寻求认识人类自身的不同途径。从句法形式上看，“我是谁”具有明确的主谓结构，对这个问题的回答似乎就必须满足这个结构的要求，即给出“是什么”的句子形式。但如果为了满足这个要求而给出这个问题的答案，就没有真正领会这个问题的真正含义。在句法上，这个句子结构是具有误导性的，似乎所有的回答（如果有答案的话）都必须满足这个问题的预设前提，即一定存在某个东西作为可以满足这个问题的答案。然而，如上所见，这个东西实际上并不存在。相反，“我是谁”是对人类自我意识的反思，是以一种完全开放的姿态面对人类的存在本身。这里的“反思”与“开放”恰好表明了人类存在的基本状态：人类是以反思的方式区别于其他非人类的动物和具有人工智能的机器人，人类是以开放的姿态面对一切进入反思中的对象和事物。

从具有自我意识到进入自我反思，人类完成了认识自我的重大飞跃。由于自我意识并非人类与其他非人类的主要区别，因此，以确立自我意识作为人工智能研究方向就变得不具有重要的价值。换言之，制造出具有自我意识的人工智能机器人并不意味着人类被完全复制或对人类存在构成致命挑战。事实上，如何使这样的机器人具有自我意识，目前仅仅属于技术上的难题，而不是观念上的鸿沟。但要使这样的机器人具有自我反思的能力，则是一个难以实现的任务。“自我反思”在这里不仅意味着具有自我意识的主体对自身的认识，而且意味着这个主体对自我的反思能力。然而，由于人工智能技术主要是通过数据计算或通过建立人工神经网络而实现自主学习或深度学习的目的，其本身并不具有这样的反思能力。即使是人工智能计算机的无监督学习技术，也不过是对已有程序重新做出整理分配，使用不同算法（如聚类、自动编码等）或特征分离技术等，但无法实现对作为整体的机器本身的自我反思，即回答“我为何存在”或“我为何这样做”

的问题。这也就意味着，我们无法把人工智能机器人看作与人类相同的“行动者”（agent），因为它们并不具有与人类相同的“能动性”（agency）（Barandiaran et al. 2009，p. 382）在这种意义上，无论未来的人工智能如何发展，在性质上，它似乎永远无法具有人类的自我反思能力。

三 从人工智能到人类的原初问题

上文的最后一个论断，并不意味着人工智能由此无法完全模拟人类的智能活动，而只是为我们讨论人工智能与人类智能的关系，提供了另一个可选择的方向：由于人工智能无法完全实现人类智能的目标，因而，人工智能研究就会另辟蹊径，以人类智能的名义，实现着人类智能无法完成的任务。事实上，在完成智能任务方面，人工智能早已在许多领域超出了人类所能达到的极限，或者是为人类实现了许多其不可能完成的目标。例如，无人机的定点目标工作，帮助人类实现了远距离空中侦察和实施行动的任务；智能机器人在许多危险领域完成的任务也是人类望尘莫及的。在这些方面，人工智能已经很好地完成了人类智能的工作。或许，正是由于人工智能在这些方面取得的巨大成绩，使得人类产生了对人工智能最终取代人类智能的担忧。但从以上分析中我们可以清楚地看到，这种担忧完全是多余的。因为人工智能所做的事情，正是人类智能无需或无法完成的工作，因此，两者的关系应当是相互补充，而不是相互取代。我们更需要关心的是，人工智能相比于人类智能所具有的某些优势，让我们不得不重新反思人类智能的根本性质，由此反观人工智能，如何为人工智能的未来发展寻找新的突破口。

的确，当今对人类智能的反思主要来自人工智能的出现。按照图灵的理解，人类智能的主要表征形式是计算。这里的计算不仅是指形式化的数字演算，而且是指人类本能性的推理活动。所谓“本能性的”是指人们不需要后天的教育或训练就可以完成的行为。由于作为人类智能特征的计算是可以用机器模仿的，人们由此就认为，人类智能也是可以被机器模仿的。从计算主义到功能主义再到联想主义，人工智能领域的科学家们已经在这方面做出了许多努力，试图为实现人类智能的机器模拟找到更为恰当的方式。这个努力过程也是人类对自身智能的反思过程。目前，人们已经形成了对人类智能的基本理解，把这种智能归结为人类复杂的认知能力和高层次的动机（motivation）与自我觉察（self-awareness）。人类的认知能力是指学习、形成概念、理解、运用逻辑和进行推理等方面的能力，其中包括了识别形状、理解观念、做出计划、解决问题、做出决定、获得信息、语言交流等。（Hunt，2011；Sternberg et al.，2011）所有这些似乎都指向了机器模拟人类智能的可能性。然而，在人类智能中，更为重要的是获得经验和进行思考的能力。自我意识与自我反思都依赖于经验的获得和思考的结果，因而，人类智能的首要工作不是认知能力，而是心理能力（mental capacity）。这与人类的思维过程有关，也与人类应对外部对象的反应能力有关，更与人类的自我认识能力有关。这是一种内在于人类心灵的思维活动，也是人类获得外部经验时所感受到的最初的心理体验。但是，由于这种智能活动无法直接模仿，因此，人工智能的最初设想者就把智能表征（intelligent representation）作为模拟智能的主要方式，（Nilsson，1987，Ginsberg，1993；Luger et al.，1993）这就把内在的心理活动表征为外在的命题演算和逻辑推理，因为前者是不可见的，而后者则是可观察的。人工智能正是建立在对内在心理活动的外在表征基础之上，通过计算和推理，完成了对人类智能的模拟任务。在这种意义上，人工智能就是一种对人类智能的外在表征形式。①

根据这种理解，人工智能对人类智能的表征，事实上是倒逼我们对人类智能性质的深入讨论。人类智能所包含的认知能力和目标动机等，在解决问题的能力上属于人类智能中的高级层次，需要复杂的计算才能完成。人工智能在解决这些问题方面不仅可以很好地模仿人类

① 围绕这种表征，在心灵哲学家和认知科学哲学家们中引发了激烈争论，其中的主要观点是“内在主义”与“外在主义”的对立。由于该问题涉及范围极广，本文无法在这里详细讨论。参见 Silvers，1990；McLaughlin et al.，2008。

智能，而且在某些方面还可以超越人类智能。但人工智能在解决较低层次的人类智能问题时，却往往表现得无能为力。例如，面对经验中的现象意识所呈现的感觉性质，即“感受质”，由于个人的体验不同而使得机器无法处理这种性质。这就是人工智能中的“莫拉维克悖论”（Moravec's Paradox）。这个悖论是说，在人工智能领域，最困难的问题是最容易得到解决的，而最简单的问题却是最难解决的。莫拉维克说，“要让电脑如成人般地下棋是相对容易的，但是要让电脑有如一岁小孩般的感知和行动能力，却是相当困难，甚至是不可能的”。（Moravec，1988，p. 15）同样，对于人工智能而言，解决有关演算和推理的问题是最为简单的，因为人工智能的设计目的就是为了解决这类问题。然而，要解决自我意识问题却是最为困难的，因为意识活动已经超出了人工智能的设计范围。这样，人类智能就有了人工智能在性质上无法取代的部分。

必须指出，我们这样说的目的，并不是要表明人工智能无法取代人类智能，而是要表明，通过对人工智能与人类智能关系的这种理解，我们看到了人类智能所面对的根本问题，也就是人类存在的原初问题。而这个原初问题的凸显，正是由于我们看到了目前人工智能发展的限度。只有从人类存在问题出发，我们才能真正理解人工智能对当代人类的重要意义。

四 人工智能与人类的存在

从人类存在看人工智能的意义，首先意味着把人工智能作为人类存在的一种特殊形态。这是从当代哲学和科学发展的视角出发对人工智能的哲学定位。这一定位有两个主要理由。

其一，人工智能作为对人类智能的表征性模仿，试图揭示人类智能的心灵奥秘，用外在的计算和推理，度量内在的心灵活动过程。传统哲学的二元论在当代哲学中早已被消解，因而，当代哲学家们在处理心身关系时总是持有各种不同的一元论立场。早期的科学主义哲学家们（如马赫、罗素、维也纳学派等）倡导一种中立一元论主张，希望能够用独立于身心的中立要素去解释身心关系。欧洲大陆现象学传统则坚持一种意识一元论，用具有独立于身体存在的意识内容去说明身心关系的变化。当代心灵哲学家们则普遍持有一种外在论的一元论，坚持用物理主义和现象主义去描述身-心状态。当代人工智能哲学家们对身心问题的处理采用的是心灵哲学家们的路径：人工智能就是用外在的表征方式说明存在于人类内心的理智活动。但这种表征方式与心灵哲学家的理论主张不同，它以可观察的计算和推理（计算输出和推理结果）表征（模仿）人类的理智过程。人工智能的目的不是为了简单地模仿，而是为了使人类智能得以重新呈现，是人类智能的外在表征形式。因此，在这种意义上，人工智能就是人类智能存在的另一种形式。

其二，当代科学发展已经越来越清楚地表明，一切科学理论和技术进步都是为人类的存在提供更加便利的条件，也是为人类的未来提供更加可靠的保障。无论是宏观的黑洞理论，还是微观的量子学说，或者是中观的人工智能，这些都是对人类存在的意义提供说明。它们的意义与外部对象的存在无关，甚至与它们所研究的具体问题无关。它们都把人类存在本身设定为理论前提和问题讨论的出发点。黑洞理论是要揭示在宇宙空间中存在的黑洞现象对人类所在的地球天体的长远影响；量子理论说明了微观世界中量子如何构成了我们所认识的具体物质形态；人工智能则是以模拟人类智能的方式为人类存在提供更为广阔的发展前景。在这种意义上，人工智能对人类存在本身所具有的重要意义，无论如何都不能低估。对此，人工智能的科学家和哲学家都给予了充分的说明。（Penrose，1999；Goldberg，2009；Bostrφm，2014；Cominelli et al.，2018）这恰好表明，人工智能表征了人类存在的一种特殊方式。

从人类存在看人工智能的意义，还意味着人类理智对自我限度的挑战。从人类智能的发展看人工智能的限度，即人工智能能够做和不能做的事情，这已经在前面得到了说明。但从人类存在的视角看待人工智能的意义，则更是对人类理智本身的挑战。这也可以从两个方面加以说明。

其一，人工智能是以模拟人类智能的方式表征了人类存在的基本形式，即以计算和推理作为人类理智的重要特征，通过对人类计算和推理能力的形式化，把人类作为万物之灵长的鲜明特征凸显出来，并由此构造了接近人类理智的人工智能。这既是对人类智能的完美模仿，也是对人类智能范围的准确刻画。正是由于这种刻画，人类智能表现出了自身的限度，即在运算速度和解题方式上逊于人工智能，这在“深蓝大战”和“阿尔法狗”获胜的案例中已有体现。不仅如此。人工智能在未来城市建设、人机对话、无人驾驶等诸方面所展现的引人瞩目的成就，使得人类智能也不得不依赖于人工智能的作用。这些表明，人类智能的限度已经在人工智能面前显露无遗，人工智能则以许多方面的优势弥补了人类智能的不足。这不是人工智能对人类智能的胜利，而是人工智能帮助人类更好地展现自己的理智能力，并以此推动人类对自我的理解。

其二，哲学的起点是对人类存在本质的思考，人工智能就是以揭示智能奥秘的方式完成着哲学家们对人类存在的追问。自古以来，哲学关注的都是人类本身的问题，围绕着人类的理智和情感发问。但这样的追问与其说是根据事实和证据，不如说是根据猜想和假设。一切关于人类自身的问题，在哲学家看来都是没有最终答案的，因此它们也就不需要清楚的事实和确凿的证据加以说明。哲学的发问方式总是从已然存在的现象入手，而不是从事物的发生说起；而事物的发生和发展反是各种哲学理论主张竭力阐明的内容。这样，两千多年来的西方哲学主要是依靠哲学家的想象和推理实现着对人类存在本身的追问。虽然这样的追问带来许多影响深远的哲学理论，但后人对这些理论的解释则更多是为了说明自己的哲学观念，形成自己的哲学理论，而不是为了让这些追问本身得到更为准确的回答。当然，我们也可以说，得到这样的回答并不是哲学家的工作，相反，哲学正是以无法回答的问题不断追问。但是，如果我们能够让这样的追问变得更具有可操作性，更具有成为真正问题的可能性，那么，这样的追问就会取得更为丰硕的成果，也会推进人类智能的发展。按照我们的理解，人工智能正是在这方面做出的重要努力。事实证明，人工智能在揭示人类智能奥秘上所完成的工作，已经为我们理解人类智能提供了有力的帮助，例如，类脑智能（Brain-inspired Intelligence）、卷积神经网络（Convolutional Neural Networks，CNN）、深度学习引发的通用人工智能（Artificial General Intelligence，AGI）等。

综上所述，从人类存在的原初问题看，人工智能不仅是人类存在的一种特殊形态，而且构成了对人类智能的一种挑战。如何应对这个挑战，特别是如何回应人工智能对人类存在的追问，这是当下哲学研究必须面对的紧迫问题。

参考文献

1. 博登：《人工智能哲学》，刘西瑞，王汉琦译，上海译文出版社 2001 年版。

2. 图灵：《计算机器与智能》，载博登《人工智能哲学》，1950。

3. Barandiaran, X. E., E. Di Paolo & M. Rohde, 2009, Defining Agency: Individuality, Normativity, Asymmetry, and Spatio-Temporality in Action, *Adaptive Behavior*, 17 (5): 367 – 386.

4. Block, Ned, 1995. On A Confusion About a Function of Consciousness. *Behavioral and Brain Sciences*, 18, 227 – 47.

5. Bostrфm, N. 2014. *Superintelligence: Paths, dangers, strategies.* Oxford: Oxford University Press.

6. Charniak, E. & D. McDermott, 1985. *Introduction to Artificial Intelligence.* Reading MA: Addison-Wesley.

7. Cominelli, L., Mazzei, D., & De Rossi, D. E. 2018. SEAI: Social emotional artificial intelligence based on Damasio's theory of mind. *Frontiers in Robotics and AI*, 5, 6.

8. Crevier, Daniel, 1993. *AI: The Tumultuous Search for Artificial Intelligence*, New York, NY: Basic Books.

9. Gallup, G. G. Jr., 1970. Chimpanzees: Self-Recognition. *Science*, 167

(3914), 86 – 87.

10. Ginsberg, M., 1993, *Essentials of Artificial Intelligence*, New York, NY: Morgan Kaufmann.

11. Goldberg, E. 2009. *The new executive brain: Frontal lobes in a complex world.* Oxford: Oxford University Press.

12. Haugeland, John, 1985. *Artificial Intelligence, The Very Idea.* Cambridge, Mass.: MIT Press.

13. Hunt, Earl, 2011. *Human Intelligence.* Cambridge: Cambridge University Press.

14. Kuzweil, Ray, 1990. *The Age of Intelligent Machines*, Cambridge, Mass.: MIT Press.

15. Luger, G. & Stubblefield, W., 1993, *Artificial Intelligence: Structures and Strategies for Complex Problem Solving*, Redwood, CA: Benjamin Cummings.

16. McCorduck, Pamela, 2004. *Machines Who Think* (2nd ed.), Natick, MA: A. K. Peters, Ltd.

17. McLaughlin, Brian & R. Cohen ed. 2008. *Contemporary Debates in the Philosophy of Mind*, London: Blackwell Press.

18. Moravec, H. 1988. *Mind Children.* Cambridge, Mass.: Harvard University Press.

19. Nilsson, N., 1987, *Principles of Artificial Intelligence*, New York, NY: Springer-Verlag.

20. Penrose, R. 1999. *The emperor's new mind: Concerning computers, minds, and the laws of physics.* Oxford: Oxford University Press.

21. Schalkoff, Robert J. 1990. *Artificial Intelligence: An Engineering Approach.* New York: McGraw-Hill, Inc.

22. Silvers, Stuart, ed. 1990. *Rerepresentations: Readings in the Philosophy of Mental Representation.* Holland: Kluwer Academic Publishers.

23. Sternberg, Robert J. & Kaufman, Scott Barry, eds. 2011. *The Cambridge Handbook of Intelligence.* Cambridge: Cambridge University Press.

(原载《社会科学战线》2020 年第 1 期)

二十　当代哲学与新科学技术互动作用研究论纲*

20 世纪是人类历史发生深刻变革的时代。这不仅是由于发生了两次世界范围的人类战争，而且由于16 世纪以来的工业革命造成的现代化已经全面转变为以信息技术为核心的虚拟化世界。人类所面对的世界已经不再是简单的由客观对象构成的物质世界，人类的实践活动和主观介入已经构成了我们所面对的世界的重要组成部分。这直接导致了当代哲学对“真理”、“世界”、“主体”、“客体”等概念的重新解释。进入21 世纪以来，人类知识的增长和信息交流的便利，带来的是科学共同体的开放态度，跨学科和交叉学科的技术成果已经越来越显示其强大的生命力。在这种时代背景中，哲学的跨学科性质也引起越来越多人的关注。其中，当代哲学与新科学技术之间的互动作用问题，也就成为哲学家们关注的焦点之一。

一　互动作用研究之意义

当代自然科学的发展可谓突飞猛进，从电子时代到信息时代再到人工智能时代，从量子力学到生命科学再到类脑科学，人类知识几乎在以几何级数增长。然而，面对当代自然科学的迅猛发展，当代哲学

---

* 此文是与陈敬坤博士合作完成，初稿曾于2019 年11 月9 日在北京大学举办的“如何做哲学：元哲学与哲学方法论”国际研讨会上宣读。特别感谢陈波教授邀请我们在大会上做主题发言，感谢与会者对论文初稿的建议和评论。

却表现出了相对滞后的反应。一方面，作为人类智慧追问者的哲学家们对当代人类智慧之结晶的自然科学发展，总体上采取了消极甚至抵触的态度。一些哲学家固执地认为，哲学讨论可以和自然科学没有任何关系，似乎只有这样才能保证哲学的独立性和自主性。因此，他们固守自己所剩无几的领地，既不关心自然科学的研究成果，或抵制自然科学的研究方法，也致使哲学与自然科学发展的严重脱节，还导致自然科学家对哲学研究的漠视和反感。另一方面，虽然也有哲学家表现出对当代科学发展的兴趣和热情，但对当代自然科学发展缺乏系统深入的了解，因而尚无法对当代科学的重要意义给出恰当解释。

2018 年底的基因编辑事件和 2020 年初全球蔓延的新型冠状病毒疫情不断提醒着我们，社会和科学的发展离不开对人性的探索和哲学的反思，而信息化技术的发展和人工智能的普及则无时不在提醒我们，现在正是积极反思科学对于人类影响的时候了。毋庸置疑，哲学的历史发展始终伴随着自然科学的进步，科学世界观的变化推动了哲学观念的革命，因而当代自然科学的发展必定对当代哲学产生重要影响，这是不争的客观现实。

同时，当代自然科学发展过程与哲学特有思维方式密切相关。数字计算中的因果推理、实验现象中的重复对比、经验过程中的概念解释、科学理论建构的简单性原则等，所有这些自然科学研究的常见模式和基本原则也是当代哲学研究所遵循的。这就意味着，自然科学研究的思维方式与哲学有着密不可分的联系。一方面，自然科学研究的目的与人类生存福祉之间的密切关系，使得科学家们的工作往往是从作为应对自然界的人类存在出发，去考虑某个具体科学问题的解决方案及其后果。这种人类观念保障了自然科学研究的主观无伤害原则，因而与哲学关心人类福祉的目的一致。另一方面，自然科学研究的观察实验方法与哲学知识论对经验来源的推崇一脉相承，这就使得自然科学研究的可观察性、可重复性和可操作性等特征具有了哲学认识论的意义。

基于以上认识，我们认为，当代哲学与新科学技术互动作用研究具有重要理论价值和时代创新意义。首先，这是当今世界思想领域普遍关心的重要问题，它促使人们重新思考人类的认识方式与人类自身存在的关系，即人类的认识方式（包括科学和技术手段）是否或在何种程度上影响人类存在。由于这个问题本身的重要性，各国哲学家和思想家都在围绕这个问题展开各种形式讨论。近十年的两届世界哲学大会（World Congress of Philosophy，WCP）都把这个问题确定为大会的重要议题之一。有着百年历史的国际哲学学院（International Institute of Philosophy，IIP）也就此问题举行过多次会议。其次，随着我国综合国力的提升，我们在思想领域的国际作用也日益凸显。面对人类知识进步的重大挑战，如何在哲学研究以及跨学科领域中彰显我们的观念力量就变得十分紧迫。

二　互动作用研究之历史和现状分析

我们知道，哲学（φιλοσοφια）一词在古希腊原本是“爱智慧”之意，她以智慧本身为目的，一切追求智慧的理智探究活动产生的成果都是哲学。因此，哲学诞生之初就是一切科学之汇总，以概念方式展现人类的全部知识，以推理方式对人类知识给出详尽论证和说明。因此，哲学就其本质而言，直接就具有跨学科性质。当代美国哲学家巴姆（A. J Bahm）明确指出：“哲学，就其综合功能而言，本质上主要是跨学科的。……【但】这个事实已被大多数跨学科研究政策的科学家们所遗忘了。”[①] 哲学的这种特殊性质不仅是用于区分哲学与其他经验科学的重要标志，而且是哲学自身的显著特征。

不仅如此。我们今天所熟悉的一切自然科学和社会科学门类都是从哲学中分化出来的。在这个意义上，哲学的确可以被称作“科学之母”。自16世纪科学革命以来，物理学、化学、天文学、生物学等各门经验科学从哲学中分化出来，逐渐确定自己的研究范式，形成真正

① 金吾伦主编：《跨学科研究引论》，中央编译出版社1997年版，第3页。

独立的学科。这是人类知识体系在学科意义上的第一次分化。到19世纪，自然科学的巨大成功使得人文社会科学领域的学者跃跃欲试，试图把自然科学的方法用于人文社会科学的研究，产生了实证主义思潮，也带动一批人文与社会科学学科的独立，比如人类学、社会学、政治学、经济学、法学等，从而完成了人类知识体系的第二次分化。在这两次知识分化的过程中，原本作为人类知识总汇的哲学，其领地不断缩小，逐渐演变为一门高度抽象的专门学科。

哲学在知识分化的过程中，也逐渐完成了自身研究领域的分化。首先是认识论的地位在哲学中凸显出来，成为近代哲学的核心议题。随着哲学研究的不断深入和拓展，逻辑学、伦理学、宗教学、美学、科学哲学等逐渐形成自己独立的研究对象和丰富的问题域，逐渐发展为独立的哲学分支。哲学的自我分化过程无疑推动了哲学学科的发展，同时也凸显了哲学与其他知识门类之间的相互渗透，诸如政治哲学、经济哲学、法哲学、科学哲学、逻辑哲学、心理学哲学、生态哲学、心灵哲学等一大批专门化的哲学宣告诞生，还产生了更为具体的分支领域，如人工智能哲学、医学伦理学、认知科学哲学等。这就造成了当前哲学研究所面临的局面：一方面，不同的问题由不同的哲学分支学科专门研究，甚至相同的问题也是由不同的哲学分支在不同概念框架内从不同角度进行研究；另一方面，每一知识领域要么已经形成自己的哲学，要么正在形成自己的哲学。哲学的领地在不断被缩小的同时，哲学研究本身又通过另一方式重新扩展到人类知识几乎所有领域。哲学的高度专业化以及各门哲学分支学科的形成，既与自然科学和技术的高度发展有关，也反映了哲学研究领域的不断深化。

近年来，在经历了分化过程后，哲学学科又出现了重新整合的趋势。在学科分化基础上出现哲学与其他学科之间的交叉融合，这已经成为当今哲学研究的重要特征。美国哲学家莫顿·怀特指出："当我们一旦弄清楚学科之间没有明确的分界线，而且没有一门学科可以称得起在认识分类表中占有一个唯我独尊的位置时，当我们弄清楚了人类各种经验的形式也和认识同样重要时：只有到那个时候才算打通最广义的、关于人的哲学研究的道路。”① 事实上，“科学研究对哲学的依赖与哲学研究对科学的依赖一样，都是相互补充，互为说明的关系。尤其是在当今科学快速发展和社会急剧变化的时代，哲学与科学之间已经无法划分出明显的界限。”② 这种交叉融合不仅发生在哲学与科学之间，同样发生在自然科学内的各个学科之间，也发生在自然科学与其他社会科学之间。但在后两者的融合中，面临着一些根本性的问题，需要各门学科在已有的研究基础上从哲学的高度才能给予回答，例如，科学技术的本质和功能、人与生态系统的关系、经济和社会发展的目标与尺度、政治运作与法律建设的基础等。同时，哲学在其发展过程中也需要不断寻找新的问题域和生长点。这样，哲学与这些学科的交叉渗透就变得不可避免了。

哲学与自然科学的互动在当代比以往任何历史时期都更为复杂多变。20 世纪的许多重要哲学家在解决现代知识增长以及哲学与自然科学互动问题方面做出了卓越贡献。尽管如此，如何理解这种互动作用，却始终是哲学家和科学家以及社会公众争论不休的话题。目前聚焦于两种主要不同观点：一种观点认为，自然科学对哲学的影响至关重要，特别是以物理学为代表的当代自然科学甚至被认为是哲学发展的基本模式。这种影响集中体现为维也纳学派及其科学哲学理论。另一种观点认为，自然科学或许并不需要哲学，当代自然科学发展已经日益取代哲学而成为人类处理自然、社会以及人类自身关键问题的首选，因循守旧的哲学早已跟不上科学发展的脚步，甚至哲学本身就是多余的。这以当代物理学家霍金的观点为典型代表。显然，这两种观点代表了两个极端。究竟如何正确理解哲学与自然科学的互动作用，是我们正确理解当代哲学和自然科学关系之意义的关键。

在国内，对哲学与自然科学互动的认识也存在两种极端，但采取

---

① 莫顿·怀特：《分析的时代——二十世纪的哲学家》，商务印书馆 1981 年版，第 243 页。

② 江怡：《论人文学科在认知科学中的作用》，《南京大学学报》2019 年第 5 期，第 108—115 页。

了不同方式。一种方式是“科学万能论”和“哲学终结论”。前者声称一切自然现象都可以用自然科学加以说明，后者则由此断定哲学的终结。虽然终结论并非完全出自万能论的理由，但其结果就是要取消或否定哲学的作用。国内科学哲学界和具有哲学意识的自然科学家主要持有这种观点。另一种方式则是“不可替代论”和“哲学特色论”。前者声称哲学具有自然科学无法替代的作用，后者则坚持哲学的特殊性质。虽然坚持特色论并非完全来自不可替代论，但坚持不可替代论的主要依据就是哲学特色论。国内从事传统哲学研究的学者大多持有这种观点。①

严格地说，以上观点都无助于我们正确理解哲学与自然科学的互动作用，相反，它们在不同程度上都有害于这种正确理解，甚至造成对哲学和自然科学发展的妨碍。

三　互动作用研究之方法论：科学解释与语义分析

从19世纪末到20世纪初，对科学与哲学的互动作用研究，最初和主要的工作是在科学哲学的研究领域。当时的科学哲学研究主要是对自然科学最新理论的哲学解释，用概念分析的方法处理科学理论中使用的概念术语的意义。这样的科学哲学研究不仅出现在哲学家们对科学理论的解释工作中，而且出现在科学家们对自身理论的概念分析之中。前者的典型代表是维也纳学派成员石里克对量子力学的哲学解释，后者的代表是爱因斯坦对广义相对论的解释。正是由于这些科学－哲学家的工作，哲学与科学的相互作用就逐渐演变为一般科学哲学的研究内容。这里的一般科学哲学，不同于对具体科学的哲学研究，主要工作是对科学理论的哲学解释。从经验证

① 江怡：《机器思维问题不同研究进路的哲学分析》，《中国社会科学评价》2019年第4期，第74页。

实标准到科学发现的逻辑，从范式理论到科学研究纲领，从覆盖律模型到解释的语用学，从溯因推理到最佳说明推理等，经典的科学哲学理论和研究方法无不表明，对科学的哲学解释是科学哲学的核心，甚至可以说，一般科学哲学研究最本质的功能之一，就是在解释过程中实现对科学理论意义的建构。① 关于狭义的科学解释或说明，涌现出了大量的解释模型，它们从不同角度提供对科学解释问题的某种洞察，大体可以分为以下几个维度：（1）语义维度，以亨普尔（K. Hemple）的解释模型为代表，还包括后来萨尔蒙、兰顿等人所做的改进。（2）语用维度，范·弗拉森等人从不同的角度阐述了“解释的语用学”。（3）历史和社会维度，以库恩提出的基于社会认识的“范式”理论为代表，布鲁尔等人提出了更激进的社会建构论。（4）解释学维度，克里斯等人试图将伽达默尔的哲学解释学用于自然科学领域。在所有这些维度中，语义维度是科学解释的基本维度，为科学理论的哲学理解提供了有效前提和根据。因为科学解释对各门科学使用的基本概念和理论做出的哲学考察和说明，归根结底就是对科学概念与科学命题意义的语义分析，由此揭示这些概念和理论的真实内容。

科学史的发展表明，科学概念的发展变化，集中反映了科学理论和科学研究的进步，比如“引力”概念之于牛顿力学、“熵”之于热力学、“自然选择”之于进化论等。而且，每一个科学概念的形成在语义上都是系统相关的，这使得语义分析在哲学解释乃至整个科学哲学研究中都占据核心地位。可以说，科学哲学的发展取决于语义分析方法的运用。从科学研究方法论的角度看，语义分析方法并不是一种单一的方法，它包含不同的视角和维度，如逻辑经验主义奠基的逻辑分析、以库恩为代表的历史语境分析以及以奥斯汀和塞尔等人为代表的语用分析等。从语义分析方法的发展脉络和历史演进看，语境因素

---

① 郭贵春、赵晓聃：《一般科学哲学的图景及其特征：科学解释与意义建构》，《科学技术哲学研究》2017 年第 1 期，第 5 页。

在语义分析中的地位和作用逐渐彰显，与逻辑经验主义的传统语义分析方法有了重要区别。

研究表明，现代哲学中发生的“语言转向”开启了科学哲学的现代进程，而语言转向内在的“分析转向”预设了未来“语义转向”的走势，强化了意义建构的语义分析方法①，而语境因素的引入可以弥补传统语义分析的局限性。近年来，二维语义学的出现，可以看作是语境分析方法的最新发展②，代表了语义分析方法形式化和多元化的趋向。而对科学理论的哲学解释，也应该是一个自身语境化的过程，因为意义的标准是语境化的，对意义的解释和建构也应该是语境化的。因此，科学解释的语境化趋向，是当代科学哲学研究中最有前途的方向之一。

关于科学方法论以及语境分析，涌现出了大量的重要文献，比如霍尔顿（G. Holton）的《科学和反科学》（*Science and Anti-Science*）（1993）、豪森（C. Howson）和乌巴赫（P. Urbach）的《科学推理：贝叶斯方法》（*Scientific Reasoning*：*The Bayesian Approach*）（2006）、科利万（M. Colyvan）的《数学的不可或缺性》（*The Indispensability of Mathematics*）（2007）、基切尔（P. Kitcher）的《走向实用主义的科学哲学》（*Toward a Pragmatist Philosophy of Science*）（2013）等。这些文献以及其他相关文献构成了一般科学哲学及科学方法论的研究框架，具有非常重要的理论研究价值。

当代学者越来越重视语境在意义建构中的作用和意义。卡普伦（H. Cappelen）（2007）正确地指出，整体的意义建构依赖相关命题的语境意义及其相互之间构成的方式，并由此构成了特定语用过程中整体语境的价值取向。③ 腊平（S. Lappin）（1997）和斯科拉（L.

① 郭贵春：《科学研究中的意义建构问题》，《中国社会科学》2016年第2期，第20页。

② 当然，对于二维语义学实际上存在多种解读，查尔默斯主张一种认知的理解，而卡普兰、斯道纳克等人主张语境的理解。

③ Herman Cappelen，“The Creative Interpreter：Content Relativism and Assertion，“ in J. Hawthorne（ed.），*Philosophical Perspectives*，2008，Vol. 22. 23 – 46.

Sklar）（2000）阐述了语形和语义在语境中的相互作用。[①] 此外，鲍克（T. Bonk）（2008）阐述了“非充分决定性”对意义建构的影响。[②] 兰斯（M. Lance）（2008）论述了语法的规范性和意义建构的语义特性。[③] 查尔默斯（D. Chalmers）等人提出了二维语义学理论，为语境的模型化和计算化创造了条件。[④]

国内关于科学解释和意义建构的研究近年来有逐渐增加的趋势，出现了很多较为深入的具体研究，而基于语境的语义分析方法从科学哲学现代性的视角解决科学解释和意义建构问题可以说是一种全新的尝试。

四　认知方式的心理描述与表征主义路径

当代哲学与科学技术的互动作用，最为直接的表现方式是与人类心灵和认知活动密切相关的内容研究。在这些研究领域中，哲学家和科学家从不同的视角出发，运用不同的研究方法，对人类心灵和认知活动的不同机制和演变过程做出了迄今为止最为全面和深入的考察，取得了前所未有的前沿成果。这些考察的内容涵盖心理表征、机制、还原、实现、知觉、意识、语言、情绪、模拟、心理学解释、认知神经科学、计算神经科学、心理病理学、情境认知、人工智能以及进化心理学等重要方面，涉及了心理学、认知科学和哲学的广泛领域与重要课题，是典型的跨学科研究领域。

就与心灵和认知有关的各种心理现象（如意识、知觉、情绪、意

① Shalom Lappin, *The Handbook of Contemporary Semantic Theory*, Oxford: Blackwell Publishers, 1997. Lawrence Sklar (ed.), *The Nature of Scientific Theory*. New York: Garland Publishers Inc., 2000.

② Thomas Bonk, *Underdetermination: An Essay on Evidence and the Limits of Natural Knowledge*. Netherlands: Springer, 2008.

③ Mark Norris Lance, John O'leary-Hawthorne, *The Grammar of Meaning: Normativity and Semantic Discourse*. Cambridge: Cambridge University Press, 2008.

④ David J. Chalmers, "The Foundations of Two-Dimensional Semantics," in Manuel Garcia-Carpintero and Josep Macia, eds., *Two-Dimensional Semantics*. Oxford: Oxford University Press. 2006.

象、记忆等）而言，其本质和源头直指自然、社会、心灵各大领域的交集，其特征、功能及影响直接关涉对人和世界的本质结构的整体把握，对这些现象及其特征与功能的探讨，构成了当代认知科学哲学研究的核心。例如，意识问题（包括意识的种类与特征、意识与心理以及反省之间的关系等）、情绪问题（包括情绪的种类与特征、情绪的认知产生机制、情绪与推理、情绪与意识、情绪与自然类等）、记忆问题（包括认知视域下记忆存在的哲学基础与实质、记忆与意象、语言、情绪的关系等）、意象问题（包括意象存在的前提和本质、意象的表征方式等）；认知过程的发生与机制、认知的结构、认知的表征类型与转换、各种认知理论之间的关系等问题；智能的本质与人工智能的问题；意向性的本质、种类、结构与功能问题，这些无疑都是当前认知科学哲学的热点问题。对这些问题的研究不仅构成了认知科学哲学的重要内容，更是凸显了当代哲学与科学研究之间的密切互动关系。

在心灵和认知研究中，表征无疑是一个核心概念。20 世纪 50 年代后，在计算机科学、控制论和系统论等学科的影响下，认知科学试图以表征的计算过程来描述脑内的信息加工，心智的计算隐喻在与认知相关的各种研究中广为接受，心智的计算 - 表征理解成为新的研究范式，形成所谓的第一次认知革命。在这一新的范式中，认知归根结底不过是基于表征的计算操作，认知语言学、认知神经科学、心灵哲学等各个领域都因为贯彻这一思想而取得了巨大发展和突破，由于计算是以表征为基础的，表征是计算的起点，因此表征主义的重要性显得尤为突出，在认知研究中长期居于主导地位。尽管近年来表征主义受到一系列的挑战，但表征理论仍具有明显的理论优势，受到迈克·泰（Michael Tye）、克拉克（A. Clark）、卡明斯（R. Cummins）、史密斯（B. C. Smith）、丹尼特（D. Dennett）、豪格兰德（J. Haugeland）等一大批重要哲学家的支持。近几十年来，表征与表征内容问题引起大量争论，其中最为关键的问题涉及命题态度的本质及其与内容的关系，感受质及其与内容的关系。目前关于表征内容的自然主义理论主要有两种：一种是因果信息理论，主张表征内容以它携带的、被引起的或将要发生的信息为基础；另一种是功能理论，认为表征内容涉及它与其他表征的关系，比如因果关系、推论关系。而在认知科学哲学中，大脑和中枢神经系统的计算构架、心理性（mentality）的科学和常识说明的兼容性（compatibility）等问题，一直没有得到很好的解决。①

五 具身理论和生成主义

具身理论和生成主义是对认知表征主义进路提出的两个主要挑战。首先是由弗朗西斯科·瓦雷拉（Francisco Varela）、埃文·汤普森（Evan Thompson）和埃莉诺·罗施（Eleanor Rosch）等人在 1991 年出版的《具身的心灵：认知科学和人类经验》（*The embodied mind: cognitive science and human experience*）一书中提出的。他们注意到，对有机体生成作用的关注与实在论（世界是独立于心灵的）是不相容的，对于有机体来说，世界并不独立于有机体的活动，世界是被有机体的在世操持而带入的。在这部影响巨大的著作中，他们提出了生成主义的基本观点，确立了一种反表征主义思想路线，将有机体的认知能力嵌入并作用于生物的、心理的和文化多样性的宽泛语境中。在强调心智与涉身活动和嵌入活动之间的本质性联系时，这种最初版本的生成主义目标，就是明确反对并矫正那些“将表征作为其核心心概念”的心灵进路。

但生成主义的支持者并不都是立场坚定地反对表征，例如，一些相对温和的生成主义理论，比如感觉运动的生成主义（Sensorimotor Enactivism）和自创生的生成主义（Autopoietic Enactivism）。前者的支持者主要有赫利（S. Hurley）、奥利根（J. K. O'Regan）和阿维·诺伊（A. Noê 等人，后者的支持者主要有汤普森（E. Thompson）和德

① 魏屹东：《表征概念的起源、理论演变及本质特征》，《哲学分析》2012 年第 3 期。

·保罗（Di Paolo）等人。胡托（D. Hutto）和迈因（E. Myin）等人主张激进的生成主义，试图在基本心智的层面彻底抛弃内容和意义之类的谈论。他们在2006出版的论文集《激进的生成主义：意向性、现象学和叙述》（*Radical Enactivism: Intentionality, Phenomenology and Narrative*）收录了鲁德（A. Rudd）、克雷（T. Crane）、高尔丁（P. Goldie）、霍布森（P. Hobson）、吉拉拉基尔（S. Gglalagher）等人对胡托生成主义观的评论，胡托对这些批评逐一做出回应，2013出版的《激进化的生成主义：没有内容的基本心灵》（*Radicalizing enactivism: basic minds without content*）进一步完善了其对表征主义和内容理论的批判，2017年又出版了《进化中的生成主义：基本心灵遭遇内容》（*Evolving Enactivism: Basic Minds Meet Content*），对之前的理论作出了修正和完善。胡托近十余年来不遗余力地批判以表征概念和内容理论为基础的经典认知理论，是激进反对表征主义的典型代表。

同样影响深远的是克拉克（A. Clark）与查尔莫斯在1998年发表的论文《延展的心灵》中提出的延展认知观，得到了萨顿（J. Sutton）、霍格兰德、罗兰茨（M. Rowlands）、吉布斯（R. Gibbs）、门纳里（R. Menary）等学者的广泛支持。他们认为，传统的外在论是相对于内在论而言，仍然默认了将心智限定在头脑之内的观点。他们主张一种更为积极的外在论，将认知过程中与人耦合的环境和技术资源视为构成心智的要素。延展认知观较为保守，对表征主义也没有构成严重威胁，但它使人们更加明确地认识到身体和环境在认知过程中的重要性。

20世纪80年代以来，情境性（situatedness）和具身性（embodiment）受到越来越多的关注，成为认知研究的核心概念。涉身认知、情境认知在批判表征主义的过程中也逐渐分化为温和派和激进派。前者如贝拉德（D. H. Ballard）、科斯（D. Kirsh）和迈吉利奥（P. Maglio）的行动导向认知理论，后者主要代表是认知动力学理论，倡导者主要有埃德曼（G. Edelman）、克兰西（W. J. Clancey）、泰兰（E. Thelen）、史密斯（L. Smith）、吉尔德（T. van Gelder）、波特

（R. F. Port）、吉尔索（J. A. S. Kelso）、布鲁克斯（R. Brooks）和比尔（R. D. Beer）等人，他们都倾向于将认知看成非表征、非计算的系统事件。

认知本质上是一种表征和计算，这是经典认知科学表征主义的核心信条。这一信条背后有三个基本假设。一是，作为表征对象的世界的客观性与独立性；二是，存在作为表征者的主体或心智；三是，从表征发挥作用的方式来看心智是"自然之镜"。随着人们对环境因素和资源在认知活动中发挥的作用的重视，表征主义的观点受到越来越多的质疑。认知科学的很多研究成果也表明，表征主义在很多情况下缺乏应有的解释力。比如，颜色恒常性的挑战表明，表征主义以经验内容来说明现象特征的区别并不成功；自主行动者（autonomous agent）的认知活动是由大脑、身体和世界协作完成的，这一事实表明忽略环境因素的表征，计算模型难以胜任对认知活动的完整解释。

涉身认知、延展认知、情境认知、嵌入认知、生成主义等新兴认知理论，在不同程度上对表征主义进行了批判，削弱了表征在认知解释中的作用。这些认知解释所具有的一个共同特征是，它们尊重如下事实，即认知者是涉身的并且是与环境不断交互的。认知不仅仅是基于内部表征的神经活动，更是基于行动的环境交互活动。这种以有机体的活动或行动为导向的观点尤其对知觉理论构成了冲击，比如，在视觉理论中，视知觉这种活动不仅仅涉及视觉器官的样态，而且包含整个生成的有机体。如果我们不承认内部神经机制和过程的研究是理解有机体如何产生视知觉的关键，那么表征的核心作用就被削弱了。按照这些新的认知解释，我们并不需要构建环境的内部表征，因为有机体是在环境中发现自身：有机体可以将其所处环境典型化，而不用诉诸环境的内部模型。需要注意的是，正是基于对待表征的不同态度，这些认知解释普遍存在两种不同的理论倾向，即较为温和的和较为激进的。温和观点并不完全排斥传统的表征和计算理论，而是试图将它们与涉身与生成的概念结合在一起。激进的观点则试图全面拒斥表征理论。比如，胡托等人所主张的激进生成主义认为，生成主义本质上与表征主义是不相容的，因此，生成主义的不断激进化是一个必然趋势，它不是对表征主义作温和的改良，而是颠覆性的革命，彻底抛弃认知科学中的理智主义传统，否认所有心智活动都涉及内容和表征。① 这种观点的核心在于，基本心智不涉及内容。有机体可以用多种智慧方式应对环境，不必求助于呈现和表征外部世界的内部机制。胡托对表征主义中载体与内容的共变关系提出质疑，认为这将构成表征主义无法克服的“难问题”。面对这一难问题，在基本心智解释上应该采取的态度就是，放弃“内容”概念，放弃表征概念，除了那些涉及意识形态和语言实践的高级心智活动外，内容性的心智表征活动并不是一种普遍存在。生成主义虽然产生了广泛影响，但因其理论的激进也受到各方质疑和批评。一个主要的批评是，激进生成论虽然在解释基本心智方面相对表征主义而言具有更好的解释力，但是对于复杂的认知行为，生成主义所强调的基本心智似乎又存在明显的不足。

我们认为，对待表征问题的不同态度，是理解这些认知理论的关键。因此，从表征与非表征的视角对这些认知理论作系统考察，分析这些理论中的微妙差别，在此基础上进而探讨一种非表征的认知理论是否可能，这是当前认知科学哲学理论的重要工作。

六 人工智能哲学相关问题

自20世纪90年代以来，人工智能引起人们的广泛关注和讨论，各种人工智能的研究资料可谓汗牛充栋。特别是近十年来，以阿尔法狗（AlphaGo）和索菲亚为代表的人工智能技术不断取得令人惊叹的突破，关于人工智能的哲学研究也呈现爆炸式增长。

早期人工智能哲学的一个重要方面是对人工智能技术进行哲学反

---

① Daniel Hutto, Erik Myin, *Radicalizing Enactivism: Basic Mind without Content*. Cambridge, MA: The MIT Press, 2013. pp. xii – xix.

思和批判疑，比如德雷福斯 1972 年出版的《计算机不能做什么：人工智能的局限》，塞尔 1980 年出版的《心灵、大脑和程序》，还有 70 年代普特南提出的缸中之脑的思想实验。这些都试图表明，智能机器能够处理句法操作，但无法进行语义操作。豪格兰德将人工智能视为其重要的研究领域，撰写了一系列人工智能哲学著作，如《人工智能：伟大的想法》（*Artificial Intelligence*: *the Very Idea*, 1985）以及编撰的论文集《心灵设计：哲学、心理学、人工智能》（1981）和 1997 年的续集。博登（Margaret Boden）1990 年编著的《人工智能哲学》收录了 15 篇经典论文，已经有中译本出版。2006 年，博登在牛津大学出版社出版了两卷本巨著《作为机器的心灵——认知科学史》，其中不仅研究人工智能的历史，而且从更广阔的认知科学意义上探讨了机器思维的发展历程。

同时，一些具有远见卓识的人工智能专家不仅关注具体的研究任务，还试图通过人工智能研究考察人类自身的认识，从而进展到一种哲学的研究。人工智能专家尝试从哲学中吸取思想资源，寻找可用于人工智能研究的新方向。对于这种亲密互动的关系，哲学家德雷福斯有过一段生动的描述："我惊讶地发现，认知模拟的先驱者们——已经继承了霍布斯推理就是计算的主张，笛卡尔的心理表述、莱布尼兹的'普遍文字'的思想——所有知识都可以在一组初始概念中得到表示；康德关于规则即概念的主张，弗雷格关于这些规则的形式化以及罗素用逻辑原子建立实在组块的假定。简言之，虽然没有意识到这一点，但是人工智能的研究者们正在勤奋工作，把理性主义哲学转变成一个研究纲领。"①

人工智能哲学涉及的议题非常广泛。除了与语义问题密切相关，还有图灵测试引发的机器思维甚至机器意识问题。图灵测试引发当代自然科学的最大挑战，是人类思维的可模拟性。科学家们对机器思维

① H. L. Dreyfus, "Why Heideggerian AI Failed and How Fixing It Would Require Making It More Heideggerian". *Philosophical Psychology*, Vol. 20, No. 2, 2007, pp. 247 – 268.

的乐观态度与哲学家们对意识难问题的探索，构成当代哲学与自然科学对话的重要组成部分，也是两者形成鲜明对立的焦点之一。如何解释大脑不同的功能，这是哲学与心理学、生命科学、神经科学、计算机科学和人工智能互动的重要领域。此外，作为检验人工智能作用的无监督方案如何能够经受自由意志的挑战，这是当代哲学家和科学家共同面临的难题。人工智能具有自由意志，是否意味着人类被完全取代，这是人类必须回答的一个严峻问题，也是哲学与科学互动作用的最终环节。这是人工智能研究对哲学研究的重要影响结果。

最后，人工智能引起的人类学和伦理学问题也是人们忧虑的焦点。人工智能的每一个突破都在更新人类对自身的认知，不断拓展人类的认知边界。相对于人类主体，人工智能构建了一个巨大的“他者”，挑战传统的“人类中心主义”，因为这个他者不是被人类奴役的客体对象，而是与人类平等的主体，甚至就是人类自身。试想，当我们所有人的大脑神经元逐个被硅基芯片或其他人工智能技术逐一替换，我们在自我审视或审视他人的时候，我们究竟是在审视怎样的对象。因此，人工智能引发大量伦理关切也就不足为奇了，甚至可以说，人工智能将会威胁人类伦理的一些基础信念。

近年来出版的人工智能方面的各类著作明显增多，翻译成中文的就不在少数。但严肃的哲学探讨仍不多见，在人工智能哲学研究方面，国内学术界虽然还仍以译介国外著作为主，但是已经出现一些较有分量的人工智能哲学专著，并且人工智能哲学研究的学术团队在不断扩大、学术旨趣在不断丰富、学术成果在不断深化，总体呈现出日益兴盛的局面，近几年更是成为学术研究的热点，学术成果尤其丰富。比如，2013 年徐英瑾出版了《心智、语言和机器——维特根斯坦哲学和人工智能科学的对话》，2014 年高新民与付东鹏出版了《意向性与人工智能》，2016 年董佳蓉出版了《语境论视野下的人工智能范式发展趋势研究》，相关论文近几年更是层出不穷。这些成果表明，国内哲学界已经开始对人工智能的哲学研究，并向人工智能专门领域的研究者提出了邀约，共同完成对人工智能技术的时代反思。

参考文献

1. 郭贵春：《科学研究中的意义建构问题》，《中国社会科学》2016 年第 2 期。

2. 江怡：《机器思维问题不同研究进路的哲学分析》，《中国社会科学评价》2019 年第 4 期。

3. 江怡：《论人文学科在认知科学中的作用》，《南京大学学报》2019 年第 5 期。

4. 金吾伦主编：《跨学科研究引论》，中央编译出版社 1997 年版。

5. 莫顿·怀特：《分析的时代——二十世纪的哲学家》，杜任之等译，商务印书馆 1981 年版。

6. 魏屹东：《表征概念的起源、理论演变及本质特征》，《哲学分析》2012 年第 3 期。

7. Bonk, Thomas, *Underdetermination: An Essay on Evidence and the Limits of Natural Knowledge*. Netherlands: Springer, 2008.

8. Cappelen, Herman, "The Creative Interpreter: Content Relativism and Assertion". in J. Hawthorne (ed.), *Philosophical Perspectives*, 2008, Vol. 22, pp. 23 – 46.

9. Chalmers, David J., "The Foundations of Two-Dimensional Semantics". in Manuel Garcia-Carpintero and Josep Macia, eds., *Two-Dimensional Semantics*. Oxford: Oxford University Press. 2006.

10. Dreyfus, H. L., "Why Heideggerian AI Failed and How Fixing It Would Require Making It More Heideggerian". *Philosophical Psychology*, 2007, Vol. 20, No. 2, pp. 247 – 268.

11. Hutto, Daniel, & Myin, Erik, *Radicalizing Enactivism: Basic Mind without Content*. Cambridge, MA: The MIT Press, 2013. pp. xii – xix.

12. Lance, Mark Norris &O1eary-Hawthorne, John, *The Grammar of Meaning: Normativity and Semantic Discourse*. Cambridge: Cambridge University Press, 2008.

13. Lappin, Shalom, *The Handbook of Contemporary Semantic Theory*. Oxford: Blackwell Publishers, 1997.

14. Sklar, Lawrence, (ed.), *The Nature of Scientific Theory*. New York: Garland Publishers Inc., 2000.

二十一　个体、社会、未来
——西方哲学家论新冠疫情的影响*

2020年初，一场突如其来的新冠疫情打乱了整个世界的正常活动，给全人类的日常生活带来了全面而深刻的影响。这是人类在21世纪面临的最大一次自然灾害，威胁到全球每个人的健康和生命安全。面对这样一场重大灾难，现代人类如何处理人与自然、个体与社会以及如何面对人类的未来，这样一些重要问题都严峻地摆到了人类面前。西方哲学家们在疫情暴发之初就对这场疫情有所反应，以哲学家特有的思维方式反思疫情给人类生活造成的影响。据我所掌握的有限资料，我希望在这里能够展现西方哲学家们的思考结果，并对这些思考做出一些基本分析。

一　哲学家们对新冠疫情的最初反应

用观念的方式反映人类现实生活的具体状况，这是哲学工作的基本形式。事实上，哲学家们对新冠疫情的直接反应，就是在报纸杂志上发表文章和出版著作，或者接受媒体采访，或者在博客上发表意见。这些构成了我们目前看到的西方哲学家们对新冠疫情做出最初反应的主要方式。

---

* 该文最初来自我受邀参加2020年5月28日武汉大学哲学院主办的云端会议“新冠疫情时代的哲学反思与心理调适”分会场“新冠灾害之时的科学与文化审视”所作的报告。感谢报告评论人陈亚军教授的点评和会议主持人朱志方教授的评论，感谢报告会参与者对报告内容提出的问题。

早在2020年1月22日，著名的斯洛文尼亚哲学家索洛维奇·齐泽克（Slavoj Žižek）就在德国《世界》（*Welt*）杂志发表文章《我的武汉之梦》，对武汉最初出现的疫情表示关注，并明确表达出对疫情造成恐慌的担忧。① 2月26日，著名意大利哲学家阿甘本（Giorgio Agamben）则在一份意大利杂志《任何》（*Quodlibet*）中发表文章《传染病的发明》中指出，由于流行病的出现导致了社会的恐慌现象，而这种恐慌现象与其说是因为流行病造成的，不如说是因为政府把“例外状况”作为控制社会和人类活动的一种借口，用这种例外实现政府对社会的支配，政府可以安全为借口而实行对自由的限制。②虽然阿甘本的这个观点引发了许多西方哲学家的批评，但他的思考可以说是具有前瞻性的。事实上，无论是南希（J-L. Nancy）对阿甘本的虚构论批评，还是洛奇（Rocco Ronchi）对阿甘本批判者的回应，他们都没有理解阿甘本的理论意图。③ 阿甘本的担忧是，政府权力是否会在这场疫情中得到毫无约束的扩张，这是基于对个人自由权利受到侵犯的担忧。应当说，这种担忧正是西方哲学家们在考察新冠疫情影响时重点关心的问题之一。《欧洲心理分析杂志》于2020年3月30日连续发表了数篇文章，集中讨论了哲学家应当如何应对新冠疫情的问题，特别围绕阿甘本的“例外状况”理论展开了批评。④《后数字科学与教育》杂志也于4月29日发表文章，讨论了后数字时代的哲学与大流行之间的关系，集中于福科、阿甘本和齐泽克的不同观点。⑤ 4—5月，《亚洲和国际生命伦理学杂志》连续两期发表专刊，围绕新冠疫情对医学和伦理学的影响以及应对措施提出了许多观点和

---

① S. Žižek, My Dream of Wuhan, in *Welt*, 22 January 2020.

② G. Aganben, The Invention of an Epidemic, in *Quodlibet*, 26 February 2020.

③ J-L. Nancy, Viral Exception, in *Antinomie*, 27 February 2020; Rocco Ronchi, The Virtue of the Virus, in *European Journal of Psychoanalysis*, 14 March 2020.

④ Foucault, Agamben, Nacy, Esposito, Benvenuto, Diviedi, Mohan, Ronchi, Carlis, Coronavirus and Philosophers, *The European Journal of Psychoanalysis*, 30 March 2020.

⑤ Michael A. Peters, Philosophy and Pandemic in the Postdigital Era: Foucault, Agamben, Žižek, *Postdigital Science and Education*, 29 April 2020.

建议。[①] 欧洲和北美的一些重要报刊和媒体也从 2 月底开始陆续发表著名哲学家的文章，直接反映了他们对新冠疫情的基本态度和主要观点。例如，法国著名哲学家巴迪欧（Alain Badiou）在一个激进主义出版社，逆言出版社（Verso Books）的博客中认为，流行病状况就是人类的一种自我检查和反省机制。[②] 美国著名哲学家辛格（Peter Singer）则把新冠疫情与气候变暖结合起来，认为新冠疫情的出现可以帮助我们重新认识人类碳排放造成的危害；他还认为，新冠疫情的负面影响将会使人类认识到食用野生动物的危害，因此禁止猎杀和食用野生动物应当是全球性的行动。[③] 德国著名哲学家哈贝马斯在接受《法兰克福评论报》记者采访时指出，我们关于新冠病毒所知道的比我们不知道的还要多，因此，我们必须对此保持警惕。这不仅需要我们对我们所知的东西保持谨慎态度，更要去了解我们所不知道的东西；而且，我们不能因为我们所不知道的东西而产生认知上的恐慌。[④] 美国著名哲学家桑德尔在《纽约时报》上发表文章，认为目前的疫情恰好暴露了美国的社会不平等现状，在这种情况下人们如何能够团结一致共同应对疫情就变成了一个紧迫的社会问题。[⑤] 此外，据不完全统计，美国的《医学伦理学杂志》《波士顿评论》、爱尔兰的《爱尔兰时报》以及瑞士的《新苏黎世报》等都发表了许多哲学家的评论文章，对新冠疫情的社会影响做了哲学上的分析思考。

在著作出版方面，最早出版的图书应当是 2020 年 5 月 8 日由美

---

① *Eubios: Journal of Asian And International Bioethics*, vol. 30 (1 – 4). Issues entirely dedicated to Covid-19.

② Alain Badiou, On the Epidemic Situation, in *Verso Blog*, 23 March 2020.

③ Peter Singer and Paola Caralieer The Two Dark Sides of Covid-19, in *Project Syndicate*, 8 March 2020; Peter Singer and Michael Plant, What Will the Pandemic Cure be Worse Than the Disease, in *Project Syndicate*, 6 April 2020; Peter Singer and Kian Mintz-Woo, Put a Place on Carbon Now! in *Project Syndicate*, 7 May 2020.

④ Markus Schwering, Habermas on Corona: There never was this much knowing about not knowing, in *Frankfurter Rundschau*, 10 April 2020.

⑤ Michael Sandel, Are We All in This Together, Inequality in America, in *The New York Times*, 13 April 2020.

国 O/R Books 出版的齐泽克的《大流行：新冠震撼了世界》。① 该书被看作是“西方最危险的哲学家”齐泽克以其敏锐的视角，用非理论化的方式，表达了对当下最紧迫的社会问题的关注。他在书中提出了这样几个主要看法：其一，从现象上分析，恐慌具有自身的逻辑。人们的恐慌心理大多是由于对信息来源的权威性缺少信任，因而导致谣言最终变成现实。其二，非典之后我们就不断被告知更为严重的流行病即将到来，但我们似乎并没有对此引起足够的重视，没有做好充分的准备。因此，但疫情到来之时，我们又感到措手不及。这表明，所有的预测都只有在与我们的切身利益相关时才会引起我们的重视。其三，疫情流行不仅标志着市场全球化的限度，而且标志着国家主义的民族主义的致命限度。尤其是在当下，没有哪一个国家可以自保其身。这是一个现实的悖论：一方面，为了控制疫情流行，每个国家都必须首先自保；但另一方面，要真正战胜疫情，各国之间又必须精诚合作，团结协作。其四，重新反思“适者生存”的严酷规律，思考如何在当下条件下实现社会公平原则，由此重新引入共产主义的理想。作为对当代资本主义社会的批评者，齐泽克在书中表达的思想代表性地反映了他一贯的对资本主义的批判态度和对共产主义的积极推崇。虽然他的这个公众形象主要是在意识形态上的，但他对新冠疫情的哲学反思在社会上也产生了较大反响。与阿甘本一样，齐泽克在许多报纸杂志上发表文章和接受媒体采访，表达他对新冠疫情影响的反思。例如，在《新苏黎世报》上，他指出，经过新冠疫情，人类将不再恢复到从前，这就是新冠疫情给我们的最为深刻的教训；在《批判探究》博客上，他认为，人类面孔的野蛮（暗指人们必须佩戴口罩）将会是人类的命运。② 所有这些都表明，齐泽克是西方哲学家中对新冠疫情最早的反思者，也是最具影响力的西方哲学家之一。

---

① Slavoj Žižek, *Pandemic! Covid*-19 *Shakes the World*, O/R Books, published on 8 May 2020.

② S. Žižek, Man Will No Longer Be the Same, in *Neue Zürcher Zeitong*, 13 March 2020; S. Žižek, Is Barbarism with a Human Face Our Fate? In *Critical Inquiry Blog*, 18 March 2020.

二 西方哲学家讨论新冠疫情影响的主要哲学领域和问题

从西方哲学家们对新冠疫情影响的论述看，他们提出的许多观点和思考的问题基本上涉及到西方哲学的许多重要研究领域，或者说，我们可以从哲学研究领域的角度，审视哲学家们提出的问题和观点。

1. 本体论领域

虽然新冠病毒的发现和新冠疫情的暴发是医学和流行病学上的重大事件，但哲学家们对这场疫情的反思却没有仅仅停留在医学科学上，而是从哲学本体论的高度重新审视了人类存在的规定性、人类与自然的关系、人类心理与人类行为的关系以及生存与死亡的关系等重大的形而上学问题。

（1）人类存在的规定性：个体与他者的关系

正如历史上出现过的任何一种流行病传播一样，新冠疫情带给人类的首要冲击是对生命存在意义的挑战。哲学家们对这种挑战给出的回答有两种不同的态度。第一种是积极应对的态度，用科学的方法面对病毒带给人们的伤害，以积极的配合处理生命中最为重要的环节。另一种态度则是处之泰然，以心灵慰藉面对身体上的创伤，用平静心态面对这场危机。第一种态度主要反映在《亚洲和国际生命伦理学杂志》在2020年4月和5月出版的两期专号上，由来自不同国家的科学家和伦理学家共同商讨如何面对疫情给人类生命造成的危险。第二种态度的代表是美国哲学家克里切利（Simon Critchley）2020年4月11日在《纽约时报》上发表的文章《做哲学就是要学会如何死亡》。他认为，在目前的情况下，哲学的安慰就在于摆脱否定死亡的日常生活习惯，以清醒的勇气和清晰的现实主义面对局势的焦虑。[①] 这种看似消极的面对，其实正是哲学能够为普通人提供的心灵安慰所在。

面对这场新冠疫情，哲学家们更为关心的是在社会中的个体与他者之间的关系问题，也就是如何理解人们在自我隔离中满足他者对自我的约束。已经有哲学家指出，由于疫情而带来的自我隔离造成了人类交往受到极大限制，从而迫使人类重新思考个人与社会之间的关系。虽然疫情造成的自我隔离不过是暂时的防疫措施，但长期的隔离却导致了人们心态的变化，甚至产生厌世心理。这恰好是与个人的社会地位相互冲突，并可能造成社会更大的恐慌。他者的存在原本是个体存在的根据，但在隔离中，个体由于缺少与他者的互动，长此就会造成个体自我认知的丧失，最后使得社会失去了对个体的凝聚力。从哲学上解读这种长期的自我隔离，它直接导致个体对社会的认同感，并疏离了自我与他者之间原本密切的（事实上应当是必不可少的）关系。[②]

（2）人类与自然：人类与病毒的长期共存

越来越多的人认识到，本次新冠病毒的严重危害使得人们无法完全避免这种病毒，即使是有了可预防的疫苗，也很难使人类彻底消除这种病毒。这种危害不仅表现在其强大的可变异性和季节性，更在于它与现代人类活动方式密切相关。这就引发了哲学家们对人类与自然关系的深入思考。这不仅是消极应对和退守式面对自然和人类活动的变化，更是以积极方式反思人类活动对自然造成的危害，特别是主动提出有效措施以保证人类对自然和一切生命的尊重，阻止人类活动对自然的破坏。这些观念在辛格等伦理学家的论述中得到充分表达，他们不仅提出了生命伦理学的基本原则，即尊重和同情自然界中的一切生命，而且把这一原则用于解释目前被视为一切真理来源的自然科学，强调对科学的社会地位的重新认识，即好的科学或许会带来坏的结果。[③]

---

① Simon Critchley, To Philosophize Is to Learn How to Die, in *The New York Times*, 11 April 2020.

② Vafa Ghazari, Ethics at a Distance, in *Boston Review*, 21 April 2020.

③ Marc Lipstich, Good Science Is Good Science, in *Boston Review*, 12 May 2020.

正如科学家们指出的，由于新冠病毒的特殊性，人类或许在未来必须与病毒长期共存，哲学家们对此也深感认同并提出了自己的不同理解。虽然病毒是危害人类健康和生命的重要敌人，但与敌共舞的心态恰好反映了哲学家们对人类存在意义本身的认识。无论是阿甘本还是南希，都明确地表达了在这场疫情中我们需要对人类的存在意义做出重新理解。从尊重生命的意义上看，人类需要对自然与人类的关系重新做出评价，由此引发人类对自身活动效果的反思。从人类存在的意义上看，人类存在本身就始终与其他生命体共存的，并在这种共存中不断增强、完善和发展自己。因此，人类与病毒的共存并非人类的危险，而是人类的命运。①

（3）人类心理与人类行为：恐慌心理如何影响人类行为

不同于科学家们对新冠疫情的反应，哲学家们的反应不是在病毒的危害上，而是在人类的心理上。与病毒的传播影响不同，恐惧的传播往往是与人们的认知有关，与人们获得的相关信息有关。按照齐泽克的说法，恐惧有着自身的逻辑。例如，当社会上传播卫生纸脱销的谣言，政府却在反复宣传有足够的供应，这时候人们往往是涌向市场购买卫生纸，结果导致卫生纸真的脱销。这表明，人们的恐惧会直接导致人们的行为发生改变。哲学家们在考察这两者之间的关系时，特别注意到人们行为的变化，也就是恐惧心理导致的行为后果。事实上，面对全球流行的新冠疫情，哲学家们的目光不是聚集在当下的危机状况，而是聚集在人类未来的行为方式的变化。即使没有恐惧，这场疫情也已经足以改变人们的社会交往模式和生活方式。因此，哲学家们更加关心的是，在这场疫情之后人们会如何生活，人类社会又会以何种方式存在。

（4）生存与死亡：面对死亡的态度

在这场疫情中，每个人就必须时刻面对死亡问题。这是一个生死

① G. Aganben, We are Merely Naked Life, in *Neue Zürcher Zeitung*, 17 March 2020; J-L. Nacy and Shaj Mohan, Our Mysterious Being, in *The Philosophical Salon*, 13 April 2020.

攸关的大事，哲学家们必须直接面对。从古至今，哲学家们对死亡问题的回答都远比其他人更为直截了当。在这场疫情面前，哲学家们更是表现出无畏的态度，正如克里切利的文章题目所言，做哲学就是要去学习如何死亡。

面对死亡威胁，哲学家们虽然无法提供任何有效的治疗方法，但可以给出自己的解决方案。当人们对死亡的恐惧超过对生命的眷恋，哲学恰好可以帮助人们更多地意识到社会认同的珍贵，更好地处理自己与家人、朋友和同事之间的密切关系。来自爱尔兰的哲学家们指出，在这个过程中，人们会逐渐拾起对珍惜生命的渴望和对死亡恐惧的拒斥，还会逐渐增强对他人的信任和依赖，因为没有医生和专家的帮助，面对死亡或许就会更加无助。希波克拉底的誓言“不要伤害”不仅应当广泛地运用于医学救助，更是每个人都必须遵循的道德准则。哲学家们还引述了西蒙·德·波伏娃的著名观点，认为人类的生存本身就是一种不确定存在，生活不是对不确定性的消除，而是认识到这种不确定性就是一种存在的条件。这也意味着，每个人的自我隔离其实就是我们共同面对人类的条件。我们的存在就是他人存在的现实，因而每个人都共享相互的责任。拒绝为防止病毒扩散而采取的行动，我们就要为糟糕的状况承担责任，这个责任不是为他人承担的，而是为我们自己承担的，因为我们之间的相互联系就意味着我们的存在本身。[①] 这些反思对我们更好地面对新冠疫情的确有许多启发性理解。

2. 认识论领域

这场新冠疫情的暴发突如其来，令人猝不及防。疫情的传播又是如此迅速和广泛，更是让人们陷入恐慌。但这种恐慌的产生，正如前面指出的，主要是由于对病毒和疫情的相关信息了解不足，或者说是

---

① Joe Humphreys, Coronavirus: How can philosophy help us in this time of crisis? In *The Irish Times*, 26 March 2020.

信息不对称导致的社会心理结果。这就引发了哲学家们对新冠疫情的认识论关注，特别是从认识的限度、真相与谎言、理解与误解、认识的过程等多方面，提出了许多不同的观点，值得我们关注。

（1）认识的限度：所知与未知

齐泽克在《大流行》中指出，普遍恐慌的出现，主要原因就在于人们对新冠病毒的知识了解不多，信息的不对称导致人们产生心理恐慌情绪。随后，更多哲学家撰文指出，我们目前所知的信息远比我们认为所知的信息要少得多；我们往往会以我们所知信息对目前状况做出判断，这样的判断必然会由于信息缺失而失去准确性。例如，许多人根据网上未经证实来源可靠性的信息做出片面判断，而后被证实为错误的判断已经导致了错误的行为，明显的例子就是抢购。但哲学家们更为关注的则是无知在认识过程中的作用。

瑞典斯德哥尔摩大学的安哥纳（Erik Angner）在《行为科学家》网站上发表文章，引用达尔文的经典观点“无知会比知识更为通常地带来确信”，认为这个观点可以帮助清醒了解目前我们对新冠疫情信息的认知状态。我们关于疫情的信息非常有限，而且有些信息真假难辨。面对每天浪潮般资讯，我们需要做的不是按照这些信息提供的要求去行动，而是对这些信息做出理性分析，辨别信息的合理性。我们需要承认自己的无知，并以无知来应对貌似有知的个人或组织。过分确信恰好来自缺少对信息来源的正确判断，这被称作“心理偏见之母”。专家的最大特征不在于对某个特定事物或事件拥有比他人更多的知识，而是在于知道这种知识的限度，也就是知道哪里是我们所知的边界。只有无知而不是无畏，才是拥有知识的最终标志。这就应验了苏格拉底的名言“我知道我无知”。安哥纳认为，这种认知上的谦逊构成了一种理智德性，这使我们意识到我们的知识总是局部的和不完全的，因而需要更多的新的证据。[1] 这为我们提供了理解新冠疫情

---

① Erik Angner, Epistemic Humility—Knowing Your Limits in A Pandemic, in *Behavioral Scientist*, April 13, 2020.

的认识论视角。

（2）真相与谎言：获得信息的渠道与方式

当然，与知识的不完备相比，信息的虚假对我们认识真相的危害更为严重。这特别明显地表现在这场疫情暴发初期。由于信息的不对称，人们每天收到海量信息却无法判断真伪，尤其是许多后来被验证为虚假信息的内容最初依然对人们心理和行为产生很大影响，严重后果是直接导致社会动荡。如何解释这种现象，如何在面对各种无法辨别真伪的信息时保持清醒理性的头脑，这些成为哲学家们面对新冠疫情时要回答的重要问题。哲学家们最初的反应是，我们要相信科学，相信专家，甚至相信政府。但由于专家和政府披露的信息在后来的事实中并没有得到证实，因而引起了普通大众对专家和政府的不信任。哲学家们就进一步从真相与谎言的关系中指出了如何确认真相的方法，即如何确认获得信息的渠道和方式问题。例如，阿甘本和辛格等人都不约而同地认为，我们获得信息的渠道在很大程度上表明了我们所获得的信息的可靠程度。流言止于智者，但并非每个流言都由智者终结。终止流言的真正方式不是诉诸权威，而是给出可以检验的事实；揭穿谎言的真正方法不是说出真相，而是对谎言的荒谬层层击破。①

根据国际公认的“预防原则”（Precautionary Principle），当我们没有得到更为确定和充分的科学证据时，面对自然灾害和环境危机，我们需要采取必要的防御措施，用以减少灾害危险和更多代价。这是一种处理不确定状况和突发危机的一般原则。事实上，在新冠疫情暴发初期，各国政府和地方组织都试图按照这个原则实施预防措施，比如，必要的交通阻断、人员隔离、公共场所封闭等。从哲学上看，这是一种消极的后果主义道德原则，旨在减少危害而不是增加好的结果。虽然这一原则保障人们减少伤害，但在具体措施实施中，人们更

---

① Peter Singer and Michael Plant, When Will the Pandemic Cure be Worse Than the Disease? In Project Syndicate, April 6, 2020; G. Agamben, We Should Worry Less and Think More? In *Neue Zürcher Zeitung*, 7 April 2020.

多的是由于不了解真实情况和缺少更多信息而相信了流言和谎言。这就需要政策制定者能够为社会提供足够的可信资讯和可靠证据，帮助人们减少相信流言蜚语的可能性。①

（3）理解与误解：解释的理由和根据

要真正消除流言和误解，关键还在于我们是否可以对疫情信息做出正确的理解。这里的正确理解，不是提供一种可接受的公认解释，而是对我们所知的信息能够做出合理分析，从逻辑上排除错误的可能性，并在社会中取得大家的信服。要做到这一点并不容易。这不仅由于人们所获信息量太大而无法从中筛选出有价值部分，而且由于人们对信息的可接受程度不同，导致对各种解释的不同态度。哲学家们试图在各种解释中给出更为合理选择，其中包括如何避免受到各种信息的控制而无法独立做出自己的判断，以及如何通过了解信息渠道而辨别信息的真伪。当然，在这个过程中，哲学家们的解释并非被看作是唯一正确的，哲学家们也并非致力于提供一种合理解释，而是尝试通过对解释理由的合理分析，提供能够找到解释根据的有效路径。例如，英国牛津大学的加扎维（Vafa Ghazavi）在文章中对保存社交距离的伦理学提出了自己的解释，以此论证保持社交距离在何种意义上是符合伦理要求的。② 德国著名哲学家赫费（Otfried Höffe）也在采访中表示，每个人的幸福并非是由政府提供的，而是由每个人的自主行为决定的。③

从认识论上论证解释根据的合理性，这是哲学家们的重要工作。面对全球性的新冠疫情，哲学家们从专业角度分析信息来源的可靠性、解释性论证的有效性以及给出根据的合理性等问题。在信息来源问题上，齐泽克和阿甘本都曾直接批评了各国政府在信息发布和传播

---

① Aveek Bhattacharya and Foy Niker, Philosophers' Rundown on the Coronavirus Crisis, in *Justice Everywhere*, 20 April 2020.

② Vafa Ghazavi, Ethics at a Distance, in *Boston Review*, 21 April 2020.

③ Michael Hesse, Philosopher Otfried Höffe on the Coronavirus, in *Frankfurter Rundschau*, 15 April 2020.

工作方面的失误，特别是对普通大众的误导作用。在解释性论证问题上，克里切利和桑德尔等人则分析了信息构成方式和应当采取的策略。在根据的合理性问题上，辛格、巴迪欧和弗洛里迪等人都指出，一切解释都应当出自我们对自身理性能力的确信。所有这些观点都指向了认识上的理解和认识过程问题。

（4）认识的过程：消除谣言的途径

认识上的理解是基于共同的理性能力，但认识的过程则是时间上的无限延续。围绕如何消除谣言，哲学家们提出以获得信息渠道和方式为标准，但最终消除谣言却需要时间验证。在对新冠病毒的认识中，我们经历了从无知到有知的逐渐过程。虽然病毒基因组已经得到确认，但如何预防和治疗新冠疾病，目前为止依然是人类面临的未解之谜。有科学家指出，即使我们制造出了新冠疫苗，也无法完全保障可以从根本上消除病毒。如前所述，这种新冠病毒或许将会与人类共生共存。这些表明，我们对新冠病毒的认识尚处于最初阶段，还不能说已经充分了解这种病毒。正是在这种情况下，关于病毒以及疫情的各种谣言才会横行肆虐，还不排除出于某种特殊动机而被制造和传播的恶意谣言。面对这些谣言的出现，哲学家们给出的根除方法则是，“看过程，等时间告诉我们真相”[①]。

这里的认识过程，主要是指对新冠病毒认识的阶段性解读，意识到目前对病毒的认识依然处于最初阶段。因此，任何关于这种病毒以及疫情的信息都应当被看作不完备的。相反，任何把对病毒和疫情的认识极端化和扩大化的理解和做法，都应当被视为不恰当的，甚至是误导的。用于传播各类信息的当代新媒体和自媒体，凭其自身无法保障信息内容的准确可靠。哈贝马斯在接受采访时指出，我们从来没有像现在这样对无知有更多的认识。[②] 正是由于所有信息都处于不确定

① Joe Humphreys, Coronavirus: How Can Philosophy Help Us in This Time of Crisis? In *The Irish Times*, 26 March 2020.

② Markus Schwering, Habermas on Corona: There Never Was This Much Knowing About not Knowing, Interview in *Frankfurter Rundschau*, 10 April 2020.

性状态，因而这里就没有绝对的东西，没有对相关问题的最后回答，甚至没有可以用于相信和接受的数字。我们所能看到的只有基于各种试错的不断进行的实验，最终的结果依然是不确定的。① 但我们也正是在这个过程中逐渐认识了这个病毒，也对新冠疫情有了更为全面的理解。

3. 伦理学领域

应当说，西方哲学家们对新冠疫情影响的反思，更多地体现在伦理学领域，特别是在与人性相关的问题上，哲学家们提供的思考可以更好帮助人们去理解这场疫情给现代人类带来的伦理难题。这些难题主要包括自我隔离的悖论、对动物伦理学的重新思考、个体与社会以及特例与常态的关系等。

（1）自我隔离的伦理学：他律与自律

突如其来的新冠疫情带给每个普通人的直接影响就是自我隔离和保持社交距离。根据康德义务论伦理学的观念，自律与他律构成个人德性的重要内容。这种自律是发自内在的要求，而不是外在的强迫，他律也是根据个人内在道德准则而得以实现的。然而，在面临病毒危险的疫情中，自律变成了他者的要求，自我隔离并非出自内心的自我行为，而是社会的强迫要求；但他律则成为必须接受的外在限制。这在哲学家看来似乎是难以接受的悖论。如何解释这种自我隔离的悖论，正是哲学家和伦理学家们关注的问题。

加扎维在《保持距离的伦理学》中明确指出，芝诺悖论可以帮助我们理解目前的伦理悖论：如果我们认为我们采取的行动并没有把我们向前推进，我们就没有在行动。事实上，我们与世界的相互交往已经把我们与他人的苦难联系在一起，但同时又使得我们与他人在心理上保持了距离。这种近与远的矛盾就是自律与他律的冲突。当我们意

① Laetitia Lenel, Public and Scientific Uncertainty in the Time of COVID-19, in *History of Knowledge*, 13 May 2020.

识到自己的行为出自自律的考量，其中已经包含了他律的责任，因为我们的自主行为就是以牺牲他人的劳动为代价的。当我们注意到这种社会结构，即我们在归属他人时就得到了提升，我们就是在做一种正确的隔离，即道德上可以接受的隔离。在这种自我隔离中，我们能够充分感受到每个人的自我价值。[①] 应当说，正是这种自律与他律的辩证法，可以帮助我们解开自我隔离的道德悖论。

（2）动物伦理学：我们应当如何对待动物

众所周知，这场新冠疫情的最初发现源自中国武汉的一个海鲜市场，由此引发了全球范围围绕野生动物保护的争论。关于人类与野生动物的关系历来争论不休，食用和禁食野生动物的行动始终处于较量之中。如果说在新冠疫情之前人们对食用野生动物还有所忌惮，那么疫情之后人们就更深刻认识到禁食野生动物的必要性。但是，哲学家们对这个争论的反应并非关注是否可以食用野生动物，而是关注野生动物的自然权利问题，即我们应当如何对待野生动物。

美国著名哲学家辛格是动物伦理学的主要倡导者之一，也是全球动物保护组织“你可以拯救的生命”的发起人。20 多年来，他一直致力于动物权利的宣传，明确提出要为动物争取与人类平等的权利。在这场新冠疫情中，辛格在报刊媒体上多次发表文章，表达他对野生动物权利的关注。在《报业辛迪加》（*Project Syndicate*）上，辛格从 2020 年 3 月起发表多篇文章，讨论由于新冠疫情引发的人类与动物的关系问题。在《新冠病毒的双面黑暗》一文中，辛格提出应当在全世界范围内禁止野生动物的市场交易。在《对大流行的治愈比对疾病的治愈更为糟糕》中，辛格指出应当用对生命的终极关怀回答大流行的治愈问题，而不是健康和财富。[②] 这些都使得辛格成为在这场新冠疫情流行中最为活跃的哲学家之一。

---

① Vafa Ghazavi, Ethics at a Distance, in *Boston Review*, 21 April 2020.

② Peter Singer and Paula Cavalieri, The Two Dark Sides of COVID-19, in *Project Syndicate*, 2 March 2020; Peter Singer and Michael Plant, When Will the Pandemic Cure be Worse Than the Disease, in *Project Syndicate*, 6 April 2020.

（3）个体与社会：两难冲突

个体与社会的关系是西方哲学家们在这场疫情中关注的焦点问题之一。在他们看来，正是这两者在新冠大流行中的冲突，使得我们必须重新考量个体在社会中的地位以及社会对个体的影响。在疫情初期，个体与社会的关系是以每一个体必须服从社会整体要求的形式出现的，这种服从要求又是以保障个体生命健康的名义。然而，在这种要求下如何保障个体的权利不受侵犯，这似乎构成了一个两难选择。一方面，个体只有服从了社会要求才能保障个体的生命健康（至少所有的宣传都是这样说的）；另一方面，社会要求个体服从又是以剥夺个体自由为前提的（这是实际出现的情况）。那么，我们如何处理这个两难选择呢？哲学家们的思考或许对我们有所启发。

齐泽克或许是对这个问题做出较早反思的哲学家之一了。他在2020年3月13日发表于《新苏黎世报》上的文章，就对疫情之后我们能否还像过去一样看待个体与社会的关系问题提出了质疑，认为我们难以回到过去。[①] 同月，在《批判探究》的博客上，他指出，在这场疫情中，所有以往被认为不可能发生的事情都现实地发生了，这使得每个人都面临着极其不确定的未来。因而，没有什么是不可能的，这一点就迫使我们对个体在社会中的地位问题产生了比以往更为焦虑的关注。根据他的分析，疫情可能带来的危害还不是暴力和公共秩序的破坏，而是这样一些暴力带有合理的人类模式，即社会以合法的方式使得这种暴力和无秩序变成了一种合法存在。这种暴力和无秩序表面上看是个体自由的张扬，实际上却是对个体自由的损害。社会达尔文主义的适者生存原则在当今的疫情中得到了最充分的实现，但却是以牺牲个人的平等权利为代价的。[②] 齐泽克的观点也引发了一些哲学

① S. Žižek, Man Will No Longer be the Same: That is the Lesson that the Coronavirus Has in Store for Us. In *Neue Zürcher Zeitung*, 13 March 2020.

② S. Žižek, Is Barbarism with a Human Face Our Fate? In *Critical Inquiring Blog*, 18 March 2020.

家的批评性反应，包括他所批评的阿甘本对他观点的反批评。[①] 但他们有一个共同的立场，即反对政府对个体权利和自由的限制。不同哲学家对这个立场也有不同观点，难以形成统一的看法。

（4）特例与常态：独善其身与兼济天下

围绕特例的争论来自阿甘本的著作《例外状况》（2005）。他在书中提出，20 世纪的各国政府比以往任何时候都更容易把一些例外状况解释为常规状态，并用处理例外状况的临时措施管理国家和政府。当新冠疫情暴发，阿甘本把这也解释为例外状况，认为各国政府采取的各种措施加强了对社会的控制和对个人的支配，并以此作为一种正常状况。但是，阿甘本的这种指责并没有得到西方哲学家们的支持，相反，不少哲学家（如齐泽克、南希等人）明确反对阿甘本的激进观点，认为我们应当更多地从哲学和伦理学上反思这场疫情的影响。

阿甘本在《一些澄清》中，对批评者的意见做了一些回应，试图表明他的观点并非完全针对某些国家政府，而是对整个社会的反思。他认为，疫情引发的恐慌给社会带来的直接后果是，我们的社会仅仅相信"赤裸的生命"。这种生命没有了通常的生命条件、社会关系、工作和友谊、情感和宗教信念，而只是担心患病的危险。这种生命没有把人们团结在一起，而是把他们相分离。[②] 对此，齐泽克回应道，事情并非如此。这种生命观恰好把人们团结在了一起：保持身体上的距离，正是表明了对他人的尊重，因为我很可能就是病毒的携带者。亲人和朋友之间避免相见，并非是对失去自我生命的担心，而是对把病毒传染给亲人和朋友的担心。[③] 南希在《有害的例外》中指出，我们对新冠疫情的反思应当是文化的和哲学的，而不是政治的，因为新

---

① G. Aganben, Clarifications, in *Quodibet*, 17 March 2020; G. Agamben, We Should Worry Less and Think More, in *Neue Zürcher Zeitung*, 7 April 2020.

② G. Aganben, Clarifications, in *Quodibet*, 17 March 2020.

③ S. Žižek, Is Barbarism with a Human Face Our Fate? In *Critical Inquiring Blog*, 18 March 2020.

冠疫情对我们的影响是全人类的，它涉及的问题不是各国政府如何管理自己的国家和社会，而是当今每个人如何处理这场疫情对自己生活和行为的影响。虽然我们可以要求政府更为有效地采取各种措施去阻止病毒的传播，但病毒最终落实在每个人身上，需要我们去面对和处理。在处理这场疫情的过程中，无论是国家和社会还是个人，都需要清醒地认识到，独善其身并不能消除病毒。只有大家团结起来，共同行动，我们才能真正打败病毒，人类的未来才有希望。①

4. 政治哲学领域

与人类历史上出现过的各种流行病相比，这场新冠疫情暴发的独特性在于，它不仅表现为新冠病毒对人类而言前所未有的最为严重的致命性，而且表现为新冠病毒对全球而言前所未有的最为广泛的传播性。这种病毒的传播范围之广，传播速度之快，传播途径之多，都远远超出以往所有流行病，完全是人类始料不及的。面对这种后果最为严重、传播最为广泛的新冠病毒，当代社会采取了各种应急措施，希望以尽快速度抑制病毒传播，以最大力量保护人类的生命安全。在这个过程中，各国政府和社会组织采取的各种措施无论是否奏效，都直接和间接地影响到人们的正常生活。因而，如何认识这种影响，如何理解社会采取的这些措施，这些都成为每个人关心的现实问题，也成为哲学家们关注的理论焦点。这样，对新冠疫情影响的政治哲学讨论自然就成为哲学家们的热点话题，其中包括但不限于全球化与反全球化的争论、疫情下的社会公平和正义、政府的社会责任和个人幸福之间的关系、社群与共同体的责任和义务。

（1）全球化与反全球化：疫情的挑战

新冠疫情的影响引起最大争议的问题之一就是全球化问题。与以往流行病传播相比，这次疫情的传播如此迅速广泛与人类活动的全球化有着密切关联，这似乎也是一个不争的事实。在反思全球化给当代

① J-L. Nancy, Viral Exception, in *Antinomie*, 27 February 2020.

人类带来各种益处的同时（或许在某些观点看来全球化完全没有任何益处），人们更加担心的是疫情之后的全球化走向问题。全球化与反全球化之间的争论，成为哲学家、政治学家以及经济学家等讨论的焦点。

在不同的研究领域，全球化问题意味着不同的内容。在经济学家看来，全球化首先是经济的全球化，包括商品、制造、消费以及再生产等的全球化；在政治学家看来，全球化是人类政治活动的相互影响，互为牵制；但在哲学家看来，全球化则意味着建立人类命运的共同体。尽管如此，不同研究领域的专家学者对这次疫情传播与全球化进程之间的密切关联，基本上达成了一致看法，但对于疫情后的全球化走向则有着各自不同的观点。经济学家们对后疫情的全球化抱有谨慎乐观的态度，因为已经形成的全球市场不会由于疫情而发生根本的变化，但政治学家则有着不同的看法。他们认为，这次疫情将改变整个世界，使得这个世界更少开放，更少自由。我们已经无法回到之前互赢互利的全球化，各个国家将更为独立自主。[①] 哲学家们则对这种改变有更为清醒的认识。他们指出，新冠疫情的暴发不仅无法改变全球化的事实，更无法让人类由此相互分离。相反，人们会由于这场疫情而更加珍惜与亲人、朋友和他人的密切联系，更加意识到相互交往和团结一致在我们这个社会中的重要性。新冠疫情导致的社会隔离和自我封闭不过是人类生活的暂时现象，或者用葛兰西的说法，是人类历史中的一个“过渡时期”。新冠疫情并不意味着全球化的终结，也不意味着去全球化的开始，相反，它意味着我们将继续相互依赖，全球性的相互依存关系将依然是我们这个时代的明确特征。[②]

（2）疫情下的社会公平与正义：同难同福

这场新冠疫情还暴露了许多社会问题，特别是社会公平和正义问

① Ramzy Baroud and Romana Rubeo, Will the Coronavirus Change the World? In *Common Dreams*, 26 April, 2020.

② Angel Alcalde and Jose M. Escribano, Will Covid-19 End Globalisation? In *Pursuit*, The University of Melbourne Press, 16 May 2020.

题在其中变得更为严峻。对此，不少报刊记者和专栏作者都对疫情中的不平等以及社会不公等问题做出了分析，结合历史事实和现实数据，说明如何解决这些社会问题才是我们从新冠疫情中应当得到的教训。伦理学家和政治哲学家们也对此早有认识。美国著名伦理学家桑德尔于4月13日在《纽约时报》上发表文章《我们都在一起吗?》，揭露了美国社会的不平等现象及其根源，特别是在这场疫情中突出了医疗资源的不平等。他指出，虽然近几十年来，主流政治家们竭力呼吁实现更大的机会均等，如改善接受高等教育的机会，但社会的不平等现象却始终存在。其根源在于社会精英主义原则决定了精英高校在校学生都来自富裕家庭，而且升职机会向精英阶层的倾斜也破坏了社会的团结。事实上，目前执政的精英并没有为没有大学学历的普通美国人提供更好的就业保障。因而，社会平等的核心问题在于，社会如何确保没有生活在专业阶层和特权阶层的美国人找到有尊严的工作，使得他们能够养家糊口，为社区做出贡献并赢得社会的尊重。这种不平等和社会不公现象在疫情中暴露得更为明显。[①] 事实上，这正是2020年5月底在美国以及世界许多地方爆发的“黑人命贵”运动的深层原因。

来自美国罗切斯特大学的三位伦理学家和道德哲学家卡伦（Randell Curren）、菲兹帕特里克（William FitzPatrick）和特拉佐（Rosa Terlazzo）把目前的危机称作对未来的“唤醒召唤”。他们认为，我们目前面临的是这样一种道德两难：一方面，我们必须运用有限的医疗资源去治疗确诊病人；另一方面，我们却无法收治所有的确诊病人。在处理这种两难问题时，最重要的是体现社会公平正义原则，但这在现实生活中却往往与事与愿违。这不仅涉及社会结构对医疗资源的安排问题，更主要的是在于整个社会对每个生命的尊重问题。这种尊重就是政府为每个人提供生活必需品以及避免对安全的已知威胁，这也

---

① Michael Sandel, Are We All in this Together? In *The New York Times*, 13 April 2020.

是衡量一个社会是否公平正义的重要指标。①

（3）政府的责任与个人的幸福：同舟共济

在这场疫情中，许多人把社会不平等现象的出现归结为政府的不公和不作为，因此针对政府的抗议和批评就显得格外突出。然而，哲学家们明确指出，虽然政府在控制病毒传播中发挥主导作用，但这并不意味着政府需要承担这种控制活动带来的所有结果，更不需要为这场疫情中的每个人的幸福负责。相反，每个人都需要在自我隔离和保持社会距离中寻求个人权利与社会安全之间的平衡点，需要考察个人的道德选择与政府的行政措施之间的因果联系。或者说，在个人的道德判断中起决定性作用的不是政府的决策，而是个人的行为选择。虽然政府为了控制疫情采取了一些非常措施，但个人依然可以在可选择的范围内做出抉择。这个观点在德国著名哲学家赫费的访谈中得到了表达。②

辛格和普朗特（Michael Plant）指出，人们的疫情心理恢复要远比疾病治疗更为困难。这里不仅存在一个"认定受害者效应"问题，即人们更愿意援助具体的已知受害者，而不是向规模较大、定义模糊的一群个体的每个人提供相同的帮助，而且存在"被拯救的生命"与"失去的 GDP"之间的权衡选择问题。要打破这种"认定受害者效应"，确定"被拯救的生命"远比"失去的 GDP"更为重要，这就需要政府和个人共同合作。我们不仅需要测算隔离和封锁给经济带来的成本，而且要看失业对个人带来的幸福丧失。唯有这样，我们才能看到个体在疫情结束后的生活希望，也才能够评判政府的措施对个人生活的影响程度。③

（4）社群与共同体：何种未来

围绕社群在这场新冠疫情中的作用，不少哲学家都指出了社群和

---

① Kethleen McGavery, Ethicists: Covid-19 Shows Inequities in Structure of Society, in *Futurity*, 28 April 2020.

② Michael Hesse, Philosopher Otffried Höffe on the Coronacrisis, in *Frankfurter Rundschau*, 15 April 2020.

③ Peter Singer and Michael Plant, When Will the Pandemic Cure be Worse than the Disease? In *Project Syndicate*, 16 April 2020.

共同体的重要性，认为新冠疫情带给人们的最大教训就是重新认识了个体与社群的关系。无论是阿甘本还是齐泽克，或者是巴迪欧，他们都清楚地认识到，在疫情中不断为个人权利抗争的人们需要运用社群的力量去实现自己的社会理想。个体的存在只有在共同体中才能被赋予社会的价值。这在阿甘本的例外状况理论和齐泽克的意识形态批判中都得到了体现。但他们更关心的是，人类在新冠疫情之后会有何种未来。

齐泽克指出，我们从新冠疫情中得到的最大启示，就是我们无法回到过去以往，人类的未来无法与过去相同。他试图由此说明，疫情之后的社会应当彻底摒弃资本主义的财富贪婪和金钱任性，重建能够代表人类未来的共产主义社会。① 美国波士顿大学的费恩（Lucas Fain）则认为，由于我们无法用当下定义未来，所以未来对于我们而言始终是一种开放的存在。这种开放不是对我们自己，而是对他者的开放。没有对他者的开放就没有未来，因而，这种未来就只能是一个集体的未来。② 荷兰格罗宁根大学的林志（Martin Lenz）针对现在与未来的关系问题区分了两种不同看法，即持续论和中断论。前者认为，未来将与过去非常相似，因此我们应当为危机后的未来做好准备。后者则认为，未来不仅是不确定的，而且可能与过去状况完全不同，因此我们必须调整手段和目标。从目前状况看，中断论似乎比持续论更多受到重视，因为后疫情时代或许正是新规范确立的时代。③

三　观察与反思

综上所述，西方哲学家对新冠疫情影响的反思全面深入，围绕个

---

① S. Žižek, Man Will No Longer Be the Same: That is the Lesson that the Coronavirus Has in Store for Us, in *Neue Zürcher Zeitung*, 13 March 2020.

② Lucas Fain, There is no Future without Openness to the Other, in *Public Seminar*, 14 May 2020.

③ Martin Lenz, Will the Future be like the Past? Making Sense of Experiencing in and of the Corona Crisis, in *Handing Ideas*, 7 April 2020.

人、社会和未来的问题发表了许多富有洞见的重要观点。从研究领域看，这些反思涉及了西方哲学的几乎所有领域，从研究背景看，这些哲学家在哲学史、当代哲学、分析哲学、道德哲学、政治哲学、伦理学和哲学人类学等领域都有建树，直接反映了他们的专业研究水平，表现出他们以专业能力对现实社会生活和人类共同关心问题做出回应的职业精神和现实关怀。在这些反思中，齐泽克、阿甘本、哈贝马斯、乔姆斯基、辛格以及桑德尔等人的观点在国际社会中最具代表性，影响力也最为广泛。

国际哲学团体联合会前主席、波士顿大学教授德莫兰（Demont Moran）在接受上海《文汇报》记者专访时指出，马克思把批判作为哲学的重要组成部分，哲学家们对新冠疫情的批判性反思，正是为整个人类的利益并为在这个星球上建立美好未来而努力。哲学家们对日常生活世界的哲学考察，将会使我们重新认识一些重要的价值观念，如友谊、家庭、社会参与等。未来的应对措施必须是保护日常的人类环境、我们彼此之间进行具身性互动的能力以及能够直接感受到彼此的情感反应，而不仅仅是通过技术介导我们的生活。由于这场危机，人们将重新关注具身性、移情、主体间性和生活世界等哲学主题，以及现象学和存在主义运动的所有主题。①

（原载《哲学分析》2020 年第 6 期，第 160—175 页）

① 李念：《哲学家莫兰在美：疫情限制让人渴望拥抱，日常生活“万岁”》，《文汇报》2020 年 4 月 20 日。

二十二　对当代科学的哲学反思与未来哲学的期望*

2020 年 9 月 27 日，中国科学院哲学研究所在北京正式揭牌。这意味着中国自然科学研究的最高学术机构开启了借力哲学以打造科学创新制高点的新里程。中国科学院白春礼院长在揭牌仪式上阐明了创办研究所的内在理由。他指出，从历史的维度看，哲学是科学之源；从科学发展的动力看，哲学是科学革命的助产士；从人类知识系统看，科学与哲学密切关联，哲学的变革也会为科学洞见提供广阔思想空间。哲学与自然科学的交叉融合，是当今世界学术领域的未来趋势。① 毫无疑问，这些具有共识性的乐观看法都是从科学的角度出发对科学与哲学之间深层关系的认识。然而，如果从哲学的视角看待科学与哲学的这种关系，或许我们会得到不同的，甚至有些悲观的答案。从历史上看，科学总是限制哲学的想象力，使得哲学思辨臣服于经验证据；从哲学发展看，科学总是以其经验的归纳推理与逻辑的演绎推理相抗衡，让经验实证冲击理智直观；从人类知识系统看，科学的观察和实验往往被看作验证一切知识有效性的最后标准，而哲学的形而上学推论则被打入知识的冷宫。可见，科学与哲学之间的关系并

---

* 这里我于 2020 年 10 月 16 日在上海社会科学院哲学研究所的专题报告内容，2020 年 11 月 7 日在广州举行的外国哲学年会“解与构——面向下一个十年”上作过相同题目的主题报告。本文根据两次报告的内容整理而成。感谢两次报告的参与者提出的问题和很好的建议。

① 《白春礼院长在中国科学院哲学研究所揭牌仪式上的致辞》，载中国科学院大学网站：brucas. yw. gov. cn/index/news_ cont/id/603. html. 2020 - 09 - 27。

非如科学家们（包括具有自然科学倾向的哲学家们）解释的那样乐观和简单。相反，科学对哲学发展的限制反而是值得我们深思的话题。或者，至少应当说，科学与哲学的关系，无论是在历史上还是在现实中，都并不总是单向的和积极的；从逻辑分析上看，两者之间的紧张关系才是需要我们深入考察研究的。基于这种观点，本文将主要考察当代哲学与科学发展的内在关系，特别是要说明当代科学对哲学带来的多重挑战如何得到了当代哲学家们的不同回应，而当代哲学对科学发展的哲学反思又如何预示了哲学的未来发展。

一　当代科学成就对哲学的挑战

与人类以往的历史相比，20 世纪可以说是人类科学获得巨大发展的时代。科学技术在这个时代的成就完全超越了以往所有时代成就的总和。无论如何，科学技术一定是这个时代最为明显的标记，也是人类作为一个生命物种对这个世界和人类自身认识的真正觉醒。当代科学技术对人类社会发展具有如此重大的作用，不仅表现在直接推动了人类社会的发展或进步（虽然这种说法会有一些争议），更重要的是为人类思想观念提供了具有开创性的路径方法，尤其是在经验与实验、观察与推理、确定与不确定等具有哲学意义的重要问题上表现出了非同寻常的思想力量。大多数科学家或许对这些问题的哲学意义并没有充分的意识，或许根本没有认识到当代科学技术的进步对哲学思维带来了多大影响，但从哲学研究的角度看，当代科学成就对当代哲学已经提出了一系列重要的挑战，这充分表现在当代哲学的发展进路和科学研究在目的、方法与前景上与哲学研究之间的思想联系中。

历史地看，当代哲学（特别是英美分析路径传统）的出现就是自然科学在当代发展的思想结果。早期分析哲学的产生直接来源于当代物理学研究取得的最新成就，这已经是一个不争的历史事实。无论是量子力学还是爱因斯坦的相对论，都对石里克和卡尔纳普等人的哲学思想产生了深远影响。同样，现代逻辑的诞生更是罗素、早期维特根斯坦和维也纳学派思想的直接来源。虽然当代欧洲大陆哲学以意识现象研究为出发点，以思辨想象为主要特征，但从早期胡塞尔思想的起源看，最初的现象学研究却是以回应实证主义的滥觞为缘由。当代哲学在思想传统上以回应康德哲学在当代的境遇为主要线索，在当代问题上则以科学技术（包括由此带来的社会现代化的结果）的各种表现和观念影响为主要对象。当代哲学的这一明显特征直接反映在当代科学研究关于目的、方法和前景的基本假定之中。

1. 科学研究目的与人类生存福祉密切相关

与人类早期对自然世界的探索相比，自然科学自近代诞生以来，科学研究的目的已经发生了重大转变。亚里士多德时代的科学探索是以解释宇宙和世界为目的，因此，构造体系以满足这种解释的要求，就成为科学研究的主要任务。这种以体系解释世界的哲学研究方式一直持续到了近代文艺复兴时期。从科学研究的角度看，依据体系解释以拯救现象，这是科学家们致力于认识世界的主要方式，其目的在于向人们揭示世界的奥秘，用哲学的术语来说，就是要通过现象观察而寻找事物发展变化的根据。然而，近代科学伴随着近代工业的出现，逐渐改变了这种科学研究的方式。虽然观察和实验依然是科学研究的主要途径，但这种研究的目的开始从探索宇宙万物的奥秘转向了为满足人类生存之需要提供更多便利的条件，这样的科学研究就从自然的发现转向了技术的发明。在这种转变过程中，追求简单性和特殊性就成为科学研究的重要原则。

近代以来的自然科学研究的简单性原则，就是确立一切研究的归一性或统一性。从表面上看，这种简单性原则在思维方式上似乎与传统的形而上学追求有所雷同，但在科学研究中，这种简单性并非是对终极因的哲学追问，而是出于便利目的而对研究对象的统一性规定，如确立标准和规范以满足不同认识者的不同需求。这种简单性原则与形而上学追问的本质区别在于，后者的目的是为了获得对事物本质的理解，而前者则仅仅是为了满足科学研究的方便条件，如同马赫的思维经济原则。从推理方式上看，传统的形而上学追问依赖严格的演绎推理形式，从确立的原始要素出发，按照演绎规则，推出具有必然性的结论。但科学研究的简单性原则是按照归纳推理的形式要求，从已观察到的具体事物出发，根据归纳规则，得到具有或然性的结论。维也纳学派的统一科学主张和物理主义哲学就是这种简单性原则的充分体现。20 世纪初期的自然科学家们对这种天下归一的科学研究模式趋之若鹜，他们甚至惊呼科学统一的春天就要到来。无论是马赫还是彭加勒或是爱因斯坦，他们都明确地指出了科学研究中的一些基本原则可以成为推动科学发展的重要因素，其中就包括简单性或经济性原则。这种简单性原则的核心在于，以一种统一的模式去刻画复杂的事实，用一种使用最少概念的理论去解释多样的现象。虽然这种简单性原则在近代科学和哲学中已经得到极大的推崇，如日心说就被看作比地心说更具有解释上简单性的天文学体系，但对这种原则的普遍运用却是在数学方法被广泛使用在科学研究的几乎所有领域之后。数学方法的公理化系统和计算模型，原本是为科学研究提供最为简便实用的计算手段，但后来逐渐成为判断一个学科是否能够被看作科学的重要标准。在当代科学研究中，简单性原则更是以模型化为主要标志，对任何自然现象的科学研究都以建模为基本要求，甚至是最后的结果。这在当代哲学研究中也得到了积极响应，实验哲学的兴起为哲学建模提供了有趣的但颇有争议的可能方案。这些都使得简单性原则成为一切自然科学研究（包括以自然科学研究为导向的哲学研究）的基本要求。

特殊性原则是当代科学研究的重要出发点，也是当代科学研究区别于近代自然科学的重要标志之一。这里所谓的“特殊性”是指自然科学研究对象的具体化，即研究对象的细分化使得每门科学研究都有自己独特的对象领域，并使得这种研究都具体针对某个特定的研究对象。近代自然科学研究在思维方式上延续了亚里士多德的科学研究理想，即以追求普遍性的规律作为科学研究的主要目标；因而，在研究方式上，近代自然科学通过齐一性要求力图确立自然界的统一规律，甚至排除了不同研究对象的特殊性要求。然而，当代自然科学研究的重要特征则在于，突出具体科学研究对象的特殊性质，根据研究对象的不同而确定科学研究的领域。这样，当代自然科学研究就凸显了领域的专门化和细分化特点。这种特殊性原则，一方面反映了当代自然科学发展的迫切要求，即对不同世界（宇观、宏观、中观、微观）中不同对象及其相互关系的特征刻画；另一方面则体现了现代人类在与周遭世界产生比以往更为广泛的联系中所形成的为人类生存获得更多更好机会的迫切要求，即人类自身的生存条件面临环境与需求之间冲突的现状。正是这后一种要求使得当代自然科学在研究目的上与人类的生存福祉之间建立了比以往更为密切的联系。

当代科学进步与近代科学发展的一个重要不同就在于，科学发现和技术发明之间的关系在当代表现得更为直接和明显。当代科学取得的每一个重大进步都伴随着对人类生活和社会发展具有重要意义的技术发明。无论是计算机的出现，还是航天飞船的制造，以及机器人、自动驾驶汽车、3D 打印技术等，这些都标志着科学研究本身取得的重大突破；而这些当代技术的发明也是科学研究的初衷所在。这在当代医学发展中就表现得极为明显：新医药的出现是科学家们经过反复试验、不断尝试的结果，也是科学家们从事医学研究的主要目的；治病救人是医务工作者的天职，而实现治病救人的目的则是科学家们在大量摸索探究中寻找解决疾病的症结所在；基因工程是当代人类在自我认识上取得的重要创举，而创建这个伟大工程的最初动因就是要在人类细胞层面上找到克服顽疾的根本方法。20 世纪创立的诺贝尔奖也充分体现了科学研究与技术发明之间的密切联系。从诺贝尔自然科学奖的评审原则和实际获奖项目看，这些奖项主要授予在物理学、化学、医学或生理学上有重大发现或发明的个人或团体，突出这些领域中对人类福祉产生重大影响的重要发现或发明成果。这些都充分体现了当代科学研究与技术发明之间密切的因果联系：技术发明为科学研究之果，而科学研究又以解决人类面临的具体问题为动因。这种因果链条向我们清晰地表明，当代自然科学研究就是或主要是以人类的生存福祉为目的的，这也是当代哲学研究的主要内容。

2. 科学研究方法与哲学认识论思路一脉相承

从方法论上看，近代以来实验科学研究都是以观察和实验作为主要和基本的研究方法。人类对世界万物的最初认识就是从观察开始的。无论是通过人类天生的自然感官还是通过人类提供的各种技术手段，人类的观察总是具有这样一些明显的共同特征：其一，观察活动总是带着问题或疑惑展开的，而对事物的存在和运动产生疑惑，这正是人类的本性使然。所以，一切科学观察都不是盲目的，而是有目的的，是带有问题的。其二，观察活动总是带有一定的理论背景的，就是说，一切观察都是按照已有的理论去确定观察的方向和目标。因此，科学的观察活动不是随意的，而是有所指向的，是可以用已有的理论加以解释的。然而，科学史上的观察事实却常常表明，观察的结果往往不符合人们已有的理论背景，而这正导致了科学革命的结果。这样的事例在科学史上层出不穷。但这里要区分两个不同的路径：观察结果对已有理论的突破所产生的科学革命结果，并不能否认这里的观察最初是以已有理论为前提背景这个事实；相反，正是由于观察的结果与已有的理论之间产生了差别，或者说，已有的理论无法合理有效地解释观察的结果，所以才产生了形成新理论的需要。因而，无论是已有理论的解释还是创新理论的结果，都是围绕观察展开的。

实验科学是近代以来自然科学研究的主要形式，实验方法是自然科学研究的主要手段。这里的实验手段依赖于科学家们对实验目的的要求，实验本身的可重复性和可操作性也决定了实验手段的选择。与科学观察一样，科学实验同样是以已有的理论为背景，以待解决的问题为目的。但与经验观察的被动性质不同，实验活动是主动的，是实验者在设定的条件下完成的一种主动观察的活动，因而更加强调实验者在实验活动中的主体地位。这样，实验活动就是实验主体在特定的条件下完成的一种预先设定的实践过程，也是用于验证先前理论假设的一套有目的的物理操作。科学实验的可观察、可重复、可操作的特征充分体现了人类认识活动的最基本要求，在哲学上具有重要认识论意义。其一，实验的观察结果验证了科学理论的有效或失败，这表明了认识活动的感性来源和实践标准。当代知识论研究中对实验结果的哲学证明，再次体现了科学研究对哲学认识论发展的推动作用。其二，科学实验的可重复性要求，不仅是保证科学实验有效性的必要条件，也是证明科学研究真实性的哲学诉求。严格意义上说，只有可以重复相同实验且得到相同结果的科学研究，才能表明此实验的科学身份，否则就被排除在科学研究的范围之外。其三，可操作性是科学实验的基本要求，也是科学研究客观性的基本保障。从哲学认识论的角度看，科学实验的可操作性为认识活动提供了一个切入物理对象的便捷通道，也为实验的科学性质提供了一个无可争议的验证标准。任何以实验名义提出的认识主张都需要经受这一个标准的验证。这些都充分说明，实验科学研究在方法论上与哲学认识论有着正向的密切联系，这也为哲学家提供了深化认识论研究的机遇和挑战。

3. 科学研究前景关系到人类的前途命运

与近代科学成就相比，当代科学技术发展的重要特征在于，极大地拓展了人类各方面能力的运用范围，特别是在人类智能领域。基于现代生理物理学、神经科学和脑科学的研究成果，科学家们所完成的重要工作是比以往更为详尽地展现了人类智能的生物生理机制，试图揭示人类智能发展的生理心理基础。随着计算机科学和人工智能技术的发展，人类智能的数字化已经成为这个时代的重要标志。然而，从科学技术发展的历史看，当代科学取得的所有成就似乎都表明了这样一个基本认识：科学研究的目标不是为人类解释自然世界的奥秘，而是为人类自己创造一个更加符合人类要求的新世界。我们从当代认知科学和人工智能研究取得的成就中就可以明显地感受到这一点。当代科学研究面对的不再是已有的“旧世界”（已然存在的自然世界），而是未来的“新世界”（人类创造的未来世界），因此，当代科学研究总是与人类的前途命运息息相关。

以人工智能技术的发展为例。人工智能被看作21世纪最为重要的科技进步，是第四次工业革命的引导力量。18世纪中叶以来人类经历的三次工业革命，改变了人类对自然界的认识结果，确立了人类机械性劳作的基本模式，即“蒸汽机革命”、“电气革命”、“信息革命”。然而，这些工业革命并没有完全使得人类智力从机械性劳作中彻底解放出来，而第四次工业革命即“人工智能革命”则使得机器全面替代人类成为可能。这场革命对人类存在的颠覆性意义在于，它“与每一个人的未来以及人类的命运息息相关”[①]。根据中国科技大学陈小平教授的分析，这主要表现为三个方面：其一，人工智能革命带来的人类生产方式的彻底变革，将改变人类活动的基本方式；其二，具有人工智能技术的机器全面取代人类，将使得人类生存方式面临更大的不确定性；其三，人工智能的发展将导致“人”与“物”的界限被完全打破，将会使得人类存在本身面临巨大危险，“后人类”“类人”“非人”等将取代人类成为地球的主宰。[②] 这些挑战和不确定性迫使人类重新思考人工智能的限度，这些思考的结果就是人工智能伦理学的诞生，而对人类未来的反思则是哲学家们对人工智能挑战的自觉意识。[③]

二　当代哲学家对科学发展的两种回应

从上述分析中可以看出，当代科学研究在研究目的、研究方法以及未来前景等方面都对当代哲学提出了重大挑战。这些挑战对哲学而言具有双重意义。一方面，更加明确地展现了当代科学研究与哲学之

① 陈小平主编：《人工智能伦理导引》，中国科学技术大学出版社2021年版，第1页。

② 陈小平主编：《人工智能伦理导引》，中国科学技术大学出版社2021年版，第1—2页。

③ 北京大学2018年成立了“哲学与人类未来研究中心”，其目的就是为了回应以人工智能和生物科技为代表的新技术革命对人类未来面貌和自我认识的挑战。该中心依据理学部、医学部、人文和社会科学部的科学研究力量，侧重于面向人工智能、机器人和生物技术的伦理规范研究和法律制定；围绕“智能”和“生命”概念展开的跨文理基础研究；面向哲学及相关人文学科的数字人文研究等。

间更为密切的思想联系，确立了科学研究与人类存在和思维方式变革之间的因果关系，为当代哲学研究提供了更为有效的思想武器；但另一方面，也更为明确地展现了当代科学技术的发展对哲学研究的潜在威胁，更加清晰地表明了当代哲学或许被消解于当代科学研究中的危险。这种危险主要表现在两个方面：其一，科学技术的迅猛发展导致“哲学终结论”再次甚嚣尘上，“哲学之死”如同“上帝之死”一样，成为科学家们口口相传的秘籍法宝，也成为哲学家们挥之不去的心中之痛。其二，科学研究与哲学研究在目的、方法和前景等方面的一致性，使得哲学家们看到了哲学与科学之间的密切联系，但也使得哲学本身面临被科学取代的危险，“物理学需要哲学但不需要哲学家”①的说法一时成为众所周知的判断。然而，在科学与哲学的关系问题上，我们更应关注的是哲学家们对当代科学发展的回应，而不是科学家们对当代哲学的态度。

总体而言，当代哲学研究对科学发展的回应，无论是在国际还是在国内哲学界，都存在正反两种不同形式。当代科学哲学研究的形态变化和视野扩展，表明了哲学家们对科学发展的积极态度，相反，哲学家们对科学技术限度的冷静思考，则折射出当代哲学试图为科学发展本身提供另类选择的努力。国内哲学界在充分重视当代科学发展对哲学深刻影响的同时，更为强调哲学研究本身的独特性质，力图从理论和实践上证明哲学具有不同于科学的不可替代的性质。在这里，我们主要考察哲学家们对当代科学发展提出的两种不同理论观点，我将它们分别称作“科学万能论”和“哲学特色论”，前者声称一切自然现象都可以用自然科学加以说明，后者则强调哲学的不可替代作用。但这两种观点却都是哲学家们对当代科学发展的极端反应。

根据“科学万能论”的观点，科学发展已经为人类提供了所有可能解释的现实方案，并对人类未来发展提供了可以预期的解决方案。

---

① 这是当代理论物理学家劳伦斯·克劳斯（Lawrence M. Krauss）2016 年 7 月 20 日在接受一个网站“果壳”（Nautilus）采访时表达的一个观点。见 www. guokr. com/article/441595/，=2021-4-14。

这些使得哲学家们对科学研究成果的哲学扩展抱有极大希望，这表现为以某一种自然科学研究为模板推进哲学领域的问题研究，或者是按照自然科学的方法重建哲学研究的基本模式。20世纪初期维也纳学派的逻辑实证主义哲学就是这种观点的典型代表，而当代英美分析哲学中的自然主义进路也充分反映了哲学家们对科学研究方法的推崇，无论是在语言哲学、心灵哲学还是在认知科学哲学和实验哲学研究中，我们都可以强烈感受到科学主义传统的深刻影响。从当代哲学发展的历史轨迹看，科学主义传统的确发挥了重要作用，提倡以科学研究的方式进行哲学研究，这也带来了当代哲学的革命性变革。无论我们是否承认科学主义的这种历史作用，科学研究的基本方法和路径为当代哲学研究的确带来了不可否认的影响。然而，这种“科学万能论”的观点明显夸大了科学研究对当代哲学发展的作用，存在用科学取代哲学的潜在危险。

如果我们可以用自然科学研究的方法从事哲学研究，那就必须承认这样一个前提，即哲学研究应当属于自然科学研究的一部分，因为在现代学术研究中，研究方法往往决定了研究领域的性质；用观察和实验从事哲学研究，自然就会得出这种研究的科学性质的结果。但这里的前提显然是无法成立的。

首先，即使我们可以用自然科学方法从事哲学研究，这也并不意味着可以把哲学研究完全归属于科学研究，否则哲学研究就失去了其自身的研究性质。哲学与科学研究的本质区别，正如罗素早已断言的那样，是在于两者对知识的处理方式：科学总是以追问确定的知识为主要任务，而哲学则不得不在确定与不确定之间做出选择。用卡尔·波普的方法来区分，科学的知识总是可以用各种方法加以证实或证伪的，但哲学的理论则无法也无须做出证实或证伪。事实上，我们可以用判断真假的方式追问科学知识的确定性，但对于哲学命题则无法用真假断定其有效性，因为哲学研究不是追问科学命题是否为真，而是探究科学命题是否成立。追问真假始终是科学研究的目的，而确定意义则是哲学研究的任务。其次，以科学研究的方法从事哲学研究，也并非意味着可以用科学取代哲学，否则科学就无法得到普遍的认可和接受了。哲学研究的特点不是寻求普遍的知识，而是为获得普遍知识提供意义根据。由于这样的意义根据完全来自哲学家个人的思想工作，即使在哲学家中也难以得到普遍的认同，因而哲学研究就具有了明显的个人特征。相反，科学研究的目的是为了获得普遍的知识，这与具体获得这些知识的科学家的个人特性无关：具体的科学家不过是获得这些知识的偶然个体。因此，用追求普遍知识的科学研究取代满足于个人理解的哲学研究，其结果不仅是使得科学研究失去了普遍意义，而且使得哲学研究失去了自身特色。显然，“科学万能论”的观点无论是对科学研究还是对哲学研究都是有害无益的。

由于哲学研究具有明显的个人特征而无法重复等这些性质，一些哲学家就认为，这些性质保证了哲学研究具有科学研究无法取代的特色，因而我们不能用科学研究代替哲学研究。这就是“哲学特色论”的主要观点。这种观点的最初捍卫者来自 19 世纪后半叶的新康德主义哲学家狄尔泰、文德尔班和李凯尔特等人，他们坚持严格区分精神科学与自然科学，并认为两者的根本区别就在于前者强调了精神现象的优先性和特殊性，而后者仅仅是精神科学方法的具体运用。同时，他们还认为，自然科学研究对普遍性的追求与精神科学对特殊性的要求，使得两者之间无法相互取代。“哲学特色论”在现代哲学中是以实证主义传统的对立面出现的，这就是晚年胡塞尔对欧洲科学危机的忧虑、海德格尔对现代实证科学的批判以及后期维特根斯坦对现代科学文明的反思。

胡塞尔对欧洲科学危机的认识并非简单地批判当时在欧洲流行的物理主义的客观主义和实证主义以及怀疑论和虚无主义等思潮，更是从理解人性出发看到了欧洲理性主义传统受到了实证主义、怀疑论和非理性主义等思想的严重排挤。他提倡的现象学既不是对科学的反动，也不是以这种现象学去取代科学，而是希望建立一种具有真正科学严格性的哲学。因此，胡塞尔对欧洲科学危机的忧虑，实质上是对当时所出现的试图用科学研究方法取代哲学研究的那种哲学思潮的批判。他指出："从我们普遍感到悲哀的文化危机以及科学在那里所起的作用出发，我们就会想到完全有必要对一切科学的科学性作严肃认真的和十分必要的批判，而同时注意不牺牲它们第一性的、在方法论成就的正当范围内无懈可击的科学性意义。"[①] 胡塞尔这里的批判意义如同康德的批判哲学一样，是对科学性质本身的哲学考察，并通过这种考察，指出一切实证科学研究在方法论上正是背离了真正的科学精神（胡塞尔所说的"科学性意义"），由此捍卫了在他看来代表科学精神的现象学研究的科学地位。

海德格尔对现代实证科学的批评则基于他对技术本质的形而上学思考。海德格尔清楚地意识到，现代技术革命根基于现代科学理论的进步，但这种理论进步却是以忽视了技术本质为代价的。他指出："人们说，现代技术与一切以前的技术完全不同，因为它立足于新时代的精密的自然科学。在这同时，人们更清楚地认识到，相反的东西也是适用的：新时代的物理学作为实验的物理学被指向技术设备，被指向设备制造的进步"。"技术和物理学之间的这种相互关系的确认是正确的。但它还是单纯历史地确认了事实，丝毫没有说出这相互关系建立在何处。决定性的问题仍然是：现代技术具有什么样的本质，以致现代技术能够想到去使用精密的自然科学。"[②] 根据他的分析，现代技术的本质应当是对"存在"概念的重新定义，即对现代科学采用的"数"的先验存在规定。这里凸显了"存在"自身在一切存在物出现之前的先验特征，也就是数字本身的明见性特征。由此，我们会清楚地看到海德格尔对现代科学的形而上学理解与科学家们对现代科学技术的自然理解有着截然不同：科学技术的本质不仅决定了与自然事物的交往，更是深刻地铭记于人类的文化创作之中，特别是表

① 胡塞尔：《欧洲科学危机与超验现象学》，张庆熊译，上海译文出版社 1988 年版，第 5 页。

② 海德格尔：《演讲与论文集》，转引自绍伊博尔德《海德格尔分析新时代的技术》（宋祖良译，中国社会科学出版社 1993 年版），第 122—123 页；参见《海德格尔文集》第 7 卷（孙周兴译，商务印书馆 2018 年版），第 14—15 页。

现在与人类相关的一切存在领域。[①] 这是摆脱了事物的观念而切入存在自身的状态，这是用超越性的态度看待以自然的方式呈现于我们面前的科学技术成果。严格地说，海德格尔的这种态度和分析并没有对科学研究本身提供任何有价值的帮助，它不过是哲学家们对科学研究方式和成果的一种形而上学反思，或者是哲学家们以一种独特的方式参与到对科学研究的解释之中。虽然海德格尔的沉思对后代哲学家重新认识科学技术发展的限度有所启发，如德雷福斯（Hubert Dreyfus）对计算机技术和人工智能限度的哲学反思，但这种与当代科学发展图景完全相悖的观点不仅无助于推进科学研究，反而导致当代科学对哲学家思维的漠视和拒斥。[②] 这不得不令我们重新思考这种“哲学特色论”在科学与哲学关系问题上给出的回答。

维特根斯坦对现代科学研究和哲学研究之间的区别始终保持清醒的态度。《逻辑哲学论》提醒我们：“凡是我们不能说的东西，我们必须保持沉默”[③]。在 20 世纪 30 年代初，维特根斯坦明确地表达了自己的哲学思考与科学研究之间的区别。他说：“典型的西方科学家是否理解或欣赏我的著作，这对我来说毫无区别，因为他肯定无法理解我的写作精神。……因此，我的目标和科学家的目标是不一样的，我的思想活动和他们的不一样。”[④] 关于这种不一样，维特根斯坦在晚年做出了更为清楚的表达。1947 年 4 月 8 日，他在与自己的学生和好友里斯谈话时说，“在某种意义上，哲学必定是反科学的，因为它是沉思的。在当今时代，科学主要是被工程学占据主导地位。在这种联

---

① 绍伊博尔德：《海德格尔分析新时代的技术》，第 136 页。

② 据德雷福斯本人所说，他曾在 20 世纪 70 年代建议美国政府停止对符号化的人工智能研究提供资助，由此导致了人工智能研究进入了“寒冬期”。（成素梅、姚艳勤：《哲学与人工智能的交汇：德雷福斯兄弟访谈录》，《哲学动态》2013 年第 11 期）对此，科学界则持明显的反对态度，并把人工智能研究的落后归罪于哲学家的工作。参见维基百科条目“Hubert Dreyfus's view on artificial intelligence”，in https：//en. wikipedia. org/Hubert-Dreyfus%27s_ views_ on_ artificial_ intelligence# =2021-4-16。

③ Ludwig Wittgenstein. *Tractatus Logico-Philosophicus*, trans. D. F. Pears & B. F. McGuinness, London：Routledge & Kegan Paul, 1961，§ 7，p. 74.

④ 维特根斯坦：《论文化与价值》，楼魏译，上海人民出版社 2019 年版，第 11—12 页。

系中——就它被工程学占据主导地位而言——它对哲学将不会有任何用处了（没有哲学，科学可以得到很好的发展。我们可以谈论某些迷糊：但这些实际上并不会干扰许多。而且，科学是直接面向技术的，而哲学则更多地表现为对科学的平衡力量）。但科学是科学家们的工作。他们并不总是关心工程学的进展。比如说，他们系统地论述一个主题，例如论述光波原理。科学家们的工作所关心的，我们可以称之为澄清，哲学可以对这个工作有所帮助。虽然这种帮助并不是直接的——只是说，哲学研究的某一种形式正在进行。哲学是沉思性的；而科学则不是。哲学关心的是指出其他的可能性，可以完成它的某些方式”①。可见，正是由于哲学研究与科学研究之间的这些区别，使得维特根斯坦始终把自己的研究工作看作哲学的，而不是科学的，虽然他对“哲学的”一词有着众所周知的与众不同的解释和用法。

从上述分析中可以看出，虽然胡塞尔、海德格尔和维特根斯坦对科学的性质有各自不同的理解，但在对待科学与哲学关系问题上的态度却基本上是一致的：他们都把哲学研究看作是一种与现代科学研究完全不同的事业，在胡塞尔那里是一种真正严格意义上的科学，在海德格尔那里是一种追问科学意义的形而上学，在维特根斯坦那里则是一种反思性的理智活动。因此，哲学研究具有科学研究无法取代的特殊性质。这种“哲学特色论”的观点不仅直接反对把哲学研究混同于科学技术，或者用科学研究方法从事哲学研究，而且试图用哲学的特殊性质反对科学技术的成就，反对哲学研究中的科学主义和实证主义倾向。从积极的意义上看，这种反对意见对于提醒我们注意科学主义和实证主义在当代哲学中的滥觞的确具有重要作用；但同时，我们更需要看到，这种“哲学特色论”的结果将是把哲学研究完全排除于科学发展的视野之外，这不仅不利于科学的发展，也不利于哲学自身的发展。

---

① 维特根斯坦：《维特根斯坦与 R. 里斯的哲学谈话录》，载《心理现象与心灵概念：维特根斯坦心理学哲学的主题》，江怡、马耶夏克主编，中国社会科学出版社 2020 年版，第 208 页。

三 当代哲学对科学技术研究的介入

从当代科学发展的基本图景中可以看到，当代哲学始终在以各种不同形式介入科学技术的研究，并试图用哲学的方式说明当代科学发展的最新成果。这首先表现在科学哲学研究领域，其次表现在以认知科学和人工智能为代表的交叉学科研究中。

可以说，科学哲学研究是哲学家们深入科学研究领域的主战场。早期科学哲学家们，如逻辑实证主义者石里克、卡尔纳普等人以及卡尔·波普等，坚持把科学研究作为哲学研究的基本模板，以科学主义精神贯穿于哲学研究的全过程。虽然后来的哲学发展逐渐表明维也纳学派“统一科学”纲领的失败，但这一纲领体现的科学精神，即以经验为向导、以逻辑为手段、以效果为目的，却在后来的科学哲学研究中保留了下来，特别体现在具体科学哲学的研究领域中。

当前的科学哲学研究通常被划分为两个主要部分：一个部分是“一般科学哲学”，主要关心的是科学研究的历史发展、科学研究的方法论以及科学哲学研究的一般问题；另一个部分则是“具体科学哲学”，主要涉及不同科学研究领域中的哲学问题，从哲学认识论和方法论上讨论具有普遍意义的科学问题。① 一般科学哲学处理确证、语义和科学理论的哲学解释，其中包括科学概念的操作性特征、认知意义的经验标准、理论的相互融合、科学革命、科学实在论的演变、因果解释、还原论与科学的统一等。具体科学哲学则包括物理学哲学、生物学哲学、心理学哲学、社会科学哲学等。此外，在当代分析哲学传统中，还有逻辑哲学、数学哲学、语言哲学、心灵哲学等，它们不仅与自然科学研究密切相关，而且已经成为当代哲学研究的独立分支领域。总部位于荷兰阿姆斯特丹的国际爱思唯尔出版集团（Elsevier）

---

① Richard Boyed, Philip Gasper, and J. D. Trout, *The Philosophy of Science*, Cambridge, Massachusetts: The MIT Press, 1991, p. 3.

于2006年开始出版的系列丛书《爱思唯尔科学哲学指南》，全面反映了目前科学哲学研究中几乎所有分支领域的最新发展。丛书总编加贝（Dov Gabbay）、塔加德（Paul Thagard）和伍兹（John Woods）在总序言中指出，“每当科学研究处于已知世界的尖峰时刻，它就不可避免地进入关于知识性质和实在的哲学问题。科学争论提出了诸如理论与实验的关系、解释的性质以及科学大致近似真理的程度等问题。具体科学研究则提出关于何物存在以及如何获知等问题，例如，物理学中的时空性质问题、心理学中的意识性质问题。因此，科学哲学是科学地研究世界的本质部分。最近几十年来，科学哲学逐渐成为一般哲学研究的中心。尽管依然有些哲学家认为关于知识和实在的知识可以凭借纯粹的反思而得到发展，但目前更多的哲学工作表明，我们必须自觉地考虑相关的科学发现。例如，心灵哲学如今就与经验心理学密切相关，政治理论则与经济学相互影响。因而，科学哲学为哲学研究和科学探索提供了一个富有价值的桥梁。不仅如此，科学哲学自身不仅关注关于科学性质和有效性的一般问题，而且特别关注具体科学中提出的专门问题”①。这些论述表明，越来越多的哲学家已经充分意识到哲学研究对科学技术最新成果的介入的重要性和必要性。这种介入在以认知科学和人工智能研究为代表的交叉学科研究领域表现得更为明显。

如今，认知科学研究已经被公认为具有多学科交叉研究性质的综合性科学，其中，哲学与心理学、计算机科学、神经科学、语言学与人类学等都被视为认知科学研究的主体学科，共同构成了认知科学研究的基础部分。与人工智能技术相比，认知科学研究是对人类认知获得的性质、范围、形式和表征方式的基础研究，因而应当属于传统科学研究的理论部分。这些研究通常包括了两个主要部分：一是与人类认知和心灵活动密切相关的内容研究；二是与认知活动特征描述密切

---

① Dov M. Gabbay, Paul Thagard, and John Woods, General Preface, in *Philosophy of Physics*, eds. J. Butterfield, John Earman, Amsterdam: Elsevier, 2006, p. v.

相关的表征研究。内容研究部分主要涉及意识的性质和内容、动物认知、认知神经科学、认知心理学等。这些与当代心灵哲学研究的主题和内容有实质性的交叉，因而说明认知科学与哲学研究的交叉性质。传统心灵哲学围绕意识及其在自然中的位置这一根本问题展开了旷日持久的争论。在反物理主义者半个多世纪来持续不断的挑战之下，物理主义经历了一系列的理论发展，从行为主义到功能主义，从心脑同一论到随附物理主义以及最近的奠基物理主义，但意识所具有的那种主观现象特征（phenomenal characters），也就是所谓的感受质（qualia），始终被认为是意识的难问题，不论是物理主义者还是反物理主义者都无法提供行之有效的解释方案。以斯图嘉（D. Stoljar）为代表的一些物理主义者试图对“物理”概念进行修正，以扩大其外延；而斯特劳森（G. Strawson）等人则试图论证一种与物理主义相容的泛心论，这种泛心论甚至得到科赫（C. Koch）、托诺尼（G. Tononi）等神经科学家的支持，引起了广泛争论。1994 年第一届图克森会议（Tucson）召开，提出“走向意识科学”的口号，主张泛心论的查尔莫斯（D. Chalmers）曾是这一系列会议的主要发起人和组织者之一。2016 年会议正式名称改为“意识科学”，表明关于意识问题的跨学科研究已经得到广泛认可。[①] 这些表明，对人类认知和心灵活动的内容研究已经成为当今科学与哲学高度关注的共同领域。

在认知科学哲学研究历史中，表征主义被看作第一代认知科学哲学的主要形式。通常认为，表征主义是以计算主义为根据的，相信作为表征对象的世界的客观性和独立性，认为存在作为表征者的主体和心智，并试图从表征发挥作用的方式来看心智为自然之镜。然而，随着人们愈加重视环境因素和资源在认知活动中所发挥的作用，表征主义的基本信念受到越来越多的质疑。认知科学的研究结果表明，计算－表征主义在很多情况下缺乏应有的解释力。例如，颜色恒常性的

① 参见维基百科条目 The Science of Consciousness，in https：//en. wikipedia. org/wiki/The_ Science_ of_ Consciousness = 2021-4-17；另参见美国亚利桑那大学意识研究中心网页 https：//consciousness. arizona. edu = 2021-4-17。

挑战表明，表征主义以经验内容来说明现象特征的区别并不成功；自主行动者（autonomous agents）的认知活动是由大脑、身体和世界协作完成的。这一事实表明，忽略环境因素的表征－计算模型难以胜任解释认知活动的完整性。20 世纪 80 年代之后，涉身认知（embodied cognition）受到越来越多的关注，成为第二代认知科学的核心概念。涉身认知和情景认知（embedded cognition）在批判表征主义的过程中也逐渐分化为温和派和激进派，前者是以惠勒（M. Wheeler）、贝拉德（D. H. Ballard）、科斯（D. Kirsh）等人为代表的行动导向认知理论，后者则是以克兰西（W. J. Clancey）、艾德曼（G. Edelman）、史密斯（L. Smith）和波特（R. F. Port）等人为代表的认知动力学理论。然而，正如刘晓力指出的，“迄今为止，对于意识和意识体验的本质，我们的探索仍然处在只见树木不见森林的早期阶段，以物理学为核心的自然科学还未获得对其完全明确的说明。也许，我们需要以一种双向挑战的思路重新审视意识难题和解释鸿沟，不仅仅从意识现象不可划归物质现象这一单向视角去理解其中的困难，还应当以双向视角去探索，一个系统为何同时具有物理属性和现象属性，主观心灵的存在是否同样具有某种客观性”①。既然尚无法确切地获得关于意识活动和理智性质的科学认识，人们就试图以人为方式制造一种类似人类意识和智力的机制，由此产生了人工智能技术。

在人工智能技术日益活跃的今天，人们对这种技术所带来的一系列伦理问题提出了更多的担忧和思考。应当说，人工智能技术的每一项突破都在更新人类对自身的认知，不断拓展人类的认知边界。相对于人类主体，人工智能构建了一个巨大的“他者”，挑战了传统的“人类中心主义”。这个他者不是被人类奴役的客观对象，而是与人类地位平等的另类主体，甚至就是人类自身。难以想象的是，当人类大脑的所有神经元逐个被硅基芯片或其他人工智能技术所替换，我们在自我审视或审视他人的时候，我们究竟是在审视什么样的对象。因

① 刘晓力等著：《认知科学对当代哲学的挑战》，科学出版社 2020 年版，第 30 页。

此，在现有的人类社会条件下，人工智能技术自然就会引发大量伦理关切，人工智能技术的利用就会威胁到人类伦理的一些基本信念。这些都迫使我们在人工智能技术高速发展的今天，重新思考人类智能与人工智能之间的关系。近年来，国内外哲学界对人工智能哲学的研究兴趣有增无减，出现了一些“热闹的景象”。根据美国哲学家迪特里奇（E. Dietrich）的统计，截至2020年3月，在Philpapers网站上收录的人工智能哲学主体的论文数已经超过万篇，其中涉及到的主题包括以下四大种类：第一类是人工智能是否可能的问题，即有智能的思想机器是否能够像人类一样思考。这个问题还涉及到关于思想的语义学理论与计算性质的相关关系问题；第二类是关于合理性的性质问题，即人工智能与人类智能相比的合理性究竟在何种程度上可以被接受；第三类是关于人类心灵具有的“超越性”推理能力的问题，这些问题来自著名的哥德尔不完全性定理；第四类是关于智能机器的构架问题，即构成具有人工智能的机器的基本条件问题。[1] 这些表明，对人工智能的哲学研究是认知科学哲学的重要组成部分，关系到人类自身的未来。

四 未来哲学的可能性

从未来人类的视角看，现代人类的一切活动都依赖科学的进步和新技术的发明，在科技日益昌盛的今天，人类已经无法离开现有的科技成果而生存。这就使得人类不断产生一种末世的感觉，即人类在被技术操控的时代无法摆脱技术对人类的支配。这种末世心态在19世纪下半叶的尼采哲学中就已经出现，到了20世纪的后现代思潮中表现得更为明显。孙周兴把这种矛盾心态解释为“人类面对动荡不安的

① Eric Dietrich, ed., Philosophy of Artificial Intelligence, in https://philpapers.org/browse/philosophy_ of_ artificial_ intelligence. =2021-4-17.

现实和不确定的未来的普遍焦虑和恐惧”①。然而，在我看来，这种末世心态的产生是由于没有摆正哲学与科学关系的结果。每个时代的人类都会产生对现实和未来的焦虑和恐惧，而现代人类所面临的焦虑和恐惧远远大于以往时代的人类，其原因就在于我们意识到现实与未来的冲突已经超出了我们的控制，未来的不确定正是我们无法控制动荡之现实的预期反应。因此，如何正确地看待哲学与科学的关系问题，如何通过哲学的反思而使得科学的发展保持一种稳定的平衡，这恰好是未来哲学需要完成的重要工作。基于这种考虑，我们需要从以下三个方面重新定位哲学与科学的关系，或者说是重新确定哲学在科学发展中的作用和地位。

首先，从历史上看，哲学与科学的互动似乎是一个永恒的话题。在当今的人工智能时代，哲学与科学的关系比以往任何时代都要密切。这就迫切需要我们重新思考人类与自然、个体与社会、人性发展与技术进步等关系问题。在这种重新思考中，对科学技术的哲学反思无疑占有十分重要的地位。然而，这种哲学反思并不意味着用科学取代哲学，或者用科学研究的方式支配哲学的研究。相反，哲学研究是为科学的发展提供思想上的限度，确保科学研究明确自身发展的范围，或者说是让科学研究者知道可以做什么和不可以做什么。维特根斯坦明确告诉我们，对于我们不可说的东西必须保持沉默，这就为我们的知识和思想表达规定了界限。

其次，当代哲学探讨人类心灵和认识活动性质时，的确需要借助于科学研究的最新成果，但这并不是哲学研究自身的最终诉求。哲学家们的主要工作不是为科学的发展提供逻辑论证和概念支持，而是考察和清除科学发展中存在的理论难题和思想障碍，作科学发展道路上的清道夫和提醒者。科学家可以说他们需要哲学但不需要哲学家，但哲学家必须说，他们不仅需要科学，也需要科学家。他们需要科学，

① 孙周兴:《现代技术与人类未来》，载《未来哲学》（第 1 辑），孙周兴主编，商务印书馆 2019 年版，第 65 页。

是因为科学研究为哲学思考提供了必要的对象内容；他们需要科学家，是因为科学家需要哲学为自己的研究提供思想保障。这种哲学与科学的互动关系，确保了哲学研究的科学性质和科学研究的哲学前提。

最后，无论是在性质上还是在任务上，未来的哲学都不应是科学的随附者，而应是科学的急先锋。虽然历史上曾出现哲学随附于宗教和科学的短暂时期，如中世纪的基督教哲学和近代的实验科学，但在性质上，哲学却始终处于科学发展的前沿地带。科学在历史上的每一次进步都离不开哲学上的系统思考，而每一次科学危机的出现都伴随着哲学上的革命。这些历史事实表明，哲学总是在科学发展中扮演着急先锋的角色，它总是能够在科学发生危机的时候帮助科学转危为安。未来的哲学必将继续发挥这样的作用。

总之，关于未来哲学的可能设想，本文主要是从哲学与科学的互动关系中寻找思想的灵感。按照孙周兴的说法，哲学应当是对未来开放的，“未来才是哲思的准星”①。关注历史是哲学史的主要工作，而只有面向未来才是哲学的本性所在。当代科学技术的不断发展为未来哲学的形成提供了必要条件，未来的哲学也将为科学技术的发展提供必要前提。可以设想，在不远的将来，哲学家与科学家会有更多的联姻，正如哲学家与艺术家的联姻一样，因为他们都以各自不同的方式面向人类共同的未来。

主要参考文献

1. 陈小平主编：《人工智能伦理导引》，中国科学技术大学出版社 2021 年版。

2. 海德格尔：《海德格尔文集》第 7 卷，孙周兴译，商务印书馆 2018 年版。

3. 胡塞尔：《欧洲科学危机与超验现象学》，张庆熊译，上海译文出版社 1988 年版。

4. 江怡、马耶夏克主编：《心理现象与心灵概念：维特根斯坦心理学哲学的

① 孙周兴：《总序》，载《未来哲学》（第 1 辑），第 2 页。

主题》，中国社会科学出版社 2020 年版。

5. 刘晓力等著：《认知科学对当代哲学的挑战》，科学出版社 2020 年版。

6. 孙周兴：《现代技术与人类未来》，载《未来哲学》（第 1 辑），孙周兴主编，商务印书馆 2019 年版。

7. 绍伊博尔德：《海德格尔分析新时代的技术》，宋祖良译，中国社会科学出版社 1993 年版。

8. 维特根斯坦：《论文化与价值》，楼魏译，上海人民出版社 2019 年版。

9. Boyed, Richard; Gasper, Philip; and Trout, J. D.. *The Philosophy of Science*, Cambridge, Massachusetts: The MIT Press, 1991.

10. Gabbay, Dov M.; Thagard, Paul; and Woods, John. eds. in general. *Handbooks of the Philosophy of Science*, Amsterdam: Elsevier, 2006.

11. Wittgenstein, Ludwig. *Tractatus Logico-Philosophicus*, trans. D. F. Pears & B. F. McGuinness, London: Routledge & Kegan Paul, 1961.

（原载《社会科学战线》2021 年第 7 期，第 1—11 页）

二十三　试论认知科学中的实用主义元素

关于认知科学中的实用主义转向，国内外哲学界已经有了太多的讨论。无论是约翰逊对第二代认知科学的实用主义定位①，还是福多对实用主义在认知科学中泛滥的批评②，这些都向我们表明了当代认知科学与实用主义之间的密切联系。与此不同，本文的目的是要考察：在认知科学中究竟有多少东西是属于实用主义的，或者说，在什么意义上我们可以说认知科学研究中存在实用主义的元素？首先，我们需要考察实用主义的基本精神是什么，或者说我们通常理解的实用主义究竟是什么；其次，我们需要了解认知科学研究在多大程度上可以被看作是与实用主义有了密切关系，以及这种关系产生的原因究竟是什么；最后，也是最为重要的，我们需要考察认知科学研究中究竟包含了哪些实用主义元素，使得其中发生了所谓的“实用主义转向”，以及这种转向对认知科学的发展以及对哲学本身究竟意味着什么。

实用主义的基本精神

如果从皮尔士发表的三篇重要文章算起，实用主义哲学诞生至今

---

① Mark Johnson, Cognitive Science, in *A Companion to Pragmatism*, ed. John R. Shook, Joseph Margolis, New York: Blackwell, 2006.

② J. Fodor, LOT 2: *The Language of Thought Revised*, Oxford: Oxford University Press, 2009.

已经有一百多年的历史了。但我们知道，在早期或古典实用主义哲学家那里，“实用主义”概念意味不同的含义。在皮尔士那里，实用主义是作为一种意义理论提出的，主要目的是表明概念的意义需要通过可能产生的效果来加以验证。皮尔士提出的实用主义准则被看作实用主义哲学的最初标志。但在詹姆斯那里，实用主义则成为一套确定真理的法则，实用主义哲学就从一种意义理论变成了真理理论。詹姆斯的真理观成为实用主义哲学被普遍认识的重要标签。杜威是古典实用主义的集大成者，也是实用主义哲学得到普遍传播的重要宣传者。但他的实用主义以实践活动为主要标志，以人们适应社会环境和需求的社会达尔文主义为主要特征，工具主义是这种哲学的重要标签。从这些古典实用主义者的思想特色中，我们似乎看到的是实用主义哲学的不同表现形式，但与第二代实用主义者相比，他们的哲学依然具有某些共同的思想特征。这些特征主要表现在对实践和行动的推崇，对实验和可错性的重视，以及对个人与社会环境关系的强调。

无论是皮尔士还是詹姆斯和杜威，他们都把人们的实践活动作为理论研究的最初来源和最后检验。显然，他们所指的实践（practice）并非马克思主义哲学所强调的作为人类存在根源的社会生产实践和作为真理检验标准的认识实践，而是个人的具体实践活动，是与理论推理相对应的实践活动。在对这种实践的推崇中，皮尔士强调的是科学实验对确定概念意义的决定性作用，詹姆斯突出了经验概念在判断真理有效性过程中的决定地位，而杜威则更为着重分析了社会实践对个人活动的直接作用和结果。具体而言，他们都把实践概念理解为个人的行动（action），即作为实践主体的个人所从事的具体活动。这样，实用主义的实践概念就有了双重含义：一方面是行动本身具有的活动意蕴；另一方面是作为实践主体的个人在行动中的决定性作用。“行动”是实用主义实践概念的核心内容，正因为有了行动，实践才有了具体的意义，概念的意义才能得到确认，一切命题才可以得到真正的说明。“经验”概念被看作实用主义哲学的重要标志，其主要原因就在于经验概念中包含了行动的过程和结果。正如詹姆斯强调的，行动构成了经验的主要内容；我们对经验的描述也是通过对行动过程和结果的说明完成的。没有行动的经验就是纸上谈兵，而没有形成经验的行动也会成为毫无认识价值的重复性活动。[①] 在这个意义上，无论是经验还是行动，都构成了实用主义认识论的关键概念。

在三位古典实用主义哲学家中，皮尔士首先是作为科学家、数学家和逻辑学家而为世人所知的，他在科学、数学和逻辑学上的突出贡献至今依然是科学研究的重要基石。他也被看作是19—20世纪转折时期少有的百科全书书式人物。他在哲学上的重要贡献正是基于他在科学上的研究成就，从可计算和可操作的视角重新定义了科学概念的意义。这种重新定义来自科学上的实验，也来自对一切科学假设存在可错性质的坚定信念。皮尔士的可错性原则通常被看作是他在哲学上反形而上学、反本质主义和反基础主义的重要武器，但更为重要的则是他的实用主义原则的主要体现。我们知道，实用主义原则就是一种可操作的意义准则，这一准则的基本思想就是科学假说的试错性质，也就是说，只有经过科学实验而得到确认的假说才能被接受为有效的和有意义的。但这恰好说明，实验为假说提供了不断尝试的基本手段，借助于这个手段，我们就可以在不断尝试中发现并修正错误，最终得到可以确认的实验结果，由此确证科学假说的有效性。然而，由于实验本身是需要不断重复并可能出现各种不同的偶然情况，因此，由实验去确证假说的有效性就面临着各种新的挑战，并且无法得到最终确定的实验结果。这样，在不断修正错误中获得实验的部分结果就成为科学假说得以验证的重要途径。皮尔士把这种不断修正错误的过程称作知识的“逼真性”，也就是纽拉特所说的“知识之舟”的寓意。事实上，这种可错性原则在杜威的实用主义中也发挥着重要作用，特别体现在他的“思想五步说”中。我们知道，这个五步说是杜威用来说明认识过程的一个形象解释，即发现疑难、确定疑难、提出假设、选择假设、验证假设。这是一个从怀疑到信念的探索知识的

① W. James, *Essays in Pragmatism*, New York: Hafner Publishing Company, 1907 /1948.

过程。胡适正是根据这个思想过程，提出了“大胆假设，小心求证”的著名口号，其核心不在于疑难和假设，而在于求证行动。因而，实验是不断纠错的手段，而可错性则是科学假设的必要前提。实用主义哲学正是建立于这种实验和可错性之上的思想方法。

说到个人对社会环境的依赖性，最大的提倡者莫过于杜威了。杜威以社会达尔文主义为思想根据，对自然和社会环境在人类活动中的决定作用给予了最大的重视，提出了以社会环境改造人类心灵的哲学目标。实现这个目标的第一步，在杜威看来，需要人类充分认识到环境对个人行动的规定性作用。个人不能脱离一定的环境而存在，或者说，人是环境的动物，而不是理性的动物。这就意味着，个人的生存首先必须要学会适应环境，正如在认识过程中需要首先发现和确定疑难一样，环境赋予了个人活动的最初意义。当然，这只是个人面对环境时做出的最初反应。对人类而言，环境不仅是社会存在的基本条件，更是社会对个人适应环境并改变自己生活和改变社会的基本要求。对个人而言，环境提供了自己生存的基本需要，更是个人要在适应社会环境过程中不断改变社会的基本要求。在社会政治哲学方面，杜威的思想被看作是社会改良主义的主要代表，其根据就在于强调了个人与社会之间的相互作用：个人首先是受到社会环境的规定性影响，社会为个人的活动提供了必要条件；反过来，个人的活动也对社会环境产生了深刻影响，在一定程度上推动了社会的变革。这种对个人与社会相互作用的强调，通常也被看作实用主义哲学的重要思想内容，这的确应当归功于杜威。但如果仅从环境对个人成长和活动的影响来看，詹姆斯也持有与杜威相同的观点，特别是强调了环境对个体的刺激反应作用。詹姆斯的个体心理学受到早期实验心理学的影响，把个体对外部环境的刺激反应作为人们接受社会影响的重要生理－心理根据。如果从个体作为行动主体的角度来看，无论是詹姆斯还是杜威，他们都强调了个体在应对外部环境过程中的主动作用。在他们看来，个体并不是环境的被动接受者和简单适应者，而是对环境的改变负有不可推卸的作用。环境对个体而言并不是现成的存在，而是一个被创造的过程。或者说，个体正是在改变环境的过程中与环境相互作用，并最终融为一体。个体在与环境的这种相互作用中使其成为自己并被看作是真正的能动者（agent），充分体现了能动者的能动性（agency，或也可以称作能动作用）。这种对个体能动性的强调，也是实用主义的一个重要特征。

从以上对实用主义哲学主要特征的说明中可以看出，实用主义并非一种完整统一的哲学理论，或者说它并没有为我们提供对世界的一种完整说明。相反，这种哲学只是为我们提供了看待世界的一种方式，或者说是告诉我们如何与世界打交道的一种方法。人类与世界打交道可以有很多种方式，如提供一种完整解释的哲学理论，或者是构建一种另类解释的宗教信仰，或者是想象一种非现实的艺术形式。但在所有这些方式中，惟有主动帮助我们选择适合我们自己的方法，并承诺并不会代替我们去做出这种选择的方法，才是最容易受到欢迎的方法，而实用主义正是这样一种方法。在我看来，这就是实用主义的基本精神，即对实践和行动的推崇、对实验和可错性的重视以及对个人与社会环境相互关系的强调。

实用主义如何进入认知科学领域

从学科划分和思想倾向上看，实用主义显然属于哲学领域。无论是作为一种思想方法还是作为一种理论观点，实用主义都充分体现出不同于科学研究的明显特征。虽然实用主义哲学家们都具备很好的自然科学功底，或者他们本人就是自然科学家，如皮尔士和詹姆斯，但他们的哲学思考却体现出与自然科学研究的明显区分，这特别表现在他们强调实践和行动在理论构造中的决定性作用。这里的实践不是通常意义上的科学实验活动，这里的行动也不是科学家们的科学操作行为，而是更广意义上的个人行为和社会实践活动，是人类与世界打交道的不同方式，它们体现了人类存在于世界并构成社会的意义和价值。在这种意义上，实用主义哲学就是试图以实践和行动表明人类存在意义的努力。

然而，这样一种哲学是如何与当代认知科学建立起联系的呢？2013年，恩格尔（Andreas K. Engel）、梅尔（Alexander Maye）、库森（Martin Kurthen）和库尼格（Peter König）等认知科学家们在《认知科学趋势》杂志上发表文章《行动在哪里？认知科学中的实用转向》，明确提出把认知理解为认知者与外部世界的“互动”，即一种熟练的活动（a skillful activity）。他们指出：“这种观点的关键前提是，不应将认知理解为提供世界模型，而应理解为辅助行动并以感觉运动耦合（sensorimotor coupling）为基础。因此，认知过程及其潜在的神经活动模式应主要研究它们在行动生成（action generation）中的作用。我们认为，这种以行动为导向的范式不仅在概念上可行，而且已经得到许多实验证据的支持。许多发现要么公开证明认知的行动相关性，要么可以在这个新框架中重新加以解释。我们认为，关于神经过程的功能相关性和假定的‘表征’性质的新观点，可能会从这种范式中出现。”① 这就正式把实用主义的行动理论与认知科学研究联系起来，由此推动了认知科学研究中的4E模式发展。

从认知科学的发展历史可以看出，认知科学是一门跨学科的研究领域，其中既有计算机科学、神经科学、认知心理学等自然科学学科，也有哲学、语言学、人类学乃至教育学等人文科学学科。认知科学的这种跨学科性质使得这个研究领域充满了不同学科之间的交叉融合，同时也会出现由于学科差异而导致的问题冲突。例如，对语言现象的研究是认知科学领域共同关注的部分，但由于不同学科对语言现象关注的侧重点不同，因而使得这些研究结果之间出现了一些分歧甚至是对立。计算机科学处理的是形式语言，通过数字运算而构造机器工作的基本模型；认知心理学对语言的处理则是概念模式系统，通过对语言的感知心理分析而发现语言在认知活动中的作用。这两种语言

---

① Andreas K. Engel, Alexander Maye, Martin Kurthen, and Peter König, Where's the action? The pragmatic turn in cognitive science, *Trends in Cognitive Sciences*, May 2013, Vol. 17, No. 5: pp. 202 - 209.

处理方法显然是不一致的，虽然它们讨论的对象都是语言。当然，由于不同学科对语言的理解和使用各不相同，这也导致了这些科学对表面相同的对象却得到不同的研究结果。例如，语言学和哲学都处理语言问题，它们显然并不是在相同意义上使用语言和讨论语言的。然而，作为一门跨学科研究领域，认知科学必须要对不同学科中关注的共同问题提供一个共同的研究路径，以便使得认知科学能够成为一门综合性交叉性研究领域。我认为，这个共同的研究路径就是认知科学的方法论。

如何从方法论上讨论认知科学问题，这不是在追问实验方法是否可以作为认知科学的研究方法，或者认知科学研究能否有一种通用的方法，而是对认知科学共同特征的讨论，即认知科学研究与其他传统科学研究相比具有哪些共同特征。根据当代科学研究的一般特征，学科研究领域之间的重要区别不在于研究对象的不同，而在于研究方法的差异。不同的研究方法造就了不同的学科分野。语言学、心理学和哲学都处理语言与心灵的关系问题，但它们由于处理方法的不同而形成了不同的研究领域。当代科学的学科分野正是基于研究方法的差异。在这种意义上，当代科学与传统科学之间的重要区分也在于方法上的差异。经验观察方法在近代科学中逐渐被科学实验所取代，而现代科学与近代科学的重要区别，则在于更加强调理论对实验的渗透和可想象方法在科学研究中的核心作用。基于方法论上的区别，认知科学不再把某个自然现象或物理对象看作单一呈现于人类面前的自然事物，而是看作人类认知活动的自然结果。因此，自然事物的存在（包括自然界本身）都依赖人类的认知程度和认知方法。

认知科学在当代科学中被看作一门新兴的学科领域，其新颖之处就在于它对心灵和认知概念给出了与传统科学和哲学完全不同的解释。笛卡尔式的二元论和牛顿经典力学的齐一性解释模型都把心灵活动看作独立于物理活动的“幽灵”，把人类认知解释为人类对外部事物机械性的反应过程。现代认知科学则立足于科学研究对认知概念和心灵的不同解释，强调人类主体在认知活动的参与性，把认知活动理解为一种不同认知项之间相互作用的关系概念，突出了心灵在认知活动中的支配地位。由于当代科学对作为心灵表征的意识现象目前还没有取得一致的研究进展，因此，认知科学研究必须借助于心理学、语言学和哲学的研究成果，力图从宏观上把握心灵概念的丰富内容。在当代认知科学研究中，认知概念被赋予了与传统科学和哲学解释中完全不同的性质，例如，涉身性（或“具身性”）、表征性、自然性、预测性等。这些性质的共同特征在于，认知概念已经不再是一种被动接受的知识概念，而是一种主动参与的生成概念。

随着德雷福斯和塞尔等人对第一代认知科学研究范式的批判，认知科学研究逐渐进入了第二代，即以涉身性观念为主导的生成主义认知科学。加拉格尔提出的“4E”认知概念（Embodied Cognition，Embedded Cognition，Extended Cognition，Enactive Cognition）成为第二代认知科学的重要标志，“涉身”和“生成”也成为认知科学的主要概念。① 正是这些性质和概念，让我们很容易看到实用主义在认知科学中的具体表现：“涉身”和“嵌入”是实用主义者所强调的主体参与性，“延展”和“生成”则是实用主义突出的活动与创造。也正是在这种意义上，恩格尔等人把认知科学家对实用主义的接受称作“认知科学中的实用转向”。这种转向的意义就在于，认知科学研究摆脱了第一代以表征为核心的研究范式，进入把“认知”理解为涉及与外部世界相互作用的一种生成性的、熟练的“活动”。这是一种主体与环境共生共存的活动，是主体以其主动的方式适应和改变其自身环境的活动。换言之，这就是实用主义者强调的社会达尔文主义式的社会创造理论。可见，实用主义进入认知科学的过程，就是认知科学自身发展的过程，也是认知科学不断拓展的过程。

认知科学中的实用主义元素

里查德·蒙纳瑞（Richard Menary）在《实用主义与认知科学中

① Gallagher, S., *How the Body Shapes the Mind*, Oxford: Oxford University Press, 2005.

的实用转向》(2016)一文中指出，实用主义对认知科学的影响不仅表现为这个转向，而且表现在实用主义创始人的思想中，这些思想中的三个基本原则完全支配着当今认知科学的研究工作，即有机体与环境的相互作用构成观念；认知通过探索性推理而得到发展；探究和问题解决始于境况中提出的恼人争议并通过探索性推理而得到解决。[①] 显然，这里的有机体与环境的互动关系就是认知科学的涉身性质，探索性推理就是延展和生成，而对问题的探究和解决则是整个认知科学研究所要处理的主要工作。

认知科学中的所谓“涉身”来自认知心理学和认知语言学的具体实践，强调认知主体整体参与心理分析和语言实践。传统科学研究是以区分认知主体与认知对象为前提的，强调主体对对象的客观态度和中立地位。但是，这种看似客观的态度和地位往往剥离了主体与对象之间的相互关系，造成了主体与客体的二元对立，完全不利于认知主体对外部世界的真实理解。第二代认知科学研究强调人类认知活动本质上就是涉身认知。针对第一代认知科学中的认知表征主义、计算主义和功能主义忽视主体参与因素，第二代认知科学家提出了以涉身为主要特征的生成主义认知观，突出了延展、情景和生成在认知活动中的核心地位。这些显然与实用主义的实践认识论有着一定的思想相似。然而，我在这里试图提出的问题是，如何理解认知科学研究中的这种实用主义元素：能否简单地把强调参与活动看作认知科学的实用主义特征？实用主义者对认知与环境相互作用的解释能否用于认知科学研究？

我们知道，实用主义者强调人类作为认知主体在认知活动中的主导地位，来源于他们对传统绝对唯心论的反叛和对自然科学研究范式的推崇。皮尔士和詹姆斯都对20世纪初的自然科学发展做出了突出贡献，杜威更是一位明确的科学主义捍卫者。但在他们的实用主义哲

---

① Richard Menary, “Pragmatism and the Pragmatic Turn in Cognitive Science”, in Karl Friston, Andreas Andreas & Danika Kragic (eds.), *Pragmatism and the Pragmatic Turn in Cognitive Science*, Cambridge MA: MIT Press, 2016, pp. 219 – 236.

学中，自然科学研究仅仅是作为哲学研究的一个思想来源和范式展示，而不是他们思想的主要部分和观点集合。相反，他们在反思自然科学成就的过程中，逐渐发现了科学研究的基本方式与人类认识活动基本方式的高度一致，因而提出以考察人类认识活动基本方式为主要对象，以人类与外部世界的相互作用为主要内容，确立了以发现问题、确定实验和提出解决方案为主要路径的实用主义探究方法。认知主体在认知活动中的主导地位保证了认知活动的主动性和创造性，因而使得实用主义哲学成为一种积极进取的、在适应中改变认知环境的思想方法。从实用主义创始人对自己思想的阐述中可以看出，他们最初提倡的这种哲学并非为了某种科学研究的目的，也不是为了倡导某种科学研究方法，而是为了表明他们对人类知识获得的一种态度，即把认知活动看作人类与外部环境互动的结果，把人类知识理解为认知主体在与外部对象相互作用中的创造活动。由此可见，这与认知科学研究强调涉身和生成的观念存在很大反差。

首先，正如前文所述，“涉身”和“生成”在第二代认知科学研究中主要是针对第一代认知科学研究范式而提出的，试图表明认知活动并非表征和计算，而是主体参与的互动。从认知科学研究本身而言，这种观念的提出的确具有非常重要的实践意义。然而，需要注意的是，虽然第二代认知科学家们意识到了第一代研究的局限性，并以涉身和生成观念作为认知科学研究的重要方法论指导，但这并不意味着认知科学家们完全放弃了以表征和计算去理解认知活动性质的工作。应当说，认知科学家们不过是拓展了认知科学的研究视野，更新了自己的研究方法，所以被称作“实用的转向”（a pragmatic turn），而不是“实用主义转向”（a pragmatist turn）。这里的转向并非认知科学研究真的转向了实用主义，或者开始用实用主义的方法去从事认知科学研究，而是在他们的研究中注入了一些类似实用主义的元素。打一个不太恰当的比喻。跨学科研究的出现并非意味着原有学科的失败或衰落，而只是更充分地发挥原有学科的各自长处，相互补充，以达到对研究对象的更为全面的认识。同样，认知科学研究中的实用转向，并非意味着认知科学采用了实用主义的方法而放弃了原有的研究方法，而是拓展了自己的研究方法，试图用新的方式去尝试原有方法所无法解决的问题。所以，实用主义对认知科学研究而言并非哲学上的指导，而是认知科学家们的自觉意识。

其次，无论是涉身还是生成或嵌入，这些都表明了认知科学研究强调的认知主体与对象之间的互动关系和参与作用，是为了更好地理解认知活动的性质和机制，而不是为了表明实用主义哲学对认知科学研究的强大作用。事实上，在第二代认知科学研究中，我们看到，认知科学家们不仅强调了涉身、情景、嵌入和生成的作用，而且强调了生态、情感、演化和拓展适应性等作用，其中包括了三个主要隐喻，即涉身隐喻、交互隐喻和突现隐喻。[①] 显然，认知科学家们并不是把实用主义作为新一代认知科学研究的唯一方法，而只是为了凸显认知主体的主导地位才把涉身和生成看作认知活动中的相关元素。正如刘晓力指出的，“涉身性纲领更多吸收了来自美国哲学家皮尔士、杜威的实用主义和以海德格尔、梅洛－庞蒂为代表的现象学传统，以及社会心理学、生态心理学、复杂动力系统理论的思想。……这一纲领最终的理论抱负则是企图建立对于认知本质的大一统说明”[②]。这是一个综合性的宏伟抱负，但在当代哲学视野中却难以实现。

最后，生成性概念在第二代认知科学研究中被越来越多科学家所重视，但这种重视的原因在很大程度上并非来自实用主义的考量，而是各自有着不同的思想根源。例如，认知神经科学家更加强调从大脑神经网络的工作原理中寻找认知生成的路径，这是由于列文提出的认知上的“解释鸿沟”问题而迫使认知科学家们从脑科学中寻找解决这个问题的路径，虽然至今尚未得到有效的解决。现象学家们则更倾向于从认知主体的经验体验中寻求生成性概念的基本思路，

---

① 刘晓力等：《认知科学对当代哲学的挑战》，科学出版社 2020 年版，第 9 页。

② 刘晓力等：《认知科学对当代哲学的挑战》，科学出版社 2020 年版，第 8 页。

特别是在现象意识的体验说明中确立认知主体的决定性地位。然而，随着人工智能技术的发展，意识研究越来越成为所有认知科学家们关注的焦点。如果仅凭借认知主体的意识体验去描述认知活动过程，似乎难以说明认知的性质。因此，现象学家们也开始放弃单纯内省式思辨的哲学研究方式，逐渐走向现象学认知研究的自然化道路。所以，刘晓力指出，“现象学家并不否认诸如大脑活动与外部环境产生内在觉知的因果机制，他们所关注的更为基本的是能够更好地描述和理解人类涉身性的精神生活的体验结构。在加拉格尔和扎哈维看来，正是现象学所揭示的主观体验的独特质性，可以成为认知科学与心灵哲学等自然主义解释的基础”①。其实，对生成性的强调不仅是实用主义哲学的重要思想，也是梅洛－庞蒂哲学的重要内容。梅洛－庞蒂以其身体性哲学为出发点，详细分析了生成性概念在认知主体与外部世界相互作用中的核心地位。刘哲指出，“梅洛－庞蒂对感觉经验的现象学反思就是要把主体性维度重新植入我们本己身体同世界最原初和最直接的关联关系中。由此，我们可以期待性质感觉的体验性特征就基于原初意义的主体性经验”②。在这里，我们可以清楚地看到，生成性概念总是以身体性概念密切相关，并切入作为本己身体感受的原始经验与外部世界的相互作用关系之中。这种关系存在于詹姆斯和杜威的实用主义哲学之中，也深刻地存在于梅洛－庞蒂的身体哲学之中。

由上可见，如果仅凭涉身性和生成性概念就断定认知科学研究中存在实用主义的元素，我们依然无法确定认知科学中出现的实用主义转向问题。这就表明，我们必须有更多的方法才能确定这种转向。我认为，这种方法只能从认知科学本身中去寻找。也就是说，认知科学研究采用实用主义方法，并非由于实用主义哲学对认知科学研究的影响，也不是认知科学家们主动接受了实用主义，而是当代科学家们反

① 刘晓力等：《认知科学对当代哲学的挑战》，科学出版社 2020 年版，第 39 页。

② 刘哲：生成主体性：《梅洛－庞蒂与唯心论》，北京大学出版社 2021 年版，第 187 页。

思认知科学发展面临的困境并努力寻找解决这些困境的出路的结果，也是认知科学家与哲学家共同合作，寻求探究认知性质和内在机制的结果。由此看来，实用主义对于认知科学而言就不是哲学上的转向问题，而是认知科学研究的视野变换和思维方式转换的问题，即从单纯强调可操作性、可计算性和可实验性的认知主义思维方式，转换为强调多元性、互动性、涉身性以及生成性等性质的认知生成主义的思维方式。由此我们也就可以理解，为何关于认知科学中的实用主义转向的说法出自哲学家，而不是出自认知科学家。

当然，基于对认知科学研究性质的一般理解，即通过可观察的实验方式揭示认知活动性质和特征，哲学家们力图以实用主义方法解释认知科学从第一代到第二代转变的内在根据，由此表明实用主义哲学对当代科学发展的重要作用，这无论是对当代哲学还是对科学的发展都具有一定的启发意义。但不可忘记的是，我们千万不要因为认知科学家们强调了涉身、生成等因素在认知科学发展中的作用，就一厢情愿地宣称认知科学研究受到了实用主义哲学的影响，并夸大了认知科学研究中的实用主义元素的作用。

参考文献

1. 让 - 米歇尔 · 怀尔（Jean-Michel Roy）：《认知实用主义问题》，黄远帆、胡杨译，《哲学分析》2016 年第 3 期第 7 卷：第 111—134 页。

2. 刘晓力等：《认知科学对当代哲学的挑战》，科学出版社 2020 年版。

3. 刘哲：《生成主体性：梅洛 - 庞蒂与唯心论》，北京大学出版社 2021 年版。

4. Engel, Andreas K. & Alexander Maye, Martin Kurthen, Peter König, Where's the action? The Pragmatic Turn in Cognitive Science, *Trends in Cognitive Sciences*, May 2013, Vol. 17, No. 5: pp. 202 - 209.

5. Gallagher, S., *How the Body Shapes the Mind*. Oxford: Oxford University Press, 2005.

6. James, W., *Essays in pragmatism*, New York: Hafner Publishing Company, 1907 /1948.

7. Menary, Richard, "Pragmatism and the Pragmatic Turn in Cognitive Science", in Karl Friston, Andreas Andreas & Danika Kragic (eds.), *Pragmatism and the Pragmatic Turn in Cognitive Science*. Cambridge MA: MIT Press, 2016.

（原载《浙江学刊》2021 年第 5 期，第 140—146 页）

二十四　今天我们应当如何做哲学*

今天我给大家讲的题目是“今天我们应当如何做哲学”。哲学的工作不仅仅是一些象牙塔或扶手椅中的工作，它更为重要的任务是要实现我们的思想与实践、理论与实践之间的交流，我们如何用我们所掌握的一些理论方法去面对现实提出的问题，面对这个时代给我们提出的各种挑战。在这里，我主要是提纲挈领地讲一下我的思考内容，这不仅涉及哲学面临的问题，也涉及整个时代所面临的重要问题。

当代哲学面临的挑战

在这里，我想首先提到的观念，就是当代哲学研究所面临的挑战。上个周末（2019 年 10 月 20 日），我在上海华东师范大学参加由教育部社科委哲学学部组织的一个研讨会。在这个会议上，来自哲学不同二级学科的专家们共同商讨，面对我们今天时代的变化，哲学的发展应当走向何方的问题。当然，这些讨论本身基本上都是学者们出于自己的研究背景和研究传统的思考。但是，在我看来，如果我们不能从这个时代的发展及其给我们带来的挑战出发，那么我们只能停留在学科内部的讨论，而不能形成一个完整的哲学本身回应时代问题所需要完成的任务。

---

* 这是我于 2019 年 10 月 26 日在西北大学哲学学院所做讲座的记录稿。感谢西北大学哲学学院的盛情邀请，感谢记录人员对我的讲座内容的整理，感谢《西北哲学讲坛》编辑部收入该文。——作者致谢，2020 年 4 月 12 日。

在今年（2019年）5月份我在《光明日报》上面发了一篇文章，主题就是“哲学研究应回答好时代之问”。如果说在近代哲学，当人们提出关于自由理性的概念，引发出启蒙对整个人类的重要思想价值是那个时代给人们提出的重要问题的话，那么今天我们所面临的挑战就远远不是这么简单了。自由理性以及启蒙的观念已经不再是我们今天要刻意强调的话题。可能有人会说，我们的启蒙还没有完成，自由和理性的理念还没有落地生根，为何这样的问题已经不是我们的主要问题了。因为今天我们这个时代所面临的问题，远远要比哲学史上给我们提出的这些问题来的更严峻、更深刻。它已经涉及我们人类自身的存在了，它已经面临并威胁到我们人类本身，作为理性的存在者是如何在这个世界中，甚至在这个宇宙中去定位。康德在他早年的自然哲学或自然科学研究当中，提出了一个重要的哲学的，也是科学问题，就是关于“人在自然中的地位”，或者叫“人在宇宙中的位置”。这个问题听上去很宽泛，但事实上它给出了我们一个明确的定位，如何去认识我们人类的存在本身对这个世界所具有的意义。以往的哲学讨论，无论是从哲学本体论、方法论、还是认识论上，强调的更多的是哲学自身如何应对这个世界给我们带来的问题。但是，还有一个重要的观念，就是世界的存在决定了人类自身的存在，在存在的本体意义上，如何来理解人类存在本身使得这个世界的存在具有了意义？就这一点来说，人类要重新反思自我存在的价值，而这个价值就体现在我们处于世界中的位置。

当然，哲学家们在提出这个问题之后，会从不同的角度去回答这个问题。比如，海德格尔以存在者的存在为首位，把存在概念的揭示看作整个存在者得以存在的根据。这样一种解蔽的过程，使得每一个存在者的存在变得比它自身作为一个存在者而得以存在的价值更为重要。换言之，存在的意义在于首先使人类认识到自身存在与他者存在之间的差异。在这个前提下讨论人的存在本身对于世界的意义，也就是人的存在在世界中的位置，由此就上升到一个存在论或者本体论的高度。另一个思路是，当代社会的发展变化，使每一个体的存在已经变得微不足道，而人类作为整体的存在却变得更加重要。尤其是经过两次世界大战以后，大家发现，每一个体的存在价值往往是通过一整体的价值存在而得以显现的。但是，这就产生了一个巨大的矛盾和冲突，个体存在的意义与整体存在的意义之间的冲突。这个冲突不是理论上的，因为从理论上来分析，我们可以完全把个体的存在价值与集体的整体存在价值融为一体而使两者之间不发生冲突。但是，在现实当中这种冲突确实随时可见，这种张力在现代社会中始终处于一个此消彼长的演变或发展阶段。在很大程度上，我们用以表征想法的概念有着背后的考量。比如“evolution”（演化或演变）这个词，在某种程度上，它已经不是简单地预示着我们人类自然状态的变化，更是在说人类自身的生存过程。它内在的逻辑决定了一个事物，尤其是决定了人类作为整体存在得以发展的一个基本轨迹。

在这种演化的演变性发展过程中，人类个体的存在和人类作为整体的存在之间产生了一个重大的矛盾。这种矛盾使得我们必须要认识到，如何用我们个体的存在去抗衡整体的存在，以及整体存在价值对个体存在价值的打压。但是，这个过程是非常困难的，甚至是难以完成的。所以，我们所面对的其实并不是所谓的自然世界，而是一个由作为整体的人类所共同构成的一种思想的世界。这个思想世界的存在向我们揭示了作为个体的人的存在当处于整体存在的发展进程之中的时候，它所可能解决的重大问题以及要面临的重大挑战，其中就包含了选择性挑战。一切挑战本身其实就是一个需要选择的过程，任何的挑战都面临着一种选择。当我们接受一个挑战的时候，其实就是给出了不同的选择方式，让我们在各种选择当中做出一个决断，在不同的选择当中，哪个阶段哪个选择是最适合我们自身要求，或者最适合整个人类作为整体的存在的要求。

但是，今天的社会发展给我们人类所带来的挑战，要远比以往任何时代都来得更加严峻。所以，我自己对哲学面临的挑战持一种相对悲观主义的态度。这种悲观主义的意义是什么？这种悲观主义是说，我们人类很难从原则上完全应对这样的挑战。但是，正是这样一种悲观主义使我们有了一种自觉的意识，我们知道我们要做什么。因为我们总认为，所谓的挑战无非就是人类自己给自己造成的，既然是人类给自我造成的挑战，我们当然可以很容易地应对它们。当然，不要忘记了，几乎人类历史上所面对一切的挑战都是人类给自我预设的，都是人类给自己制造的陷阱或麻烦。

可能的应对方案包括两个方面：选择的可能性；回应挑战的限度与条件。首先，选择的可能性是说，当我们面对这样一些挑战的时候，有多少可能性是可供选择的。有的时候，理性的活动在于对选择本身的考量，我们一定选择一个有利于我们人类自身存在的可能性。但是，有利的范围或者限度在什么地方，却是见仁见智。因而，不同的可能性就决定了我们在面对挑战所能给出的选择决断的时候提出的各种条件。其次，限度和条件。限度指的是我们理性思考本身所能够触及的最硬核的部分，换言之，就是我们在逻辑上都没有办法去解决的问题。我们知道，所有的理性推理都可以通过逻辑的方式加以陈述，并且通过逻辑的推理加以展现。在陈述和展现的过程当中，不断地使我们原有的问题得到解决，或者说，我们可以推出一个由于论证本身的合理性而形成的逻辑推理。但是，某些问题是我们没有办法用逻辑的方法加以解决的。

具体而言，这些所谓的硬核问题指的是我们在现实活动当中所面对的最切实的实践问题。这种实践所提出的挑战，恰恰触及到我们理性思考的底线。即是说，我们将理性思考的底线作为帮助我们进行推理活动的一个预设前提，它影响或者规定了我们理性活动发展的朝向。所以，面对今天的现实问题给我们提出的挑战，这个挑战的概念已经不是简单的理论对理论、思想对思想、观念对观念的挑战，而是现实的发展给人类的思想和人的理性活动所带来的挑战。

大体上，这些挑战可以从如下几个方面加以分析。

科学技术进步对哲学的挑战

第一个挑战就是科学技术进步对哲学的挑战。表面来看，无论科学怎么发展，它总适合我们人类的思想，始终按照我们既定的一种路线前进着。哲学的发展仍然是按照已有的理论观念思想方法系统地展开，所以并没有直接受制于这种科学的进步。在上述意义上，很多或者说相当一部分哲学研究者，没有真正地感受到当代科学，或者没有真正认识到当代的科学技术发展给人类的存在本身所带来的挑战。

我对于哲学能否应对挑战这一问题持一种略为悲观主义的态度，其根由恰恰是这些挑战所带来的结果。科学技术给当代哲学的发展所带来的挑战是如此之深刻，使得我们不仅对以往哲学时代所产生的理论问题产生了新的认识，更加重要的是提出了对人类的理性存在本身的真正挑战或者问题。我把它归结为两个方面：一是认知对象的改变，迫使我们重新认识人与对象的关系；二是科学技术的因果解释，对我们的世界观带来了极大的冲击和影响。如果我们认真地思考下这两方面的问题的话，我们会发现，我们所面对的这个世界已经不是一个自然的世界了。

在我看来，今天的人类早已不再是自然人了。自然人的概念是什么？就是以本能的方式，以刺激反应的途径去跟外部的对象发生各种联系，这是一种自然的反应，这是一种作为自然人存在的一种状态。然而，今天的人类是不是还完全按照本能的方式来回应外部的世界对我们所产生的刺激，是不是还简单地以刺激反应的方式去回应人与对象的关系呢？举一个手机的例子。当我们使用手机的时候，我们知道使用手机的人类跟没有使用手机的人类是两种不同的人类。因为使用手机的人的思想方法、处理外部世界关系的方式，以及包括他对未来的考量，跟不使用手机的人所采用的方法是截然不同的。人在世界中的位置有一个重要的关键点，就是如何处理人与对象的关系。如果我们那个对象已然不是一个自然对象，同时我们所面对的所有的经验对象都已经不再是纯粹自然的外部世界了，而是一个人造的、由人的活动所产生的对象。那么，在面对这样的对象，或者由人造对象所组成的世界中，人类马上面临一个重大的困难——人类在逐渐成为自己所提供、所制造的这些对象的一部分。就像马克思在《资本论》中所阐述的，商品的拜物教使得人必须意识到自己已经不是自然人。

今天技术所带来的人为对象，使得人类社会形成了一个技术的拜物教。因为技术是科学发展到一定阶段以后所产生的人为产品，这种技术的拜物教使得人们不得不面对一个人为对象所构造的世界。那么，面对着这样一种对象，会产生什么样的问题呢？首先，我们所有的认知能力、所有的认知活动都可能被模仿。事实上，现在新的技术革命最大的一个突破就是模仿。最初的模仿是一种机械式模仿，早年工业化的进程里面，最早凸显的是机械化模仿，后来才慢慢地进入我们今天所知的数字模仿。数字模仿是当今模仿技术当中最新的、最主要的一种形式。数字模仿之前还有信号模仿，比如，我们现在使用的手机是数字模仿，但是在早年的交换机里面是信号模仿。简言之，它是以信号的方式而非数字的方式进行还原的，还原的是信号。显然，这样的模仿技术并没有走到尽头，因为这个模仿还要进一步地模仿，下一个阶段的模仿是什么？即神经模仿。

所以，存在着从信号到数字再到神经的一个模仿进阶的过程。人类在进行自我模仿的过程当中，不断地缔造出一些人造对象。正是这些认知对象，使得人类陷入由人自身所创造的模仿对象当中。那么，在人类诸多认知活动当中，有多少能够被完全模仿？到目前为止仍然是未知数。我们仍然不知道人类还有什么地方没有被模仿，曾经有传闻说，人类大脑被开发的只有百分之十，我们还有 90% 没有被开发。所有这些所谓的开发大脑的说法，基本上都是商业炒作策略，因为现代科学尤其是神经科学的研究结果显示，我们的大脑是不需要这样的开发的，而且它也无法被人为地得以开发。所谓的开发的概念是说我们把它的潜力发挥出来，原本隐藏的功能没有被实施，我们把它的作用实施出来。这样一种开发实际上破坏了人类自然状态下的大脑神经活动原有的工作机制和工作原理。换言之，它是建立在破坏大脑活动的基础上来完成一项工作，如果是在自然条件下，这样的状态和工作是完全没有必要的。事实上，如果大脑的确被如此开发的话，那么人类大脑将会受到摧残。这是一个很有意思的话题。如果大家有兴趣的话，不妨把这个问题拓展开来，看看今天的神经科学的发展在多大程度上是在借助于所谓的开发大脑潜能的维度上去理解我们的大脑是如何工作的。我相信得到的结果是让你很沮丧的，甚至是很悲观的。但你要问，为什么有这么多神经科学家还要继续做着类似的工作，让我们的大脑能够得到更多开发？简而言之，是因为科学家们希望通过对人类神经系统的了解，更好地进行模仿工作。

在很大程度上，现代神经科学、特别是神经认知科学所进行的一些工作，使得神经网络的建构不仅仅是表现在我们自然状态下，它也可以同时出现在一些计算机的网络构建当中。20 世纪 90 年代，科学家们就已经开始从事一些计算机网络，特别是神经网络的构建。这些工作在很大程度上成为今天我们所知道的深度学习的一个前身。今天我们所使用的很多计算机程序软件所采用的一些基本技术，都是通过所谓神经网络的人工构建而得以建立起来的。

我们讲到，科学技术的发展给人类带来的挑战之一就是认识对象的变化，使得人类要重新考量我们在多大程度上可能会形成一个不需要自然状态，而完全由人的认知和活动所构造出来的一种人为的世界。当我们所面对的对象已不再是自然对象，而使用人所构造的对象的时候，这些对象就有可能是机器思维的对象。所以，一个接踵而来的问题是机器思维如何可能。关于这个问题，我在《中国社会科学评价》最新一期（2019 年第 4 期）有一篇文章的主题即为机器思维问题的哲学思考。在其中，我就特别提到了机器思维如何可能的问题，这涉及表征主义和功能主义之间的争论。

第一代认知科学哲学主要采用的是表征主义策略。表征主义主张我们所有的认知活动是通过某一种表征形式而得以展现的，表征形式包括具有表征意义的语言、行为方式。与此同时，我们还要考察被表征者背后所隐含的更深层的意识活动。如果这种意识活动是可以通过表征方式呈现的话，那我们就可以设想所有的意识活动都可以以表征的方式得以呈现。相对地，凡是以表征方式展现出的行为，都是一些有意识的行为。比如，当我们判断人是有意识活动的，怎么来判断？

我们当然不是把脑袋打开，观察大脑当中意识是如何产生的。我们在大脑中所看见的无非就是各种脑细胞的活动，但是，脑细胞活动本身并不是意识，我们没有办法通过脑细胞本身来断定意识活动的存在。那么，如果我们说人是有意识的动物，我们如何说大脑中意识的形成是如此这般完成的呢？表征主义对此的回答是，我们的语言、身体行为和活动等表征行为构成了推断意识存在的根据。类推之，我们就可以说凡是具有类似于人的表征活动的物体，无论是动物或机器，只要它像人一样产生各种行为，我们就可以推出它也具有同样的意识活动。这种逻辑类推之间的相似性是极高的，但并非完全一致。所谓的相似性极高，就是说我们完全可以根据人类活动的推断而得出。

最简单的例子是 AlphaGo，AlphaGo 跟李世石在进行对弈的时候，第一场输掉了。到第二场的时候，AlphaGo 改变了策略，试图蒙骗李世石，结果获胜了。这是因为 AlphaGo 知道第一场为什么会输掉，会总结经验了。它知道李世石采用非常规的手段，他不按棋谱下棋了。人是可以不按常规做事的，但机器不能不按常规做事，因为机器的所有行为都是被设定好的，按照已有的程序来完成他的任务。针对一个任务设定一个程序，而这个任务设定的程序规定了这个任务只能按照所规定的方式完成。所以，机器从理论上或逻辑上来说，它是不能够有非常规的活动的。但是，出人意料地，AlphaGo 也改变了自身的策略。这并不是因为给它输入了大量的棋谱，让它具有了所有以往人类下棋的经验，从而使得它能够知道如何去面对各种不同的情况。我们可以想象，AlphaGo 掌握了所有的棋谱，也包含那些非常规的下法。但是，它是在李世石做出一个欺骗性行为，也就是说虚晃一枪的前提下掩盖了自己的真实意图而最后取胜的。实则，无论欺骗还是假装，都是一种非常具有人类特征的智力活动。类似地，机器会撒谎就意味着它有意识了。根据我们之前所述，这种高度的相似性是以表征主义的方式推出来的——机器如果具有跟人类同样的行为特征的话，那我们也可以推断说机器有意识了。

这时候，一个反思性的疑问就产生了，我们不是对它是否有意识产生疑问，而是对有意识这件事情本身产生疑问——什么叫“有意识”？怎么断定一个行为是有意识的行为？科学家不考虑这类看上去虚无缥缈的问题，因为对科学家来说，他们主要关心的是数据和观察材料。只有哲学家才会把这个问题提出来，在科学家还没有真正对这些问题产生兴趣之前，就给出了关于这个问题的一个解决方案。在这些方面，哲学可以推动科学本身的研究，让科学家按照哲学家所提供的思路去考虑问题。如上所述，这种模拟式的认知方式，或者说我们人类对机器思维的认知活动，重新开辟了一个新方向。

进一步的问题在于，人类的本能是否可以被机器模拟？人的本能是动物性的本能，比如说渴了要喝水、饿了要吃饭、困了要睡觉，以及面对外部的刺激做出的本能性反应，比如看见漂亮的东西会眼睛一亮，看到不喜欢的东西会避之唯恐不及，等等。那么这类生理性的本能，机器能不能够模仿？具体而言，当我们判断人的机体本能的时候，我们根据人的生理性条件来决定，人的生理条件决定了人类具有这样的本能活动。那么，我们可不可以通过一种人工的方式制造出一个跟人的生理条件完全一样的机器行为或者机器人。我们可以将有机材料适用在人的身体上，然后把人逐渐改变，比如说我们现在可以换人的身体的器官了，现在我们除了换脑技术还没有完全真正成功之外，人的其他的身体器官的置换都已经完成了。如果一个人身体的其他部位都可以用人造材料所替换的话，那我们很难说这个人是一个自然的人，尽管他在表面上有着跟人类一样的本能活动。

所以，人的本能是不能够被模仿和复制的。另一个理由是，为了模仿本能，我们需要对本能活动进行量化。但是，我们会发现每个人对同一事物的看法是不同的，对它产生的愉悦程度也是不同的。如果用机器来模拟的话，置换的材料必须完全具有大脑所完全表征出的信息。如果置换的材料本身就不同的话，形成的信息就有差异。当代的心灵哲学家把意识问题叫做“难问题”，意识概念本身是没有办法量化的，但我们可以把意识活动所表现出来的行为进行量化。然而，我们不能把这些行为完全归结为意识本身，说这就是意识。

计算机科学当中有一个很重要的悖论，叫莫拉维克悖论（Moravec's paradox）——人类最复杂的智能活动当中，机器是完全可以模仿的，难以模仿的反而是那些简单的智能活动。机器完全可以做到与人下棋、进行博弈或者在复杂情况下进行决策，但它们不能做到的恰恰是最简单的儿童的本能活动。孩子对外部世界的观察方式和对外部设计的反应方式是机器无法完全模拟的。莫拉维克提出此点意在说明，我们不能指望用机器模拟所有人的活动，因为这是无法完成的任务。与此相对，我的悲观主义并不在于机器无法完全模拟人类活动，而是在于，如果机器完美地解决了人类已知领域内的模拟问题，我们人类要何以自处？当我们谈到机器模拟、甚至机器思维的时候，我们在多大程度上可以断定人的思维活动应当比机器的思维活动更为优越？对这些问题的回答，就决定了人在世界中的位置。当机器可以完全模拟人的时候，这个世界就不是属人的世界了。在这样的世界里，人类完全成为机器的奴隶。这样的情况下，人类在地球上将不再作为一个物种存在了，而成为行将就木的旧时代遗迹。因此，在考虑这些问题的时候，我们要思索，当我们说人的思想应该比机器的思维更加高明、更加先进，这样说的理由是什么？仅仅因为机器是人造的？这个理由似乎不具有说服力，因为现今存在的所有比自然人更为有力的东西，恰恰都是人类制造的。实际上，我们没有充分的理由说明人类比其造物更高明——这件事情本身对人类来说是一个很大的挑战，我们怎么面对这个挑战是一个大问题。

第二个方面就是科学的因果解释对传统哲学思维的挑战。传统的实在论和反实在论都是来解释人类和对象之间关系的，试图揭示出世界发展的总体规律。但是，这种传统的解释方式存在很多问题。一个明显的例子是，传统的自由意志概念在一定程度上可以通过人工智能中的无监督学习概念得到解释。第二个例子是传统的因果概念，我们习以为常的因果概念是否可以用来解释机器的自主学习过程？尽管在哲学史上休谟、维特根斯坦等人都对因果关系产生过质疑，但因果概念始终是形而上学的重要组成部分。除了因果之外，所谓的形而上学问题还包括自由意志问题、生死问题、时间问题、整体与个体的关系、有限与无限的关系。时至今日，众多哲学家和科学家都在讨论这些问题。就因果概念而言，我们每个人最初都要面对的一个因果问题是：我是从哪来的？这个问题实际上是在问自我得以在这个世界上存在的根据和理由。

用因果概念来解释世界，是传统科学研究中主要的认知形式和解释方式。有了原因之后就有了规律，找到了原因我们就找到了规律，找到了规律我们就可以按规律办事，就可以根据规律来制造出自然界中没有的东西。但在现代科技的视域中，我们是否仍然可以用因果概念来说明非监督学习，这一观点是有待商榷的。关于这个问题，我最近在《自然辩证法通讯》（2019 年第 10 期）上面有一篇文章，主题是人工智能与自我意识，主要谈到两者的概念分析的问题，其中涉及如何用现代科学中的机器思维或者无监督学习的方式来理解因果概念。在当今的哲学讨论中，这是科学技术为当代哲学发展提出的挑战当中一个很重要的概念。如果我们不用因果解释来说明事物存在的根据的话，我们还可以采用什么样的方式？没有人规定因果解释必须得用来说明我们一切事物得以产生的根本原因。比如，在现代科学哲学及分析哲学中，尤其是心灵哲学研究，多采用理由（reason）来代替原因（cause）的说明。在多数情况下，我们所给出最佳理由说明其实就是我们通常讲的原因说明，然而最佳理由并不等同于原因。最佳理由仅仅是我们用来解释一件事物可以被证明为具有合理性的一种方式，但它并不能构成真正造成该事物产生的根本原因。换言之，对理由的说明是一种根据性的解释，而不是一种终极原因的描述。如果我们放弃了对终极原因的描述，不再追问所谓的原因，那么，我们所能够追问的最合理的解释是什么？试举宇宙大爆炸学说为例。今天我们接受了宇宙大爆炸学说，是因为我们可以通过各种实验方式进行验证，但这些实验通常用的观察数据都是在实验室里经过模拟的方式构造出来的，而这种模拟方式是以某一种事先约定好的条件为前提的——也就是说，我们给出了一些约定好的数据，然后通过这个数据要产生一定作用，最后使得实验得以完成。类似的例子是达尔文的进化论。进化论在19世纪尚未被提出的时候，虽然有不少学者也认识到了生物的进化过程，但是没有人像达尔文这样把它作为一个哲学的理论上升为一个方法论的高度来提出，并且把它规定为一切物种（不仅仅是人类）得以存在的方式。但是进化论同样也面临着巨大的挑战，我们所发现的许多生物遗迹并不能真正地被放在达尔文所给出的进化论的链条之中。我们往往把这些不能被放在链条当中的一些证据，作为一些特例或者例外加以说明，一切科学理论的说明都是以这样的方式处理一些反例的。在上述意义上，所有科学进步唯一的体现方式是范式的变化。一种范式改变了，原有的理论就会被淘汰，新的理论就会被接受。我们现在之所以能够接受达尔文的进化，是因为生物进化的观念非常符合我们对自然本身的认知。

但是，如果我们接受了一种突变论的方式，情况就大为不同。人类社会可能并非像达尔文所说的那样是一个演变的过程，而是一个世纪跟另一个世纪的相互交替。具体而言，今天的文明可能在远古的时代就在地球上存在过。我们不能够说在人类没有存在之前，就没有另一种人类存在过。如果有人敢下这个断言，我们只能说他信奉一种理念，而非坚持一种真理。因为所有的这些理论都是假说，而这些假说如何能够被验证是要经过一些证据支持的。如果能够发现这样的证据，我们就可以说，原来的假说在很大程度上是可以得到证明的。同样地，我们可以说大爆炸理论是一种假说，生物进化论也是一种假说。我们已经发现了大量的事实用来佐证进化论，问题在于这些所谓的证据能够在多大比重上支撑理论？这又涉及到另外一个假定——高比例的支持率是证明一个理论为真的主要标准。然而，从哲学反思的角度来看，这种假定很难站住脚。当我们考虑一个具体问题的时候，我们一定要把思想的范围缩小到最小，甚至就一个概念、一种语言用法或一个特定的历史阶段进行讨论，这才叫作哲学的研究。所以，在面对当代科学给我们提出的挑战时，我们要聚焦到一个很小的问题上。

另一个例子是自由意志。对古希腊人来说，根本不存在自由意志问题，自由意志问题只是在基督教传统的上帝观念出现之后才有的问题。人原本是没有意志概念的，只有上帝才能有自由意志。当要把人转换成上帝的形象时，人类的自由意志才凸显出来了。人的自由意志是根据基督教的讨论，被引申到人类世界当中来的，用以处理人的自由意志。人原本就是决定论的产物，我们是被抛在这个世界上的，没有一个人在出生之前可以自由地决定自己是否要来到这个世界上。所以，到现在为止，伦理学还在讨论人的生存权问题。所有的孩子都可以提出我为什么要赡养父母，这是一个伦理问题，但它更是一个哲学问题。人为什么要赡养父母？父母没有经过自己的同意把自己带到这个世界上来，没有一个孩子是经过同意被带到世界上来的，然后自己还得感谢父母给予自己以生命。可是每个人在活到一定年龄以后，就会觉得人生是痛苦。既然人生是痛苦，父母何尝不是让自己一辈子在痛苦之中生活。人为什么要感恩，感谢父母？所以，这产生了一个悖论：人是在被决定的条件下带到世界上来的，但人有决定自己离开世界的权利，人有决定自己离开这个世界的权利，所以，自杀是一种权利。所谓的权利，就是说他是按照自己的意愿选择的结果。自杀一定是按照自己的意愿，当然这个意愿背后可能有很多社会和家庭的压力，导致一个人选择这个权利，使用这个权利。所以，社会谴责的往往不是自杀的人，而是造成这个人自杀的其他的、外在的一些因素。这时候，我们会发现，生与死的概念是一个形而上学问题，一个人生下来就面临这个问题。

选择或者自由意志这件事情本身是跟宗教有关的。基督教所信奉的神——上帝才可能有自由意志，他来决定人的存在方式，而人偏要行使上帝的权利。在今天，我们越来越多地行使了上帝的权利，而在行使上帝权利的时候，我们会发现，我们的自由意志受到了阻碍。人们不得不面临这样一种选择——到底是按照自由意志来决定，还是按照自然所规定的方式来行事？这就产生了一个选择矛盾。如果说人生有其内在价值的话，这种价值不在于及时行乐，而在于重大的抉择。

如果人们确实有自由意志，大概仅体现在可以做出不同选择这一点上。在这种意义上，我们很难判断机器有没有自由意志，因为机器也可以有选择。机器在各种选择当中测试最优的方案，它测试出的最优方案甚至比人所取得的最优方案更加合理。因为它是经过运算完成的，通过推理完成的，而人是通过本能的感觉完成的。但是，自由意志不是通过计算完成的，人的一种直觉本能会在这一点上到作用。计算机达不到这个效果，机器做不到这一点，只有人才能做到。有悖于亚里士多德所见，人实际上并不是一种完全理性的动物，人在大部分时间里的大部分抉择都不是计算出来的，反而是通过感觉、通过一种直觉性的推理。

后真相对哲学的挑战

科学技术的发展可以说构成了对传统哲学的一个挑战，这个挑战涉及到哲学研究的内容、对象甚至方式。但是，当哲学传统进入后真相时代以后，这个事情比较麻烦了。那么，何为后真相（post-truth）？现在这个概念比较流行了，甚至在自然科学领域当中，出现了所谓的后真相物理学。什么叫后真相物理学？传统意义上的物理学关注的是可观察的自然现象，它的物理特征和变化发展的规律。与之相对，后真相物理学不关心物体本身的发展变化，关心的是人们认识物理变化之后所产生的效果。比如，在量子力学产生以后，人们对所谓的波粒二象性产生了极大兴趣。当谈到量子是以什么样的形态出现的时候，物理学上有波动说跟粒子说两种解释，到底采取哪种解释？科学家发现，这两种解释都没有问题，取决于我们使用什么样的仪器，观察仪器决定了观察对象是以什么样的方式被呈现出来的。通过仪器观察，我们会发现量子现象所产生的两种不同形式。我们可以把两者都断定为量子存在的方式，两种形式是互补的。那么，我们会不会进一步发现第三种甚至第四种存在方式？有人说当然有可能，比如说，哲学史上所说的灵魂是否就是一种量子形态的存在。回溯到哲学诞生之初，古人认为灵魂就像我们人体的气一样是客观实在的东西。然而，今天讲的灵魂已经不是这个东西了，我们今天讲的灵魂更多的是心灵（mind），该概念被用来解释人的心理活动。以此来理解灵魂这个概念的时候，我们就会发现，灵魂这个词本身已经被心理学化了。进一步地，如果我们假定可以在自然科学意义上使用灵魂这个概念，我们是不是可以在科学的意义上界定它？比如说，我们在量子的意义上来界定它，我们的灵魂是以量子的方式存在的。而如果这个假设成立的话，这就意味着我们可以用另外一种方式——灵魂的方式——来讨论量子的存在。

如果还可以增加无数种方式，这就使得我们对一个事物的存在本身产生了一个问题——究竟这个事物是以什么方式存在？因为我们可以用各种不同的方式进行观察，并且给出解释。我们对这个事物存在本身已经不感兴趣了，我们感兴趣的是造成我们理解这个事物存在方式的各种不同理论。其后果就是，我们已经不再观察这个世界，或者观察物质存在本身了。反之，我们的考察重点落在了，我们是以什么样的方式来解释物质存在，它们以什么样的形式呈现在我们的各种理论框架之中。当我们讨论哲学理论的时候，或者说讨论哲学解释活动的时候，我们并不关心被解释对象本身的性质，更加关心的是如何去理解该解释方式，并把握它对被解释对象产生的作用和影响。这完全是思维方式的转变，而这种转变给传统的思维方式提出了重大的挑战。我们不再把对事物本身的认知当做我们一切认知活动的出发点和根据，而是把我们对于这个事物存在本身的解释方式当作我们认识这个事物的主要途径。细想一下，这个问题根源于何处？这个来源其实就在哲学本身当中。

哲学研究与自然科学研究的一个重大区别就在于，科学是要描述这个世界。哲学从来不描述世界，而是以其特有的方式去说明这个世界。比如说，唯心和唯物之争。人们一直说，唯物主义都是对的，唯心主义错了。为什么？他们说唯心主义不承认世界的存在，唯心主义难道真的如此不顾常识吗？1979 年，也就是距今 40 年前，我在读大学本科的时候给初中二年级学生上哲学原理课。学生们问我，唯物和唯心的观点之间有什么关系？为什么我们说唯物主义是好的、唯心主义是坏的，以及唯心主义既然是坏的，我们为什么还讨论坏的东西？我反问他们，难道唯心主义者都是疯子吗？他们不承认世界的存在，他们不承认这个桌子真实存在吗？他不承认水就是水吗？唯心主义当然不会如此粗糙。简单来说，唯心主义要说明的不是这个世界是由什么构成的，而是当我们用一种东西来解释这个世界的时候，我们要确立什么样的原则。心性的原则还是物性的原则？唯心和唯物之间的区分实际上并不完全在于对世界实在性的不同看法，更重要的是究竟应当用心性原则（唯心）还是物性原则（唯物）去说明世界。心外无物说的就是我们只要有心了，外部的存在是随心而动的。在上述说明之下，后真相的意思就是要摆脱事物本身的存在方式，而追问我们针对事物的存在所形成的一切解释活动或者说明。

需要注意的是，后真相概念首先不是来自于哲学，而是来自艺术。哲学中很多新的概念都是来自于艺术。文艺复兴是整个西方思想革命的一个起点，首先有了文艺复兴，然后才有了启蒙运动，所以哲学上所使用的大量概念都来自于艺术。当然，在西方还有一个来源就是宗教，我们中国的哲学概念则主要来自于我们的经验生活和经验本身。那么，对于这样的后真相时代，哲学应该如何来处理？众所周知，传统哲学讨论的目的都是为了追问确定性和真理性的存在。可是，后真相时代的哲学已经把确定性的概念抛诸脑后了，已经不再追问真实的存在本身，不再追问真理性事实了，这对哲学来说是一个关乎命运的挑战。

文本解读对哲学的挑战

第三个挑战涉及对历史文本的重新解读。今天的哲学研究中，相当大一部分都是在做文本解读。我们知道，哲学系通常的课程设置分为三大块：原理、历史、选读。具体而言，原理对应着导论课程，历史对应着哲学史课程，选读对应着原著选读课程。比如说，我们有西方哲学原理、马克思主义哲学原理，还有一个哲学导论。我们也会学习中国哲学史、西方哲学史以及马克思主义哲学史。我们有三大史的理论，三大史的学习。最后就是原著选读，我们同样有中哲原著选读、西哲原著选读，马哲原著选读，还有各种不同的学科的原著选读。哲学类课程基本上都按照这三大板块来设计，但是，这里面恰恰没有哲学，就是说没有真正的哲学关心的那些重要话题。真正有哲学意义的话题都放在一些选修课程里面，比如说，选修的那些政治哲学，历史哲学、语言哲学、形而上学、知识论等课程，这些课才是真正哲学的核心内容。但是，我们现在培养的学生基本上都是从导论开始，然后学历史，然后再研究原著选读，基本上就是这么一个程序。我们现有的哲学研究方式，基本上是以文本分析为切入口。无论是原理、历史还是选读，我们都借助于历史性的著作来解释。这种解释过程实际上就涉及到如何来选取，或者如何来判定我们所解读的这些文本所具有的哲学意义以及对当下的哲学研究所具有的价值。

关于这个问题，西方哲学家也做了相似的工作，但他们的角度不太一样。他们往往用现代哲学的视角来重新切入古代哲学或者近代哲学的文本当中，使得那些古典文献得到现代的解释。而我们现在哲学研究当中的大部分工作可能恰恰相反，文本解释始终纠缠于我注六经或六经注我的方式。那么，这里就有一个很大的问题，这个问题对我们中国的哲学研究来说是一个巨大的挑战。到底是象牙塔的方式，或者扶手椅的方式从事哲学，还是说我们要使得哲学真正能够切入时代的变化跟发展，使得哲学真正具有现实的影响力？哲学研究本身究竟是希望独善其身还是兼济天下？每一个人可以独善其身，作为一个研究者可以独善其身，这个没问题。我们也不反对学者们做好自己的研究，每个学者可以有自己的选择。我们从来也不规定每一个学者应该如何做，但是，一个更大的问题就在于如何能够兼济天下。所谓兼济天下的意思，其实就是哲学的研究如何具有开放的心态和自由的品格。

开放的心态跟自由的品格——这两个方面恰恰是哲学研究所必须具备的。所以，我们当下做哲学研究，不管面对什么样的挑战，只要保持一种开放的心态，我们的哲学研究一定会很好地应对当下各种挑战。只要有自由的品格，我们就永远不会为所有现有的哲学理论所束缚。实际上，我们很容易被原有的哲学理论所束缚——拿一种哲学当作绝对真理，然后以这个绝对真理为标准，来检验其他的理论是否正确。真正的哲学不应该有这样的束缚，应该以一种自由的品格作为哲学研究的出发点。所以，我个人从来都是这么强调哲学——不设对象、没有固定范围，甚至或者说主要面向未来人类说话。哲学不设对象，什么叫不设对象？就是说哲学研究没有自身特定的对象，我们不能说有一些东西是哲学特定研究的对象，其他学科都不讨论、不研究的。如果有这样的对象的话，这些对象一定不是哲学本身的，应当是全人类的。比如说，我们经常谈论的理性、自由这些概念都不是哲学本身特有的。这种情况甚至适用于形而上学，从来没有听说过只有哲学家才能处理形而上学问题。实际上，形而上学问题的专属性只是哲学家自己给自己的规定，所有人都可以讨论形而上学问题，关键在于以什么样的方式来讨论。

时至今日，如果我们能以一种开放的心态和自由的品格来处理哲学，我相信我们的哲学才真正有未来。哲学应该是面向未来的，而只有面向未来的哲学才是有希望的哲学。哲学是有希望的，但是这个希望一定建立在我刚才所说的两个维度——开放的心态和自由的品格之上。

主要参考文献

1. 江怡：《哲学应回答好时代之问》，《光明日报》2019 年 5 月 27 日第 15 版。

2. 江怡：《对人工智能与自我意识区别的概念分析》，《自然辩证法通讯》2019 年第 10 期，第 1—7 页。

3. 江怡：《当代哲学研究面临的困境、挑战和主要问题》，《山西大学学报》2019 年第 5 期，第 1—14 页。

4. 江怡:《论人文科学在认知科学中的作用——基于认知科学与人文学科边界及其互补性的思考》,《南京大学学报》2019 年第 5 期,第 108—115 页。

5. 江怡:《机器思维问题不同研究进路的哲学分析》,《中国社会科学评价》2019 年第 4 期,第 68—75 页。

6. 江怡:《人工智能与人类的原初问题》,《社会科学战线》2020 年第 1 期,第 207—213 页。

(原载《西北哲学讲坛・2019》,张学广主编,中国社会科学出版社 2020 年版,第 157—173 页)

附　　录

分析哲学的自识与反思

——江怡教授学术访谈录

一　个人学术回顾与治学体会

1. 您从20世纪80年代以来一直活跃于国内学术前沿。以您的硕士论文《罗素的意义理论》为发端，历经维特根斯坦哲学、语言哲学、分析哲学、英美与欧陆哲学比较、中西哲学比较到近几年的哲学拓扑学研究，您长达30年多年的哲学思考之旅，在哲学的中心与边缘之间、历史与前沿之间不断变换论题。请问期间一以贯之的东西是什么？能否为我们给出几个关键词将您数十年的哲学运思串联起来？

答：的确，我的学术历程如果从20世纪80年代开始算起的话，已经经历了30年的时间。当我1985年刚从南开大学哲学系硕士毕业走上工作岗位成为中国人民大学哲学系的一名年轻教师的时候，我踌躇满志，立志要为中国的哲学事业发展做出自己的贡献。我当时自认为掌握了语言分析的基本能力，并力图用分析的方法处理当代中国哲学研究中面临的各种问题。当时的心情很像卡尔纳普在20世纪20年代的情形，不顾一切地反对以往的哲学研究方式，把凡是无法用逻辑和经验加以验证的哲学问题都斥为哲学上的“假问题”。但在与朋友们的思想辩论中，我逐渐感觉到，自己并没有完全理解分析哲学家们的思想观点，也无法对学生们提出的各种问题给出令人满意的解答。通过大量阅读，我开始意识到哲学问题的所在不是提问的方式，而是提问的内容，只有对哲学问题所涉及的内容有真正的认识，才能对哲学问题给出清楚的说明。这样，我就进入中国社会科学院研究生院跟随涂纪亮教授开始了语言哲学的学习。应当说，我对语言分析哲学的真正理解是从这个时候开始的。因为我认识到，语言哲学要处理的问题并不是语言问题，而是以讨论语言的方式解决西方哲学家们提出的哲学重要问题，其核心是哲学中的形而上学问题。这就是我于 1993 年发表《语言哲学与形而上学》一文的缘起。之前，我还发表了《当代语言哲学与形而上学的复兴》《哲学语言能够精确化吗?》《对语言哲学的批判：维特根斯坦与康德》等文，都是为了弄清语言哲学研究的真实意义。1991 年我在《中国社会科学》上发表的《语言问题：一种思维模式的选择》一文，成为我在这个时期思考语言哲学问题的代表性文章。

正是以这种对形而上学问题的思考方式，我在后来的研究工作中不断涉猎到许多看似不同但却在思想取向上密切相关的研究领域和问题，如知识论、道德哲学、政治哲学、科学哲学以及西方哲学史研究等，当然主要是在英美分析哲学和语言哲学研究中考察形而上学的意义和作用，发表了《现代英美哲学中的形而上学》《20 世纪英美实在论哲学的主要特征及其历史地位》《论作为一种形而上学的知识论》《形而上学与第一哲学》等文章，在国内学界产生了较大的影响。同时，也正是基于对形而上学问题的思考，我在英美分析哲学与欧洲大陆哲学和中国哲学之间的比较研究方面也做了一些尝试，试图说明形而上学的思维方式在不同哲学传统和文化背景中呈现出非常近似的表现形式。而哲学拓扑学正是我对西方哲学中始终作为基础存在的形而上学思维方式的最新概括和总结，当然是以分析哲学的方法和态度处理概念的形而上学问题。这些思想主要反映在我的《思想的镜像》一书中。

如果要为我自己 30 年的研究工作选出几个关键词，能够集中代表我的思想历程中一以贯之的思想观念的话，我觉得首先就应当是形而上学；其次应当是分析与论证，这当然是分析哲学的主要方法；再次是语言与逻辑，因为当代哲学研究的重要特征就是面语言分析或语言批判，无论这里的语言是指哪一种语言，而逻辑的思想方法也始终是一切哲学研究的基础和出发点；最后应当是智慧本身。哲学研究必须回到自身，也就是对智慧的追求。无论是理论智慧还是实践智慧，都充分体现出哲学研究的永恒魅力。这或许也是我能够坚持在哲学道路上不断探索前行的重要动力所在。

2. 可以说，您的治学生涯与改革开放后的中国西学研究是基本同步的，您亲眼见证了分析哲学在国内的复兴和发展历程。作为一名亲历者和推动者，请问您最深的感受是什么？

答：我们这一代人的确是国家改革开放政策的直接受益者。我高中毕业正好赶上了“文革”后恢复全国统一高考，由此走进了大学的校门。四年后我又顺利进入研究生学习，成为现代外国哲学研究领域中的赶潮者。这些首先得益于我国在20世纪80年代开始的思想解放运动，我们才得以了解大量西方哲学发展的最新资料，才得以与西方哲学家们开展直接的对话和交流，才得以直接参与国际哲学界的学术活动。我的确是西方哲学在当代中国发展的直接参与者和见证人。

应当说，在改革开放之初，随着现代西方哲学思想大量涌入中国，以实证主义为主要特征的科学哲学和语言哲学，曾一时在中国的学术界乃至整个社会，都成为人们用于质疑和拒斥以往奉为一贯正确的真理学说的重要思想武器。无论是维也纳学派的可证实性原则还是卡尔·波普尔的证伪理论，都成为人们当时趋之若鹜的新潮观点。随着科学哲学中的历史主义观点被引进中国哲学界，分析哲学中的逻辑论证方法逐渐被文化研究和社会-历史分析所取代，而当代欧洲大陆哲学中的存在主义、现象学、诠释学（或“解释学”）思潮在中国大陆的广泛传播，也使得分析哲学方法在一定程度上受到了人们（主要是一般公众）的冷落。但分析哲学研究在中国哲学界并没有停止和消沉，相反，研究者们更加关注对重要分析哲学家的思想研究，关注分析哲学在当代西方的最新研究进展，关注分析方法在当代中国哲学研究中的重要作用。1997 年陈波教授在《中国社会科学》发表《分析哲学的价值》，2000 年我在《中国社会科学》上发表《分析哲学在中国》，这些文章集中讨论了分析哲学在中国哲学研究中的重要意义。2001 年，陈波教授主编的《分析哲学——回顾与反省》一书可谓是对当时国内分析哲学研究的一个阶段性总结。书中不仅包括西方哲学家论分析哲学的经典论述，而且收入了不同历史阶段的中国哲学家们对分析哲学的理解和推进。应当说，这本书还是对中国分析哲学的未来发展提出了新的路径和方向。

在进入 21 世纪后，中国的分析哲学研究出现了一些新的变化，其中最为重要的是分析哲学与中国哲学的比较研究得到了更为广泛的重视。比如，国内哲学界分别召开了三次“分析哲学与中国哲学”的专题研讨会，并出版了相关的论文集，中国哲学研究者和分析哲学研究者共同对分析方法在中国哲学研究中的应用提出了许多很有建设性的意见和观点。这些都为分析哲学在中国的传播起到了重要推动作用。当然，更有意义的是，2005 年中国现代外国哲学学会成立了分析哲学专业委员会，这使得中国的分析哲学研究有了专门的学术组织，分析哲学研究者们建立了自己的学术共同体。分析哲学专业委员会从 2005 年成立起，每年组织一次全国性的分析哲学研讨会，截至 2012 年共举行八届大会，参会人数从最初的 20 多人到 140 多人，在国内哲学界产生了非常广泛的影响。在分析哲学专业委员会的组织下，我们还连续出版了四本《中国分析哲学》集刊，并组织了旨在提携分析哲学研究青年人才的“洪谦分析哲学优秀论文奖”，该奖项已组织了三届，这些在国内哲学界都产生了很大的反响，直接推动了国内的分析哲学研究。

不仅如此，国内的分析哲学研究始终注意与国际哲学界的交流和合作。中英暑期学院是一个很好的范例。建立暑期学院最初的设想就是要在中国哲学界大力提倡分析哲学研究方法，以最为经济的形式高效率地普及分析哲学运动所产生的重要哲学思想，让国内的哲学家和青年学生不出国门就可以与当今西方最为重要的和有影响力的哲学家进行面对面的交流。应当说，这种办学形式带来的效果是非常惊人的，20 多年来暑期学院培养了近千名在西方哲学研究中取得明显成绩的国内哲学工作者，有的已经在国内哲学界乃至在国际哲学界都产生了广泛而深远的影响。此外，我们还注意参与国际哲学界的学术交流活动，从参加多次世界哲学大会以及各类分析哲学国际学术会议，到我们自己多次组织国际分析哲学会议，其中分析哲学专业委员会组织的国内分析哲学研讨会也经常有国外学者（有的还是著名学者）参加，也以此名义组织过分析哲学国际会议，并在国际著名分析哲学杂志《综合》上组织“中国分析哲学”专栏等，这些都充分显示了中国的分析哲学研究已经步入国际哲学研究的行列，来自中国哲学家的声音开始越来越多地引起国际哲学界的关注。我觉得，目前国内的分析哲学研究正处于逐步上升的过程。

如果从罗素 1919 年访问中国算起，分析哲学被引入中国并得到传播和研究已经有了近百年的历史。而经过近 30 年的研究历程，我感觉到印象最为深刻的是西方哲学的逻辑理性传统与中国哲学的心性文化传统之间的矛盾冲突，在很大程度上，分析哲学在中国的传播和研究的过程，正是西方传统与中国传统之间的交锋对抗过程，也是这两种文化传统之间不断适应和调整的过程。我把分析哲学与中国哲学之间的对话就看作这种文化冲突和适应的哲学表达方式。

3. 您曾经说过，分析哲学不仅仅是一个现代哲学思潮或流派，更是研究哲学问题的重要方法或视角。请问分析哲学中的哪些研究问题的方法、视角或精神旨趣让您非常受用，并值得向所有的哲学工作者推荐？

答：关于这个问题，我曾在《分析哲学在中国》一文中给出了清楚的说明。同时，我在另一篇文章《实证主义在中国的命运》中也做了类似的分析。陈波教授在《分析哲学的价值》一文中也对这个问题给出了自己的回答。我认为，分析哲学为我们的哲学研究提供的主要方法仍然是逻辑论证和概念分析。这里的逻辑论证并非只能以形式化的方法加以表达和讨论，这要求的仅仅是按照符合逻辑推理的规则对所讨论的问题给出清晰的说明。比如，当我们讨论如何论证知识的可靠性问题时，我们需要做的是，首先弄清知识概念的内涵，然后根据对这个内涵的理解提出论证的基本条件，即知识可靠性的基本条件，再对这些条件逐一做出符合逻辑的推论，由此说明这些条件的存在根据和合理性，也就是论证了知识在逻辑上成立的合理性和可能性。所谓概念分析，其实是指对某一哲学概念在其所在的哲学传统或思想背景中所占有地位或所发挥作用的分析，包含在我们通常所说的语境分析范围之内。让我们还以知识为例。我们对知识的概念分析应当包括如下内容：首先是对知识的形式特征给出描述性说明，然后指出知识的外延性特征，最后对知识在人类认识活动中的地位和作用给出符合逻辑要求的说明，如要说明知识与信仰、知识与科学、知识与认识、知识与世界、知识与宗教之间的关系。在这里，对知识的形式特征的描述性说明，正是现代知识论讨论区别于传统认识论讨论的地方，这表明了对知识的概念分析必须放到当代知识论的语境中才有可能。而对知识的外延性特征的说明，则是分析哲学研究方法的基本要求，即外在主义的基本主张。对知识的地位和作用的说明，是为了更清晰地表明知识论讨论在人类认识活动中的意义。所有这些都是分析方法为当代哲学研究提供的重要资源。

当然，我对分析哲学方法感受最深的应当是澄清问题的方式。这就是对问题本身的澄清过程，而这个过程却正是哲学的特有思考方式。如果说人类的所有思想都是关乎世界和人类自身的，那么，哲学思考的特有方式则是关注人们谈论世界和人类自身的方式。或者说，我们以何种方式思考和谈论这个世界和人类自身，也就是说，我们用于思考和谈论世界和人类自身的方式是否合理或有效，这才是哲学思考的主要内容。按照以往的说法，这其实就是“反思”的原初意义，也就是我们常说的“对思想的思想”。因此，无论是在课堂上，还是会议上，或者是在与人进行问题讨论的时候，我都有意识地首先关注到人们提出问题的方式，并询问问题的真实含义，然后再根据提问人所提出的问题以及提问人试图用这个问题想要了解的答案给出自己的分析。我觉得，哲学研究的方式就应当说对问题本身给出说明的方式，在某种程度上也是消除问题的方式。消除问题本身也对问题的一种解决方式。这或许正是分析方法所能提供的重要思路。

从我为《中国分析哲学》系列集刊所写的“卷首语”中可以看出，我对分析哲学的性质、任务和方法的理解也曾有不断深化的过程。在2009年的文集中，我认为，分析哲学的主要任务是澄清概念的意义和分析命题的意义，主要特征在于与现代逻辑的密切关系、以语言为主要对象、以逻辑分析为主要方法。在2010年的文集中，我提出，分析哲学本身作为西方当代哲学的重要组成部分，它代表和传承着西方哲学的基本思维方式，即求物致知、问学获理。分析哲学的方法主要表现在用论证的方式处理各种哲学争端，以思想表达的清晰性作为理解哲学思想的重要标准，提倡思想的对话和交锋。在2011年的文集中，我进一步指出，分析哲学追求的目标是建立一种能够按照客观有效的方式讨论思想的哲学，而这种方式显然是以自然科学为模本的。由于德国古典哲学是对古希腊以来西方哲学传统的反叛，因而反叛德国古典哲学的分析哲学应当被看作对西方哲学传统的真正回归。在2012年的文集中，我又更加明确了，分析哲学应当被看作一种哲学研究的科学精神，一种能够帮助我们更好地理解思想及其表达的途径，同时，它也是一种处理哲学问题的态度，一种能够帮助我们更好地理解哲学作用的态度。近两年来，我对分析哲学的性质和作用有了新的理解。我把分析哲学表达的理性精神看作一种哲学上的民主态度，而把分析哲学所要达到的目标看作哲学上的一种理想状态。

二　维特根斯坦哲学与当代哲学

4. 我们知道，您是国内知名的维特根斯坦专家，您的博士论文和第一部个人学术专著都是关于维特根斯坦的。能否向我们介绍维特根斯坦研究的国际前沿和热点？维特根斯坦哲学的研究前景或未来倾势将会是什么样的？

我在2014年6月去德国参加了由勃兰登堡科学院爱因斯坦论坛、国际维特根斯坦学会和海德堡文化学院联合举办的“维特根斯坦与人类学”研讨会，我在会上做了关于中国的维特根斯坦研究情况介绍的特别讲座。从会议上的主题发言中可以看出，越来越多的西方哲学家关注维特根斯坦的思想对当代社会科学和人文科学的普遍影响。比如，从思想方法和表现技术上分析维特根斯坦与现代音乐创作之间的关系，强调维特根斯坦的语言哲学与人类学对身体性的关注，讨论社会礼仪和神秘之物之间的家族相似，突出语言游戏的实践特征，以及注重维特根斯坦思想的社会科学意义等。从在奥地利的南部小城基尔希堡（Kirchberg am Wechsel）每年举行的维特根斯坦国际研讨会主题中，我们也大致可以看出国际研究的基本动向，虽然每年的研讨会主题都有所不同。例如，2014年的第37届会议主题是“分析哲学与欧洲大陆哲学：方法与观点”，有6个分会场，内容包括“维特根斯坦”、“客观性模型和目前对理性权威的挑战”、“事实与价值”、“直觉主义及其不满”、“具身与嵌入：自然化的和社会化的心灵”、“元哲学：各种各样的哲学探究”等。2013年的第36届会议的主题是“心灵、语言与行动”，有6个分会场，分别是“维特根斯坦”、“生成论与延展的心灵”（enactivism and extended mind）、“记忆”、“语言习得”、“意图性心理内容（与感受质）”、“能动作用的形式”等。2012年的第35届会议的主题是“伦理学－社会－政治”，其中有7个分会场，包括“维特根斯坦”、“生活－治疗－死亡”、“正义－社会－经济”、“权力－伦理学－政治”、“人性－自然－技术”、“伦理概念的历史与理论”、“科学研究及其机构的伦理方面”等。应当说，基尔希堡的研讨会是每年国际性的维特根斯坦专题研究盛会，每次会议都能邀请到近40名国际著名的维特根斯坦专家做主题发言，参加会议的人数也基本上在数百人之多。虽然每次会议的主题各不相同，但都会围绕维特根斯坦的思想而展开讨论，并力图以维特根斯坦的方式去说明当代哲学中面临的各种问题。这或许也是维特根斯坦研究在当代哲学中经久不衰的重要原因之一。

尽管在国际上被称作或自称为维特根斯坦学者的人数众多，每年在世界各地举办的以维特根斯坦为主题的各类会议也是五花八门，但很少有学者把自己称为“维特根斯坦主义者”，或者说，根本不存在这样一个维特根斯坦主义。几乎所有的维特根斯坦学者都是在使用维特根斯坦的思想方法讨论自己感兴趣的问题，或者对维特根斯坦的思想提出各种质疑和批评，而不是坚持维特根斯坦哲学的基本观点和立场。在这种意义上，维特根斯坦的思想成为当代哲学家们不断提出新的理论观点的重要思想资源，这也是维特根斯坦研究在当代哲学中经久不衰的另一个重要原因。

至于维特根斯坦哲学的研究前景或未来趋势，虽然不同的哲学家都会从各自的视角提出对维特根斯坦哲学的不同理解，但有一点似乎是比较明显的，这就是，哲学家们都会努力从维特根斯坦的遗留文字中发现他的思想轨迹，同时，希望能够把维特根斯坦的思想与当代哲学的最近发展联系起来加以考察，或者是认为两者之间有着某种密切联系，或者是认为两者之间完全无关。这两种倾向也代表了维特根斯坦研究的未来发展趋向。

5. 有人认为当代以自然主义为代表的主流分析哲学中含有一种“去维特根斯坦”（尤其针对维特根斯坦后期哲学）的倾向。比如，斯图亚特·珊克（Stuart Shanker）甚至认为，维氏哲学和人工智能在哲学理路上呈现了水火不容之势。对于维特根斯坦与当代分析哲学主流（如心灵哲学、认知科学哲学）之关系问题，您是怎么看的？请问，您对维特根斯坦在分析哲学的今后发展中的重要性是怎么看的？

答：这个问题就涉及我对前面一个问题的回答的第二个方面。我认为，维特根斯坦对当代哲学的影响是多方面的。这不仅有正面的影响，也有负面的影响。所谓正面的影响，当然是指当代哲学家们从维特根斯坦的思想中获得了重要的思想资源或启发，力图用维特根斯坦的方法讨论当代哲学中的问题，比如心理学哲学问题、心灵哲学中的问题、认知科学中的问题以及伦理学、宗教哲学、文化人类学等领域中的问题。在这些方面，维特根斯坦的思想的确产生了很大的影响。我在前面提到的我参加的爱因斯坦论坛中讨论的题目就是明显的例子，而在奥地利举行的历届维特根斯坦研讨会上更能感受到维特根斯坦的思想在当代哲学中可谓无所不在。当然，也有负面的影响。这种影响主要表现在所谓的“去维特根斯坦”倾向，也有人曾把维特根斯坦思想的重要性看作是人为夸大的结果，并把这叫作“维特根斯坦现象”。我在1998年出版的《维特根斯坦传》中就讨论过这个现象。我在那里曾指出，并不存在所谓的“维特根斯坦现象”，因为维特根斯坦思想的重要性并非是人为夸大的，而是其思想本身就具有十分重要的意义，这在当代哲学家中无人能够否认。而“去维特根斯坦”的做法，则恰恰是一种人为的行为。至于珊克的观点，并不能完全代表西方维特根斯坦研究的主流观点，相反，不少维特根斯坦研究者都持有与他相反的观点。比如，最近我看到国内青年学者徐英瑾的新著《心智、语言和机器——维特根斯坦哲学和人工智能的对话》一书，他就完全反对珊克的观点，认为珊克关于“维特根斯坦 - AI”关系的悲观论调都是站不住脚的。他在书中详细地批驳了珊克的观点，我这里就不再赘述了，有兴趣的读者可以去看徐英瑾的书。

关于维特根斯坦哲学与当代分析哲学主流的关系，我很难给出一个明确的说明。这首先要确定何为当代分析哲学的主流。如果说心灵哲学、认知科学是当代分析哲学的主流，那么语言哲学、逻辑科学、科学哲学还算不算主流？如果说它们都不算主流，无论哪位分析哲学家都不会同意这种说法的。其实，这主要是因为我们习惯于谈论主流了，似乎只有抓住了主流，我们就可以把握当代分析哲学的研究方向了。但可惜的是，无论是过去还是现在，对于分析哲学来说，都不存在什么主流。因为分析哲学的基本思路是对问题的“零打碎敲式的”研究，无论采用何种分析方法，无论讨论的是哪个领域中的问题，只要目的是为了给出清晰的逻辑论证和思想说明，都可以被看作属于分析哲学的工作。我们常说，在 20 世纪 70 年之前，语言哲学在分析哲学研究中占有主导地位，之后，这种主导地位则是由心灵哲学取而代之。其实，我们姑且把这种说法看作对分析哲学发展历史的一种描述，但绝不能把它理解为分析哲学自身，就是说，不要把这种历史描述看作对所谓主流的说明，况且这还仅仅是一家之言。在当代分析哲学研究中，我们很难看到有人谈论所谓的主流，更不用说讨论维特根斯坦的哲学与这种主流之间的关系。这从在奥地利召开的历届维特根斯坦研讨会的主题中就可以清楚地看到这一点。事实上，我把分析哲学看作可以被运用在不同哲学研究领域中的一种路径或方法，也可以看作不同哲学研究领域需要共同走过的廊桥或通道。因此，无论是传统的语言哲学、逻辑哲学、科学哲学或物理学哲学等，还是当代的心灵哲学、认知科学哲学、心理学哲学以及实验哲学等，都属于分析哲学研究的范围，它们之间并不存在所谓的主流或分流之区分。而在这些研究领域中，维特根斯坦的哲学都可以被看作一种立场、方法、角度或观点。而无论是什么，我们都很难避开维特根斯坦，或者说，维特根斯坦哲学是当代分析哲学研究无法绕开的一座大山。这或许就可以被理解为维特根斯坦在当代分析哲学发展中的重要性。

三 分析哲学前沿与哲学拓扑学

6. 我们知道，您一直与走在国际前沿的那些知名哲学家有密切的学术联系。能否为我们介绍当前国际的分析哲学研究前沿和热点问题，以及在这些前沿领域中取得了什么样的进展？

答：2013 年，牛津大学出版社推出了《牛津分析哲学史手册》，由英国约克大学的迈克·比尼主编。在这部长达 1161 页的大部头著作中，当代英美最为活跃的重要哲学家都对分析哲学的历史和当代发展给出了权威性的论述，其中包括了泰勒·伯奇（Tyler Burge）、约拿·丹西（Jonathan Dancy）、克拉·戴梦特（Cora Diamond）、哈克（P. M. S. Hacker）、彼得·希尔顿（Peter Hylton）、伯纳德·林斯基（Bernard Linsky）等重量级人物。他们从分析哲学的发展历史出发，对当代分析哲学研究的重要问题给出了自己的说明。这些问题主要包括意义理论、理性与行为和意志、形而上学问题、元伦理学问题、分析美学问题、知觉与感觉材料问题、怀疑论与知识问题、严格经验问题、模态问题、推理主义与规范性问题，等等。当然，当代分析哲学家们讨论的问题可谓五花八门，很难有一个统一的说法，确定某些重要的问题。但如果你注意浏览西方出版的各类重要的（也就是在西方哲学界公认的有影响的）哲学杂志上发表的文章，你就会很清楚地知道当代分析哲学家们正在讨论哪些重要问题。比如，在 2013—2014 年间，《哲学研究》（*Philosophical Investigations*）杂志上发表的文章主要讨论的还是维特根斯坦哲学，《综合》（*Synthese*）杂志上发表的文章主要关注的是逻辑学与知识论问题，特别是认知与知识、道义逻辑、与知识有关的语义学问题等，《分析》（*Analysis*）杂志主要发表的是关于语义学问题的讨论文章，集中在塔尔斯基理论、说谎者悖论、真理的语义学问题等方面，《心》（*Mind*）杂志也主要集中讨论的是语义学问题，涉及真理问题、可修正性问题、认识论问题以及反个体主义的第二人称权威问题等，《哲学研究》（*Philosophical Studies*）侧重讨论的则是认识论和认知科学问题，或对某些重要哲学家的思想给出了重新评价，《哲学评论》（*Philosophical Reviews*）则是集中在心灵哲学领域，讨论了意识、真理与相对主义、形式化的认识论等问题。这些问题都是当代分析哲学研究领域讨论的热点。近两年来，我目前所在的北京师范大学哲学与社会学学院外国哲学学科组织编写了《国外哲学发展年度报告》，其中就包含了对分析哲学发展情况的介绍，建议有兴趣的读者可以去看看。

说到分析哲学研究领域取得的进展，这就比较复杂。因为针对不同的问题研究，都有各种不同的观点，目前还很难说在哪些观点上取得了大家一致的意见。但我可以大致地按照问题类型简单地描述一下。这些问题类型主要分为三种：一种是对分析哲学传统问题的讨论，比如在语义学、认识论、逻辑哲学等领域中的问题研究，另一种是对分析哲学家们的问题讨论，比如罗素悖论、塔尔斯基的真理定义、维特根斯坦的图像理论，还有一种是对当代分析哲学中热点问题的讨论，比如心灵哲学中的意识问题、认知科学中的模拟问题、心理学哲学中的行动问题以及知识论中的可靠性问题。应当说，当代分析哲学在这些问题研究上都取得了一些重要突破，由此构成了当代哲学中的多样化局面。第一，在对分析哲学的传统问题讨论中，哲学家们主要关注的还是意义、真理、可能世界等问题，围绕这些问题提出了许多有意思的观点和理论。这在我们编辑出版的《国外哲学研究发展年度报告》中都有所反映。第二，在对分析哲学家们的问题讨论中，从弗雷格、罗素、维特根斯坦，到戴维森、麦克道尔以及布兰顿等哲学家们提出的各种重要理论观点，几乎都有不同的哲学家提出各自的理解和解释，当然大多数都是持否定的态度。这些讨论主要反映在《牛津分析哲学史手册》中。第三，在对当代分析哲学问题领域的讨论中，无论是在心灵哲学还是在认知科学中，或者是在最新出现的实验哲学中，目前各种观点林立，很难形成某些共同的理论主张。但从哲学家们的讨论中我们还是可以看出，物理主义立场和自然主义倾向仍然是目前分析哲学家们讨论问题的基本出发点。

7. 有人认为，从当代分析哲学中的自然主义（或物理主义）与反自然主义之争，乃是源远流长的科学主义与人文主义之争在当代分析哲学中的“折射”。请问，对此，您是怎么看的？

答：我不了解这个观点的出处。但如果真有这样的观点，我认为这是对分析哲学中的自然主义不甚了解的结果。其实，分析哲学中的自然主义并非我们通常理解的科学主义，而反自然主义也并非人文主义。根据自然主义的理解，我们对知识的确定和对真理的追求，都是按照事物向我们呈现出的本来面目，而不是按照我们通过理性方式构建出来的模式。自然主义通常又被看作具有两种不同形态：一种是作为形而上学的自然主义，也就是在本体论意义上的自然主义；还有一种是作为方法论的自然主义。在当代分析哲学中，自然主义主要是被用在方法论意义上，在这种意义上，一切科学研究都不需要借助于任何超自然的方式或用超自然的原因对自然现象加以解释，因而一切自然现象都可以用自然的方式加以说明，比如观察证据或实验手段等。而本体论意义上的或形而上学的自然主义则更强调一切科学研究的对象都只能是用科学的方式把握的对象，并不存在任何非物质的或意向性的对象。虽然在伦理学中这种自然主义受到了严重挑战，但在科学哲学、语言哲学、心灵哲学、认知科学等分析哲学的主要研究领域，自然主义倾向始终是占主导地位的。虽然分析哲学的发展历程与科学主义的发展密切相关，但这并不说明分析哲学中的自然主义就是科学主义，因为我们可以看到存在一种人文科学的自然主义，即试图用自然科学的方式去说明人文现象，而不是求助于超自然的或非物质的精神本身。换句话说，人文科学也是可以具有自然主义倾向的。同时，自然主义与人文主义也并不冲突，因为它们完全是在不同意义上使用的概念。前者是本体论或方法论上，而后者则是在历史观上或是对历史的描述。事实上，分析哲学中的自然主义也可以被看作一种人文主义，或提倡的是一种人文精神。关于这一点，陈启伟先生就曾表达得非常清楚。他在一次访谈中就明确指出，如果说分析哲学提倡的是一种科学精神的话，这种精神一定应当也是人文精神。所以，在分析哲学中的自然主义中并不存在与人文主义的对立，当然也就不会有自然主义与反自然主义之间的对立比附为科学主义与人文主义的对立了。

8. 近年来您致力于哲学拓扑学研究，在国内受到越来越多的关注。早在2007年，您就应邀赴英国牛津大学哲学系做了关于“哲学拓扑学”问题的专场报告，并于2010年出版学术专著《思想的镜像：从哲学拓扑学的观点看》。但即便是一些哲学专业的人也未必知道什么叫哲学拓扑学，也不太明白它对于哲学研究有什么意义。您可否简要回答这两个问题？

答：“哲学拓扑学”是当代英国哲学家蒙特菲尔提出的一个概念，旨在解释概念变化中的连续性问题。这显然是借用了几何学中的拓扑学概念，把追问图形变化中的不变因素作为几何学研究的最终目的。而在当代哲学的基本格局中，哲学家们已经把概念解释的多样性作为当代哲学的一个重要特征，断裂、非连续以及否定、去魅等被看作概念演变的一种自然现象或者说是概念解释中的关键所在，这种所谓的“非线性思维”或“非连续性思维”成为当代哲学家们趋之若鹜的思想取向。然而，在当代哲学研究中还存在另一种更为深刻的思想取向，这就是通过对哲学史的概念考察，去寻找当代哲学研究的重要问题的真正起点，并对这些问题给出更为符合历史也是符合理性要求的解释。在这种思想取向中，最为重要的就是形而上学研究。当代形而上学研究已经不再是对某种世界本质或根源的追问，而更多是探索当代思维方式或概念体系的最终根据或终极原因，是对思维本身性质的追问。如果把思维活动看作是一个可加以描述的地图的话，概念就是这个地图上的地标。我们对概念的关注不是要对概念本身的内容给出说明，而是要解释每个概念在这个思维地图上的位置和作用。根据几何学拓扑学的解释，拓扑学是要说明图形的变化中不变因素，也就是变化中的图形共同具有的同胚性质。而哲学拓扑学也就是要说明概念变化中的不变因素，这就是概念在思维地图中的确定位置。从上面的论述中也可以看出来，哲学拓扑学是一种形而上学研究。应当说，这种形而上学研究的思路，我主要是受到了当代哲学家斯特劳森的启发。他提出，我们需要对思维中的结构给出自然主义的描述，而这样的描述本身恰好揭示了我们的概念系统具有超越时间和空间的不变的特征。用他的话说，人类思维的最核心内容是没有历史的，有些范畴和概念就其基本特征而言是完全没有变化的。斯特劳森正是通过对描述的形而上学的分析，说明了人类思维中具有相同的概念结构。我也试图用哲学拓扑学来解释人类的概念结构是如何发挥作用的。

这样，我同时把哲学拓扑学理解为一种哲学研究方法，具体地说，就是一种概念分析的方法。所谓概念分析，就是强调每个概念与其所在的概念框架的关系，通过对概念在框架中的作用的解释去说明这个概念的意义。从方法论上理解哲学拓扑学，就可以使我们更好地理解它对哲学研究的具体作用。这种作用主要表现为两个方面：一方面是历史的研究，也就是对历史上出现的各种概念解释给出全面的说明，由此表明概念内容的发展历程；另一方面是逻辑的研究，也就是对概念结构的逻辑分析，说明每个概念与其他概念之间的逻辑关系。所以，哲学拓扑学并非简单地把几何学中的拓扑学方法直接用于哲学分析，而仅仅是借用了其中的视角和精神。从概念分析的角度看，哲学拓扑学更重视的是每个概念的内在结构及其具有的超越时空的逻辑特征。我在《思想的镜像》一书中曾对哲学拓扑学的形而上学性质和方法论意义都给予了清楚的说明，并用这个方法处理了一些哲学史上的重要概念。我希望这种方法能够帮助我们更加清楚地理解哲学概念变化中的基本内容。

四　分析哲学史及其与科学哲学之关系

9. 我们知道，您在关注前沿研究之外，还特别重视对分析哲学史的研究。您的两卷本专著《现代英美分析哲学》即带有很强的史论性质。您最近发表的几篇文章也与此相关（如最近发表在《世界哲学》2014 年第 3 期上那篇）。有人认为，这种“史”的研究是对当前分析哲学重前沿轻历史做法的一种“矫正”，对于了解分析哲学的发展脉络以及回答“什么是分析哲学?”这一问题都有重要意义。对于分析哲学史研究的重要性和学术意义，我们想听听您的看法。

答：的确，对分析哲学史的研究目前已经是分析哲学研究的重要内容之一，当然也是当代英美哲学家们讨论的热门话题之一。正如我在前面提到的《牛津分析哲学史手册》所表明的，为该手册撰文的都是当今分析哲学研究中重要的有影响的哲学家，他们把自己的研究视野转向分析哲学自身的历史，就是要表明当代分析哲学的研究应当是这个历史的延续，而且，分析哲学的产生并非是对传统近代哲学的完全断裂，从问题层次上则是对传统哲学的深化和重建。我曾在《中国分析哲学》集刊的卷首语上多次表达了这个思想，说明了分析哲学与传统哲学之间的密切关系。我认为，分析哲学对自身历史的关注其实也应当属于对哲学性质的重新解释。当分析哲学家们把自己的哲学发展看作以分析、论证等为基本特征的时候，他们事实上就已经把某种特殊的哲学研究方法理解为哲学的根本任务。无论不同哲学家对这个任务的理解存在什么差别，他们似乎都毫不怀疑哲学研究就是要按照分析的方法进行的。这的确可以解释分析哲学这个名称的基本涵义。比尼认为，分析的方法为分析传统提供了基础，从弗雷格和罗素的逻辑主义开始，它们在具体纲领中的应用，提供了在它们相互联系和共同形成分析传统的过程中逐渐积累起来的分析、方法、论证、概念、信条、转变、立场、文本、主题和理论。当然，这些分析和方法等没有一个单独就能够定义这种分析传统。但一种有哲学洞察力的、有历史敏感性的解释，能够使潜在的互相关联性显现出来，这就是基于方法的概念的因果联系。而要做到这一点，就需要许多互相支持的方法，例如比较各种分析、使得方法语境化、重建论证、明晰概念、认识早期哲学中的理论预见、解释在争论中所发生的转变、在考察批评者和解释者的反应中改进立场、探索文本之间的互引、指出隐含的主题、综合各种理论。正是这些方法构成了当今分析哲学在对其自身历史研究中的主要工作内容。从这种意义上说，分析哲学家对自身历史的关注就不仅仅具有“纠偏矫正”的性质，应当说，这是对分析哲学历史的重新定位，也是对分析哲学性质的重新定位。

不仅如此，对分析哲学家们重新讨论其自身历史的关注，在我看来，这不仅是他们重新认识分析哲学运动的历史，更是对分析哲学与西方传统哲学关系的重新认识。我在不少地方都表达过这个观点，特别是在最近的几篇文章中（包括你提到的文章），分析哲学的产生不是西方哲学对其自身历史的完全否定，而是以一种与西方传统不同的方式处理传统哲学的问题。并且，随着对问题讨论的深入，分析哲学家们提出的理论观点越来越表现出与传统哲学的密切联系。这不仅反映在西方哲学家们关注的问题热点上，比如对近代或古代以来的哲学家思想的重新研究，特别是对德国古典哲学家思想的重新研究，而且反映在当代哲学的创新基本上都来自对哲学传统的重新认识，比如麦金泰尔的德性伦理学来自亚里士多德的伦理学，布兰顿的规范语义学来自康德和黑格尔，霍乃特的承认政治学来自黑格尔。这实际上表明，西方哲学在其发展过程中虽然不断发生革命性变化，但这些变化最终都被证明不过是以某种新的方式重复着传统中的问题。而且，西方哲学已然形成的思想传统从来没有被完全放弃或断裂，相反，每次貌似的革命所带来的结果却是对传统的巩固和推进。这就是我现在对哲学史（当然也包括分析哲学史）的基本观点。

10. 谈起分析哲学史，它与科学哲学的缘起密不可分，因为科学哲学的早期流派——逻辑实证主义正是发源于分析哲学。但是，对于分析哲学是如何使科学哲学正式登上了历史舞台，以及分析哲学在当今日益成熟和日益多元化的科学哲学中扮演着一种什么样的角色，还有待进一步研究。对于分析哲学与科学哲学的亲缘与互动，我们想听听您的见解。

答：这个问题比较复杂，要回答它就会涉及整个分析哲学的历史发展以及科学哲学的发展历程。简单地说，从起源上看，分析哲学在现代的产生最初就是以科学哲学的面貌出现的，或者说，早期分析哲学就是科学哲学。但这里需要对“分析哲学”和“科学哲学”这两个概念做一些必要的澄清。根据通常的学术定义，“分析哲学”主要是指发生在20世纪英语国家的哲学运动，当然最初也出现在德奥国家中。而“科学哲学”则主要是指以科学理论及其发展为主要研究对象的一门哲学研究领域。显然，这两个概念并不属于同一层次的范畴，一个是哲学流派，一个是哲学领域。不同的哲学流派可以在同一个哲学领域中展开研究，而相同的哲学领域中也可以存在不同的哲学流派。可以说，正是由于早期分哲学家们对科学理论（包括科学发展规律、科学理性形成、科学与想象等问题）以及科学史的研究，才使得科学哲学逐渐形成为一门独立的哲学研究领域。历史地看，早期的分析哲学家们对科学观察与科学术语之间的关系给予了充分的关注，力图通过对科学陈述的意义分析解释科学观察结果的真实意义，由此确立科学真理的逻辑基础。维也纳学派的哲学被看作科学哲学中的逻辑主义的重要代表，这种哲学的主要特点就是把分析的重点放到了语言表达式上，试图用逻辑分析的方法处理科学陈述的意义。直到20世纪40年代，哲学家们对逻辑的关注以及物理主义方法论在科学哲学研究中仍然占据主导地位。虽然50年代之后的科学哲学发展走向了一种历史主义道路，但科学哲学家们讨论问题的方法和基本思路依然是以分析为见长，以论证为特征的。库恩通过对科学史上科学家们关于物理现象描述的分析，给出了关于科学理论形成的社会－历史说明。拉卡托斯根据科学革命的基本结构论证了科学研究方法论的基本纲领，而费耶阿本德则完全通过分析的方法彻底消解了科学理论中所承载的真理因素。所有这些都明显地表征出科学哲学研究中的分析哲学特征。21 世纪的科学哲学发展出现了一些新的变化，语境主义似乎成为哲学家们在讨论科学理论形成和实验观察之关系时共同持有的基本立场，而科学－技术－社会的研究范式（STS）则把更为广泛的社会因素包含在确定科学技术发展过程的考虑之中。这种语境主义立场和 STS 研究都是以“语言转向”后的语义研究为基础的，尽管这些是以“语义下行”为主要方式的。无论是“语义上行”还是“语义下行”，它们都表明了一种以语义分析为特征的哲学研究方式。最近的科学哲学研究又有了新的变化，更加强调经验观察重要性的实验哲学和行动哲学成为科学哲学研究领域中的热点。但这些哲学的真正特征并不在于实验和行动本身，而是在于人们对实验和行动的理论论证过程。虽然一切实验哲学都要依赖科学研究的最新成果，但在这些成果基础上形成的实验哲学却主要是由理论论证以及大量具有思辨性质的逻辑想象构成的。行动哲学固然也是基于经验的，但作为一种哲学研究的分支领域，它更侧重于对行为活动的理性解释，特别是对行动者的理性能力的说明。这些都表明了概念分析和逻辑论证的基础性作用。因此，历史地看，分析哲学的思维方式和研究方法在科学哲学的发展过程中始终占据着主导地位。

不仅如此。分析哲学与科学哲学之间的密切关系，不仅体现在历史的起源和相互影响的发展进程中，而且体现在两者共同具有的思想特征，这就是实证主义的思想传统。作为第三代实证主义思想的主要代表，逻辑实证主义强调的是以何种方式能够表明被看作是具有真理性质的表达式是可以被接受的，这完全符合早期实证主义者孔德和斯宾塞等人提倡的实证哲学原则，即哲学研究的目的不是发现真理，而是为被认为是真理和科学的命题给出可以得到证实的方法。所以，几乎所有的实证主义哲学家都没有自负地宣称自己是在追求真理，而是表明自己的立场在于澄清命题的意义。如果存在可以和值得追求的真理，那也一定是符合逻辑必然性要求的命题意义。逻辑实证主义哲学不仅代表了实证主义的基本精神，而且直接表达了科学哲学的基本立场。这就是要求，科学哲学研究的目的不是为科学研究本身提供某种或某些统一的更加权威的标准或规则，而是为澄清和更好地理解科学理论中的命题陈述与经验观察之间的关系及其意义。或者说，科学哲学研究是为科学命题意义的澄清提供一个更为宽阔的平台。由此可见，正是实证主义的思想传统为科学哲学的产生和发展提供了必要前提，而这也是分析哲学与科学哲学密不可分的原因所在。我想，正是从这个意义上说，无论科学哲学在当今发生了多少变化，科学哲学研究的模式具有何种多元化的格局，科学哲学都仍然沿着实证主义的精神发展。

五　英美－欧陆哲学比较与中西哲学比较

11. 对于欧陆现象学－解释学和英美分析哲学在传统上的隔阂，人们逐渐意识到沟通的可能和必要，越来越多的人重视在这两大传统之间展开“对话”，但总体上离“合流”相差甚远。您作为一名分析哲学研究者，从来没有忽视欧陆哲学研究，相反主动参与到这两种哲学传统的比较研究中来。比如，您主编的《走向新世界的西方哲学》中的“海德格尔”和“列维纳斯”两章恰恰出自您的笔下。此外，您还翻译了克里奇利（Simon Critchley）的《解读欧陆哲学》。请问，您认为欧陆哲学在哪些方面可以给英美分析哲学的研究带来助益？同时是否主张欧陆哲学的专业人士不妨也读读分析哲学？

答：是的。事实上，我对分析哲学的研究始终是站在比较欧洲大陆哲学的立场上。你还记得，我的博士论文《论维特根斯坦的语言游戏论》就是试图从比较两种不同哲学传统的角度去分析维特根斯坦哲学的思想背景，据此出版的我的第一部著作《维特根斯坦：一种后哲学文化》更是明确地把维特根斯坦哲学看作是沟通英美分析哲学与欧洲大陆哲学的桥梁。我在《中国社会科学》杂志上发表的第一篇文章也是从比较的角度分析了英美哲学与大陆哲学之间沟通对话的可能性和现实性等。后来，我就解释与理解、意义与真理以及形而上学等问题分别发表多篇文章，详细讨论了这两种哲学传统在这些问题上进行的对话和交流，并指出了当代哲学发展的趋向正是两种传统之间的合流。虽然经过多年的阅读学习，我越来越感觉到这种对话交流的困难和合流的多样性，但我依然相信，来自分析传统和欧洲大陆哲学传统（特别是现象学传统）的哲学家们都把问题研究作为可以共同开展讨论的核心，而不再拘泥于自己所在哲学传统。例如，他们都对传统形而上学问题给予了强烈关注，对当代社会哲学和政治哲学问题也开展了广泛的讨论。特别是，实践哲学和应用哲学成为当代哲学家们共同关心的研究领域，这也是当代哲学承担的时代使命。例如，在去年举办的第 23 届世界哲学大会上，围绕实践哲学和应用哲学的主题会场就多达上百场，参加报告和讨论的学者来自世界各国，特别是来自英美国家和欧洲大陆的哲学家们对当代社会、政治、科学以及人类生活方式的变化给予了极大的关注。哲学家们在这些讨论中虽然能够看出各自不同的哲学立场和哲学传统的影响，但共同的问题关注使得他们的观点之间的交流和交锋具有了更强烈的现实意义。在这种意义上，对共同问题的关注也使得他们超出了各自的哲学传统。

当然，英美分析哲学与欧洲大陆哲学之间的对话和交流更多地表现在两者之间的相互借鉴和取长补短。如果说在 20 世纪这两种哲学传统之间存在着深厚的矛盾和冲突（这种矛盾和冲突的产生，曾有学者认为主要来自于英美分析哲学，因为“欧洲大陆哲学”这个名称就是由分析哲学家们最初使用的，而早期分析哲学的非历史特征也使得分析哲学家变成了对西方哲学传统的革命者），那么 21 世纪的西方哲学则开始表现出这两种传统之间的相互承认和借鉴。应当说，自从20世纪西方哲学发生了“语言转向”之后，对语言的关注和对意义问题的讨论不仅限于英美分析哲学，也出现在欧洲大陆哲学的不同思潮中。例如，胡塞尔现象学的开端就是对语言逻辑的充分关注，并且与弗雷格一道开始对语言意义问题给予了特别关注。后来的海德格尔更是把语言问题作为自己哲学研究的核心。欧洲大陆哲学中几乎没有人会否认“语言转向”对哲学研究的重要作用，虽然他们对语言问题的理解与英美分析哲学家有很大的不同。根据最新的研究，语言分析的方法已经被欧洲大陆哲学家们普遍地使用在自己的问题研究之中，他们用分析方法研究西方传统哲学家和当代欧洲大陆哲学思想的成果被普遍看做是最有成效的。不仅如此，分析方法目前已经在欧洲大陆各国哲学研究中被看作普遍适用的方法，无论是在德国还是在法国，特别是在北欧国家，分析方法都被用作主要的哲学研究方法。这种分析方法主要包括对概念意义的澄清，对逻辑论证的强调，以及对思想发展逻辑的特别关注。此外，欧洲大陆哲学家们对英美哲学家们的思想也给予了极大的关注，许多英美哲学家受到了欧洲大陆各国大学和研究机构的青睐，被多次邀请到欧洲大陆开展学术交流，一些哲学家的思想也得到了欧洲大陆哲学的全面研究，比如，塞尔（John Searle）、戴维森（Donald Davidson）、布兰顿（Robert Brandon）等人的著作被欧洲大陆哲学家们反复讨论。同样，欧洲大陆哲学家的思想和著作也在英美各国得到了普遍重视，特别有趣的是，目前对海德格尔、德里达、胡塞尔的研究中心主要是在英语国家，这也说明这些哲学家的思想并非为欧洲大陆所独有。我们知道，事实上，类似德里达、哈贝马斯以及霍耐特等人的思想正是在英语国家中开始引起哲学界的普遍重视，并产生世界性的影响。虽然这其中有英语语言作为国际性交往语言的特殊作用，但也反映出英语世界对各种不同哲学传统和思想的最大包容和接受。正如我在前面所说的，分析哲学的最新发展表现出一个重要特征就是它的宽容性（charity）。这也是分析哲学对待欧洲大陆哲学从早期的极端主义态度到当今的宽容主义态度的重要转变。

12. 您曾经说过："作为学者，我有义务向西方宣传中国的哲学和文化，让中国人在西方话语中发出自己的声音。"非常乐意和热心扮演中西文化交流的"桥梁"作用。您不仅积极向西方人介绍中国哲学，也身体力行，对中国古代哲学（如像《论语》这样的儒家经典）给出过分析哲学的阐释。请问您对中国哲学走向世界、哲学的国别性与哲学的全球化之关系有什么样的看法？

答：中国哲学如何走向世界，这是一个很大的话题。我在这方面的工作还是刚刚开始。虽然我以往发表过这方面的文章，但仍然属于初级阶段。的确，我始终相信，中国的哲学研究不应当是自我封闭、孤芳自赏的，而应当是以开放的心态去面对世界各国的研究者。这种开放并非是完全接受来自西方的或外国的哲学思想，也包括对世界宣传我们自身的哲学文化。这种宣传也并非简单地介绍中国的传统哲学，而是在与世界各国哲学家的问题讨论中引入中国的哲学传统和思想方法，特别是在与西方哲学的交流中体现出中国哲学的思想资源。换言之，中国的视角和方法才是我们在国际哲学研究中获取独特地位的明显标志。进一步地说，中国的哲学传统也是在与西方哲学以及世界哲学的交流中得到不断完善和补充。所以，我充分利用自己的国际学术资源，在一切可能的场合都力图用中国哲学的思想资源参与国际哲学问题的讨论。例如，我在国际著名的英文《中国哲学杂志》上发表文章，比较中国传统哲学与西方哲学在无限问题上的不同观点，侧重于指出了中国哲学家的独特思想方法。在国际著名的分析哲学杂志《综合》上，我与白彤东教授合作发表了专文《分析哲学在中国》，介绍了中国哲学家在分析哲学领域的研究进展，并突出了中国哲学传统在其中的重要作用。我在英国剑桥大学哲学系以《如何有意义地理解中国哲学》为题发表专题演讲，主要讨论了当代中国哲学的研究现状和基本特征。在荷兰乌特勒支大学哲学系，我也以同样的题目与荷兰哲学家进行了深入讨论。这些都被看做是中国学者首次以此题目在西方著名哲学系进行专门演讲或专题讨论。我在这些方面所做的工作也引起了国外学者的关注和重视，牛津大学、剑桥大学等哲学同事纷纷与我展开了更为深入的交流，在第22届和第23届世界哲学大会期间，都有来自日本、印度、俄罗斯、意大利、法国的学者与我展开交流，他们非常希望能够深入了解中国当代哲学的研究现状。

我关于这方面的最新思考是在今年第二期《哲学动态》上发表的文章《中国的哲学研究在国际哲学界的现状与困境》。这是我参加了第23届世界哲学大会后形成的一些认识，在许多学校演讲过这个主题，最后形成了文字发表。在这篇文章中，我主要是就中国的哲学研究如何走向世界的问题进行了分析和讨论，提出了一些自己的粗浅看法。我的总体感觉是，中国哲学目前在国际上的形象主要停留在传统哲学上，特别集中在儒家和道家学说上，而且以先秦两汉以及唐宋时期的哲学为主体，魏晋以后的哲学（尤其是明清后的哲学）基本上很少被西方哲学家们所了解，当代中国哲学研究也在国际哲学舞台上没有自己的声音。这些都严重妨碍了中国哲学在世界哲学中的整体形象，“中国哲学”在国外哲学家心目中基本上属于历史研究，缺乏哲学研究的当代维度。我认为，造成这种局面的原因是多方面的，一方面有历史的和政治的因素，使得中国哲学的整体历史发展很少为国外哲学界所了解；另一方面还有我们自身的因素，即中国传统哲学的文化特质和当代中国哲学研究的方法论特征。我在文章中提出自己的希望，呼吁当代中国哲学研究应当建立真正的学术规范和研究机制，让中国的哲学研究真正进入国际哲学的学术共同体。

六　关于“中国分析哲学”学术共同体的建设与学生培养

13. 您不仅关心中国哲学如何走向世界，更关注分析哲学如何在中国落地出根。众所周知，您数十年如一日，为营造一个“中国分析哲学”的学术共同体、为分析哲学界的“中国声音”可谓呕心沥血，做了大量工作。比如，您在中国现代外国哲学学会下面发起成立分析哲学专业委员会并担任会长多年、您连续多年担任“中英澳（中英美）暑期学院”中方主席、您主动承担“中国分析哲学学术年会”的大量会务组织工作、您编辑出版《中国分析哲学》辑刊、设立旨在提携年轻学人的“洪谦奖学金”、发起成立“中国维特根斯坦研究会”……很多人都被您身上散发出的那种对繁荣中国分析哲学、提携哲学新人的满腔热血和无私精神所感动。请问您为中国的分析哲学事业的精神动力来自哪里？

答：过奖啦！我并没有认为自己做了很多的事情，其实所有的工作都是在哲学界的各位朋友的大力支持下完成的。如果没有北京大学哲学系各位同事的支持以及国内分析哲学界的各位先生们的鼎力协助，分析哲学专业委员会也不可能成立，洪谦奖也不可能设立，分析哲学年会也不可能顺利召开，《中国分析哲学》集刊也不可能出版。这些工作和成绩都不能算在我个人身上，应当是国内哲学界共同努力的结果。我唯一能够做的是要感谢大家对中国分析哲学研究事业的支持和帮助。如果问我投身于哲学研究事业的动力来自哪里，我想最为重要的是来自我的老师们，来自我的本科生导师骆天银教授、硕士生导师车铭洲教授和博士生导师涂纪亮教授，以及无数学术界的前辈们，是他们对哲学事业的热情和对真理的追求感染和鼓励了我在哲学研究的道路上不断前进，是他们的谦逊品格和忘我精神指引我在学术研究中高调做事、低调做人。我相信，哲学研究事业虽然主要来自个人的不懈努力，但哲学共同体的建立则是保障这个事业不断发展的基础所在。我为这个共同体的建立所付出的一切，也是我对前辈所开展的哲学研究事业的继续和发展，我个人不过是这个事业发展过程中的一个环节。我希望有更多年轻的学者能够继续推进这个事业的更大发展。

14. 我们知道，您一向以对学生严格要求、一丝不苟著称。请问您对提高我国哲学系本科生和研究生的分析哲学素养、培养重分析重论证的治学方法，有什么建议？我们在课程设置、培养目标、教学内容和方法上还有哪些需要改进之处？

答：学生培养的确一直是我十分关注的方面。我在中国社会科学院工作期间指导过博士生，并给研究生和博士生开设了分析哲学课程，包括分析哲学家的原著选读等课程，并到国内一些高校讲授分析哲学。到北京师范大学工作后，我坚持每年给本科生开设西方哲学史课程，用分析哲学的方法解读哲学史上重要哲学家的思想，给研究生开设分析哲学专题研究课程，带领学生阅读分析哲学经典文献，给研究生还开设西方哲学专题研究课程，试图以哲学分析的方式引导学生重新理解哲学史上的重要思想。此外，我还出版了《分析哲学教程》一书，旨在为国内学生提供一个较为全面了解分析哲学发展历史的材料。当然，这些工作在很大程度上都来自我在西方国家大学所接受的专业训练，我把西方大学中的学生培养方式和课程设置等内容直接引入我的课堂教学，比如训练学生直接阅读哲学家原著，包括英文著作，要求学生必须在规定时间内完成课程论文，组织学生的课后讨论，以及用电子邮件、QQ 群等现代通信形式与学生建立直接联系。学生们普遍反映，这些形式的教学使他们获益匪浅。我始终相信，哲学研究是一项需要相互对话和理解的事业，而哲学训练则是对这种对话和理解能力的培养。如果哲学研究不满足于哲学家的沉思冥想，更要把自己的思考结果公布于众，那么，哲学训练就是要帮助思想者了解如何能够使得自己的思想结果更好地得到表达，进而能够得到更好的理解。在这种意义上，对学生来说，最为重要的是要学习如何按照严格的学术规范要求完成思想的表达，这也就是我为什么十分强调学生课程论文写作的主要原因。文字表达的清晰，包括了概念的清楚界定，论证的逻辑推理，材料的充分运用，观点的有力捍卫或反驳等，这些都是我们的学生（无论是本科生还是研究生）都应当接受的基本训练。要学习掌握查阅最新研究资料的能力，掌握从现有的资料中发现问题的能力，掌握从已有的观点论证中发现逻辑错误或推出更新观点的能力。这些能力的培养，需要指导学生大量阅读现有的专题文献。我们的学生目前存在的最大问题是阅读量的匮乏，对已有资料的掌握非常有限，也不会从现有观点中寻找问题所在。我们的学生更满足于接受一切现有的观点，把这些观点作为正确无误的真理加以接受，而我们现有的填鸭式的教学方式也培养了学生的这种虔诚式的接受。

要改变这些，我们就必须首先改变现有的教学理念，不再把教学活动看作知识的简单灌输，而是在于训练学生掌握和运用知识的能力，在于培养学生获取更多知识的能力。这就需要教师运用大量的资料帮助学生学会对资料的分析和对观点的论证，学会举一反三地得到更多有效的知识和得到有力论证的观点。这些就是我们改变现有教学理念和教学方式的基本方向。遵循这个基本方向，我们的确需要对教学中的课程设置、培养方案、教学方式以及手段等加以调整。例如，在课程设置上，除了基本的导论性课程之外，大量的专业课程设置应当以研讨课为主，课程内容主要是原著选读和专题研究，特别是对研究生的课程要求，课堂教学以学生为主，教师辅导学生阅读理解，帮助学生掌握基本观点和分析方法。在培养方案上，本科生侧重于培养对学科基本知识的了解和初步的分析能力，对高年级学生可以提出研究性课题，为进一步的学术研究做好准备；研究生侧重于培养对本学科中主要问题的分析能力，要求学生能够独立地对某个具体问题给出自己的论证和观点。在教学方式和手段上，教师应当更多地采用引导和启发式的教学，在给出问题讨论的基本框架下鼓励学生更多地参与讨论，发表自己的独立见解，并帮助他们梳理自己的观点陈述。当然，必要的现代教学手段或许能够更好地帮助学生直观感性地理解所要讨论的问题涉及的内容及其相关材料，并为他们更为清楚地表达自己的观点提供必要的帮助。我相信，这些改变不仅是分析哲学的研究方式所要求的，更是哲学研究和哲学教学的根本目的所要求的。

谢谢您在百忙之中接受我们的访谈！

（原载《哲学分析》2014 年第 6 期，第 153—173 页）

后　　记

这是我近十年对时代问题的哲学思考结果。这里的“时代问题”不仅包括了我们这个时代所面临的各种社会和思想问题，而且包括了哲学思想所能触及的时代的各个方面。由于哲学总是在处理各种疑难问题，因此，时代的疑难问题就需要哲学分析的工作，梳理这些疑难出现的深层背景，剖析这些疑难产生的内在原因，找到这些疑难解决的可能途径。本书就是试图在这方面做出的一种尝试。

书中收录的文章发表于2011—2021年间，记录了我在这十年的思想发展历程。从反思当代哲学与启蒙的关系入手，提出从文化自觉到哲学自觉的主体意识，重申哲学是时代先导的口号，从哲学与时代、时代与思想、时代与哲学三个方面，阐发了我们这个时代面临的知识、信仰、科学、思想、语言、意识、未来等众多重大而紧迫的问题，最终试图为哲学在这个时代巨变中找到安身立命之本。对时代问题的哲学分析，体现了哲学的社会功能，更为哲学自身确立了其在社会中的独特地位。这种独特性不仅体现为哲学概念化的思维方式和论证形式，更表现为哲学以其特有的方式关注这个时代的鲜明特征和专门问题，如机器思维、人工智能、自我意识、认知科学等。对这些问题的解决当然不可能是由哲学独自完成的，但哲学分析则以其清晰的概念，严密的推理和完备的论证展现了这些问题的真实内涵，也就揭示了解决这些问题的可能路径。由此，我们似乎可以说，哲学家总是以未来者的形象向我们讲述着那些将要发生的故事。

在本书出版之际，我要特别感谢之前发表过我这些文章的报纸和杂志。它们是：《人民日报》《光明日报》《中国社会科学报》《社会科学报》（上海）《哲学分析》《探索与争鸣》《自然辩证法通讯》《山西大学学报》《南京大学学报》《中国社会科学评价》《社会科学战线》《浙江学刊》《苏州大学学报》。我还要大力感谢中国社会科学出版社和冯春凤编审，你们对我研究工作的长久支持是我不断努力的动力所在！

是以为记。

江怡

2021 年 9 月 2 日于京城寓所